Olaf-Axel Burow, Bettina Pauli

Ganztagsschule entwickeln

Von der Unterrichtsanstalt zum Kreativen Feld

Olaf-Axel Burow, Bettina Pauli

Ganztagsschule entwickeln

Von der Unterrichtsanstalt zum Kreativen Feld

WOCHEN-
SCHAU
VERLAG

Bibliografische Information der Deutschen Bibliothek

Die Deutsche Bibliothek verzeichnet diese Publikation in der Deutschen Nationalbibliografie; detaillierte bibliografische Daten sind im Internet über http://dnb.ddb.de abrufbar.

Umschlaggestaltung: Ohl Design, Wiesbaden
Titelbild: Christoph Plümpe
Gedruckt auf chlorfreiem Papier
Gesamtherstellung: Wochenschau Verlag
ISBN 3-89974231-1

Inhalt

1 Vorwort

Angestoßen durch das vergleichsweise negative Abschneiden deutscher Schulen bei den PISA-Studien steht nach Jahren der Stagnation ein neuer bildungspolitischer Aufbruch bevor, an einigen Stellen ist bereits Bewegung zu verzeichnen.

Auch wenn in erster Linie sozialpolitische und ökonomische Gründe den Ausbau von Ganztagsschulen vorantreiben, so lassen sich doch auch eine Reihe wichtiger pädagogischer Argumente anführen. Die empirischen Belege, dass die deutsche Halbtagsschule mit der Dreigliedrigkeit und der Schwerpunktsetzung auf Selektion statt Förderung weder international konkurrenzfähig noch pädagogisch vertretbar ist, lassen sich nicht länger verleugnen. Wenn – um ein Beispiel zu geben – das Kind einer türkischen Putzfrau in Baden-Württemberg bei gleichem Leistungsvermögen eine 4,6-mal geringere Chance hat, eine Gymnasialempfehlung zu bekommen als das deutsche Kind, dann ist hier die Spitze eines Eisbergs sichtbar, die darauf hindeutet, dass nicht nur der Ansatz der frühen Trennung nach vermeintlichen Leistungsstufen verfehlt ist, sondern dass auch die grundlegende Bildungskonzeption und die darauf aufbauende Organisationsstruktur schulischer Bildung und Erziehung dem Stand der modernen Lehr-/Lernforschung nicht gerecht werden. Es schließen sich Fragen an, die auf den Ebenen aller Akteur/innen im Schulleben weitere Unzulänglichkeit des derzeitigen Bildungssystems offenbaren:

Warum sind in Deutschland – anders als in anderen Ländern – bis zu einem Drittel der fünfzehnjährigen Schüler/innen durch Zurückstellung oder Sitzenbleiben überaltert und warum sind die Leistungsergebnisse trotz einer – im internationalen Vergleich außergewöhnlichen Homogenisierung der Lerngruppen – insgesamt unterdurchschnittlich? Warum ist an Schulen und Hochschulen – allen Erkenntnissen der Lehr-/Lernforschung immer noch der Frontalunterricht zu bis zu 90 % vorherrschend? Warum setzen nur etwa 7 % der Lehrer/innen regelmäßig Gruppenarbeit ein? Warum arbeitet die überwältigende Mehrzahl der Lehrer/innen immer noch als Einzelkämpfer/innen und sind dabei derart angestrengt, dass über die Hälfte der Kollegen/Kolleginnen aufgrund gesundheitlicher Beeinträchtigen vorzeitig aus dem Schuldienst ausscheiden? Warum schwänzen bis zu 20 % der Schüler/innen regelmäßig den Unterricht? Offensichtlich sind viele unserer Schulen keine attraktiven Lebensräume. Aber mehr noch: Warum werden aus diesem bildungspolitischen Bankrott nicht nahe liegende Konsequenzen gezogen und endlich Erkenntnisse der Erziehungswissenschaften in praktische Bildungspolitik umgesetzt, indem man beispielsweise unsere Schulen nach den Vorbildern skandinavischer oder kanadischer Schulen reformiert, indem man eine neue Schulkultur schafft?

Alles nur Träumereien? Die Verhältnisse seien nicht vergleichbar, hören wir als Einwand. Vielleicht seien die schlechten Ergebnisse ja eher ein Ausdruck spezifischer nationaler und kultureller Gegebenheiten und die Organisationsform schulischen Lernens und Lehrens habe daran nur einen geringen Anteil? Überhaupt seien die Ergebnisse der Schulvergleichsstudien nicht so eindeutig, wie in der Presse oft behauptet wird, und vor allem sei völlig unklar, welche Konsequenzen zu ziehen seien.

Unser Kasseler Kollege, Rudolf Messner, hat denn auch in einer Analyse herausgefunden, dass als Konsequenz von PISA bislang über 200 unterschiedliche Vorschläge vorliegen, von denen sich die meisten widersprechen. Jeder scheint sich in seiner Position bestätigt zu fühlen. Dies führt zu der Feststellung, die auch Wunder trifft, dass die Konzeptionsbemühungen für Ganztagsschulen, die nun allerorten zu verzeichnen sind, auf unsicheren empirischen wie theoretischen Grundlagen beruhen.

Wie kann in dieser schwierigen Lage von Schulen, die noch durch Spardiktate und Deputatserhöhungen verschärft wird, eine grundlegende Reform durchgeführt werden? Und warum wird ausgerechnet die Ganztagsschule zum Hoffnungsträger der Bildungsministerin?

Hat nicht ausgerechnet das Siegerland von PISA, Finnland, eine ganz normale Halbtagsschule? Was berechtigt also zu der Hoffnung, dass die Einführung der Ganztagsschule viele der hier angeführten Probleme lösen könnte? Und trägt diese Überfrachtung mit Erwartungen nicht schon den Keim des Scheiterns in sich?[1]

Solche und ähnliche Fragen beschäftigten uns, als wir vom Frankfurter Stadtschulamt den Auftrag erhielten, eine Recherche zum Stand der Ganztagsschulentwicklung durchzuführen und Leitlinien zukunftsfähiger Ganztagsbildung zu entwickeln. Diese Leitlinien sollten auch Grundlage einer Zukunftswerkstatt mit Lehrern und Schülern von zehn Frankfurter Modellschulen sein, die sich auf den Weg gemacht hatten, ihre Ganztagsschule zu entwickeln.

Wir begaben uns also in doppelter Hinsicht auf eine spannende Entdeckungsreise: Zum einen untersuchten wir die theoretischen Begründungen für die

Einführung von Ganztagsbildung unter den Bedingungen der Wissensgesellschaft, die dahinterstehenden Bildungskonzeptionen sowie die sich daraus national und international ergebenden Schulmodelle und ihre Organisationsformen; zum anderen erlebten wir in der Zukunftswerkstatt eine faszinierende Begegnung mit den besten Erlebnissen von Lehrern/Lehrerinnen und Schülern/Schülerinnen an Grundschulen, mit ihrer detaillierten Kritik an Fehlentwicklungen, ihren engagiert vorgetragenen visionären Entwürfen und ihren originellen Umsetzungsprojekten.

Am Ende stand für uns die Erkenntnis: Die Einrichtung von Ganztagsschulen und die Entwicklung von neuen Formen der Ganztagsbildung werden nicht alle Probleme von Schulen lösen, aber sie sind eine Chance, die festgefahrene bildungspolitische Situation in Deutschland zu überwinden. Wenn die neue Ganztagsschule nicht nur eine verlängerte Vormittagsschule mit Suppenausgabe sein soll, wie der Vorsitzende des Ganztagsschulverbandes, Stefan Appel, warnte, sondern ein Möglichkeitsraum, in dem Lehrer/innen, Eltern, Schüler/innen und Schulverwaltung die Schule so gestalten können, dass sie den Bedürfnissen der Beteiligten und somit auch den neuen pädagogischen Herausforderungen gerecht wird, dann kann sie Quelle eines längst fälligen bildungspolitischen Aufbruchs werden. Und dieser Aufbruch, für den es viele Anregungen aus internationalen Erfolgsmodellen gibt, das zeigt unsere Studie, kann nicht von oben verordnet, sondern muss von den Beteiligten selbst gestaltet werden. Ein Indiz für diese Maxime fanden wir bei der gemeinsamen Arbeit mit zehn Frankfurter Modellschulen, die sich auf den Weg gemacht haben, die traditionellen Schule als Unterrichtsanstalt hin zu einem kreativen Feld zu entwickeln.

Eine so verstandene Ganztagsschule verändert ihre Lehr- und Lernformen, öffnet sich für den Stadtteil, wird zu einem Lebens- und Erfahrungsraum, zu einem attraktiven Ort der Begegnung, zu einer Stätte lebendigen Lehrens und Lernens. Dabei geht es nicht um eine weitere Erhöhung des Anforderungsdrucks, sondern ganz im Gegenteil wird eine veränderte Organisation und pädagogische Haltung schulischen Lehrens und Lernens die Arbeitserleichterung durch Kooperation ermöglichen.

In dieser Studie vermittelt der Theorieteil das notwendige Hintergrundwissen und zeigt im Praxisteil, wie sich Lehrer/innen, Schüler/innen, Kooperationspartner, Eltern und Schulverwaltung auf diesen spannenden Entwicklungsweg begeben.

Wir danken dem Schulamt der Stadt Frankfurt, dessen Leiter Herrn Vogel, den Mitarbeiterinnen Frau Hanschik und Frau Andes dafür, dass sie diese Studie ermöglicht haben, und Herrn Stefan Appel und Christoph Plümpe für ihre freundliche Unterstützung.

Kassel im Februar 2005 Olaf-Axel Burow & Bettina Pauli

II Ganztagsbildung in der Wissensgesellschaft: Bedingungen des Aufwachsens von Kindern und Jugendlichen

Während des Wandels von der Industriegesellschaft zur in globaler Konkurrenz stehenden Marktgesellschaft vollziehen sich eine Reihe dramatischer Umwälzungen. Im Zuge dieser verändern sich auch die Bedingungen des Aufwachsens von Kindern und Jugendlichen. Dem müssen Bildungsinstitutionen wie Schule, Jugendhilfe und Eltern Rechnung tragen.[1] Während in der aktuellen Bildungsdebatte die Anforderungen der Ökonomie im Zentrum stehen und die Forderungen immer lauter werden, eine Schwerpunktverlagerung von Bildung zu Ausbildung vorzunehmen, um den vermeintlichen Anforderungen des Marktes gerecht zu werden, sehen wir einen zentralen Ansatzpunkt für die Entwicklung von Konzepten der Ganztagsbildung vorrangig in einer Analyse der Lebensbedingungen von Kindern und Jugendlichen: Wie haben sich Kindheit und Jugend verändert? Was sind die wesentlichen Bestimmungspunkte? Und inwiefern kann Ganztagsbildung dazu beitragen unter den gewandelten Bedingungen zur optimalen Entwicklung der Potentiale der Heranwachsenden beizutragen? Ein wesentlicher Ansatzpunkt für die Entwicklung von tragfähigen Konzepten für Ganztagsbildung liegt in der Analyse der gesellschaftlichen Lebensbedingungen von Kindern und Jugendlichen.[2]

1. Individualisierung und Pluralisierung der Lebenslagen

Eine pointierte Analyse des gesellschaftlichen Wandels liefert Beck unter den Begriffen „Individualisierung“ und „Pluralisierung der Lebenslagen“, die mittlerweile in den Sozialwissenschaften zu Schlagworten avanciert sind. Individualisierung ist in der Theorie gegenwärtiger Gesellschaftsentwicklungen ein zentraler Begriff, mit dem die Auflösung von vorgegebenen sozialen Lebensformen, das Zerbrechen biographischer Kategorien wie Geschlechterrolle, Familienstruktur, Erwerbsbiographie, teilweise auch Stand und Klasse gemeint sind. Die Ausdifferenzierung verschiedener Stile der Lebensführung geht mit der Individualisierung einher und wird als Pluralisierung der Lebenslagen bezeichnet.[3] Das

Individualisierungstheorem gilt inzwischen als neues Paradigma, mit dem bildungstheoretisch und pädagogisch relevante Ursachen und Probleme, Chancen und Lebensschwierigkeiten im Verhältnis von Individuum und Gesellschaft beschrieben werden.

BECK benennt drei Impulse der aktuellen gesellschaftlichen Individualisierung, die hier nur schlagwortartig benannt sein sollen:[4]

1. Steigerung des materiellen Lebensstandards: Steigender Zugang zum Konsumwarenmarkt, Konsum und Lebensstile lassen sich auf einzelne Bedürfnisse von Personen zuschneiden. Dies bedeutet eine Pluralisierung der Lebensstile. Unterstützt wird diese Pluralisierung durch die Zunahme an erwerbsarbeitsfreier Zeit im Zuge von wachsender Lebenserwartung und gleichzeitig sinkender Arbeitszeit. Freizeit, Konsum und persönliche Lebensführung erhalten einen größeren Raum.
2. Geographische und soziale Mobilität: Verlust geographischer Identität und über Generationen gewachsener Beziehungsnetze. Die Mobilität kann zu einer schicht- und klassenspezifischen Mischung der sozialen Kreise führen. Die Berufstätigkeit von Frauen löst die klassischen Rollenverteilungen ab und trägt Individualisierungsschübe in die Familie. Traditionelle Orientierungspunkte für Kinder und Jugendliche werden aufgeweicht.
3. Die Bildungsexpansion der 60er und 70er Jahre hat eine allgemeine Anhebung des Bildungsniveaus und eine längere Verweildauer im Bildungssystem zur Folge. Dies begünstigt die Zunahme von Selbstreflexion und Selbstfindungsprozessen, die mit traditionellen Orientierungen und Denkweisen konkurrieren.

Als Konsequenz der Pluralisierung der Lebensstile führen HEITMEYER und OLK aus, dass sich das Individuum selbst in den Mittelpunkt seiner Lebensplanung und Lebensführung stellen muss. Die Individualisierungsprozesse sind jedoch ambivalent zu bewerten: Sie eröffnen einerseits Chancen durch eine Zunahme an Entscheidungsfreiheit und Optionsvielfalt; andererseits bergen sie eine Gefahr durch die zunehmende Abhängigkeit von gesellschaftlichen Institutionen und Prozessen, die der Einzelne wenig beeinflussen kann.[5]

Das Phänomen der Individualisierung kann sich also sowohl auf bestimmte sozialstrukturelle Entwicklungen beziehen, die gesellschaftlich bedingte Verhaltensanforderungen und normative Erwartungen an Einzelne hervorbringen, als auch auf die subjektive Seite des gesellschaftlichen Modernisierungsprozesses abzielen. In diesem Fall stehen subjektive Strategien der Bewältigung gesellschaftlicher Anforderungen sowie biographische Prozesse der Selbstkonstitution des Individuums im Mittelpunkt. Die grundlegenden Fähigkeiten zum Umgang mit den Chancen und Risiken im Lebensverlauf werden in der Kindheit und im Jugendalter ausgebildet und fallen somit in die institutionelle Zuständigkeit von Jugendhilfe und Schule.[6]

2. Lebensbewältigung von Kindern und Jugendlichen im Kontext der Individualisierung

HEITMEYER und OLK stellen fest, dass sich als Folge der Individualisierung „sowohl die gesellschaftliche Funktion und die sozialstrukturelle Ausprägung als auch die lebensbiographische Bedeutung der Jugendphase […] grundlegend verändert [haben]."[7] Das Erreichen der sozio-kulturellen und der ökonomischen Selbstständigkeit sind traditionell Entwicklungsziele der Jugendphase, die bis zum Einsetzen der Zweiten Moderne zeitlich relativ synchron verliefen. Die Standardereignisse der Kindheit und der Jugendphase – Durchlaufen und Beenden der Schulzeit, Eintritt in die Erwerbsarbeit, Auszug aus dem Elternhaus, Heirat – erfahren eine Destandardisierung. SCHRÖDER erklärt, dass Kinder und Jugendliche in der Konsequenz ihrer integrativen und sozio-ökonomischen Planungssicherheit beraubt sind.[8] Und Ferchhoff konstatiert, dass Kindheit, Jugend und Erwachsensein manchmal ineinander übergehen und sich auf paradoxe Art vermischen.[9]

Früher galt ein so genannter bildungsoptimistischer Lebenslauf, der besagte: Wer heute verzichtet, wird morgen durch bessere soziale und berufliche Chancen belohnt. Diese Vorenthaltung von Selbstständigkeit wurde nach dem Prinzip der verschobenen Belohnung als Lernmotivation genutzt und ist heute nicht mehr gültig.[10] Dies stellt Akteure und Akteurinnen in den Bildungsinstitutionen vor neue Herausforderungen, denn Kinder und Jugendliche müssen nach wie vor ausreichend zum Lernen für ihre berufliche Qualifikation motiviert werden.[11]

So ist ein Orientierungsrahmen, der sich durch eine Gleichzeitigkeit von Ausbildungsende und ökonomischer Unabhängigkeit ergab, heute durch die Veränderungen des Arbeitsmarktes und der Erwerbsarbeit quasi aufgelöst, Lebensentwürfe, die sich auf Vollzeitbeschäftigung gründen, sind für die heutigen Kinder und Jugendlichen nicht mehr oder nur sehr schwer erreichbar.[12] Laut der 12. Shell-Jugendstudie schätzen Jugendliche die steigende Arbeitslosigkeit als großes Problem unserer Gesellschaft ein, das ihre persönliche Zukunft stark beeinträchtigen wird.[13]

Die durch die Individualisierung, wie oben beschrieben, eröffneten Möglichkeiten werden an dieser Stelle wieder stark eingeschränkt. Die Selbstentfaltung wird durch eingeschränkte Ausbildungsmöglichkeiten und ungenügende Chancen auf Erwerbstätigkeit gehemmt. Daraus folgt für Kinder und Jugendliche der Widerspruch in ihren Alltagserfahrungen, dass sie in Bereichen wie Konsum, Freizeit und Medien früher und intensiver teilhaben, vom Beschäftigungssystem, das die Grundlage für soziale Anerkennung und ökonomische Unabhängigkeit bildet, aber möglicherweise ausgeschlossen sind.

Eine besondere Dramatik erhalten diese Einsichten, wenn man berücksichtigt, dass die soziale Herkunft für die meisten schon sehr früh den weiteren Karriereverlauf festlegt und der Besuch der Schule nur selten geeignet ist, diesen Startnachteil auszugleichen. Wenn aber die derzeitige Schulbildung in Deutschland – wie alle uns bekannten Untersuchungen zeigen – in der Regel nicht geeignet ist, herkunftsbedingte Benachteiligungen auszugleichen, wie kann man dann Schüler für eine Ausweitung dieser sie bislang diskriminierenden Einrichtung gewinnen? Oder anders gefragt: Ist überhaupt eine Form der Ganztagsbildung denkbar, die zur Erweiterung der Chancen zur Teilhabe am Beschäftigungssystem auch für benachteiligte Kinder und Jugendliche beiträgt?

Ein weiteres Merkmal der Individualisierung ist, wie KEUPP feststellt, eine Tendenz zur Vereinzelung und zur gegenseitigen Abschottung. Er führt dies auf den zunehmenden Konkurrenzdruck auf dem Arbeitsmarkt und den Ausbau des Bildungssystems mit der daraus resultierenden Entwertung von Bildungsabschlüssen zurück, dem die Zunahme an Arbeitslosigkeit gegenübersteht.[14] BECK erklärt, dass ein interindividueller Konkurrenzdruck der Vermeidung von Austauschbarkeit entgegenwirken soll. Dies kommt zum Beispiel in ausgeprägtem Maße in der Diversifikation jugendspezifischer Szenen zum Ausdruck, die ihre Individualität durch Kleidung, Musik etc. demonstrieren. Daraus folgt ein weiterer Widerspruch im Orientierungsrahmen: Die persönliche Identität wird radikalisiert und gleichzeitig zur Disposition gestellt. Die Gefahr des sozialen Ausschlusses ist laut FEND für die Jugendlichen gleichzeitig besonders beängstigend und birgt psychosoziale Konflikte.[15]

Diese Individualisierungsdynamik ist in ambivalenter Weise gepaart mit einer egozentrischen Form des Individualismus. Die Konzentration auf die Selbstentfaltung führt Jugendliche in Konflikte mit anderen, die ebenfalls um eine erfolgreiche Selbstdarstellung bemüht sind. Indem sie sich zu sehr auf die Exklusivität ihrer eigenen Person konzentrieren, können Jugendliche einsam werden.[16]

Im Zuge der Individualisierung ist der Maßstab für eine gelingende Lebensbewältigung zunehmend ein erfülltes Leben. Dieser Umstand wird in anderen Zusammenhängen mit negativer Konotation als Hedonismus der Jugend bezeichnet. MÜNCHMEIER beschreibt die Ansprüche der Kinder und Jugendlichen wie folgt: Selbstentfaltung und die Einforderung von Akzeptanz für die geleistete aktive Selbstgestaltung des Lebens.[17]

Aus diesen Bedingungen des Aufwachsens resultieren für die gesellschaftlichen Sozialisationsinstanzen neue Bildungs- und Erziehungsziele, wie auch HOLTAPPELS feststellt, die eine individuelle Orientierung in diesen Zusammenhängen ermöglicht. So sollen sowohl die Ausprägung von Individualität als auch solidarisches Verhalten entstehen.[18] Aus diesen Entwicklungen resultieren konkrete Bildungsaufgaben: Die Förderung gesellschaftlicher Teilhabe und das Erlernen von Solidarität bei gleichzeitiger Fähigkeit zur selbstständigen Orientierung.

Die Entwicklung von Bewältigungskompetenzen und die Stärkung von Kindern und Jugendlichen, so fordert auch HURRELMANN, müssen von pädagogischer, sozialer, ökonomischer und kultureller Seite unterstützt werden. Hierbei schreibt er der Schule eine zentrale Rolle im Leben der Jugendlichen zu.[19] In der ganztägigen Schule bleibt mehr Zeit für die Unterstützung gelingender Entwicklungsprozesse bei einem gleichzeitigen enormen Anstieg der Verantwortung für die Institution Schule.

3. Familiale Situation im gesellschaftlichen Wandel

Die oben beschriebenen gesellschaftlichen Veränderungen führen zu einem tief greifenden Wandel in den Familien. So beschreibt das Bundesministerium für Familie, Senioren, Frauen und Jugend im Elften Kinder und Jugendbericht 2002 die Bedeutung der Familie wie folgt: „Die Familie hat für Kinder und Jugendliche an Bedeutung gleichermaßen gewonnen wie verloren. Als Aushandlungsort und emotionaler Rückhalt genießt sie hohe Priorität; als Herkunftsmilieu und als Stätte der Wertebildung verliert sie an Bedeutung.“ Pointiert formuliert WITTING den Wandel familiärer Konstellationen: „Die Familie, bestehend aus einem erwerbstätigen Vater, einer Mutter als Hausfrau und zwei oder mehr Kindern in schulpflichtigem Alter ist nicht mehr vorherrschendes Modell familialer Gegenwart."[20]

In der Veränderung der familialen Situation wird die Pluralisierung von Lebenslagen deutlich, die im Folgenden knapp dargestellt werden.

- Eine Veränderung kindlicher Lebensumstände ist sicherlich in der steigenden Zahl der Ehescheidungen zu sehen. Im Zeitraum von 1991 bis 2001 wurden 20 % der geschlossenen Ehen wieder geschieden. Die Zahl stieg im Vergleich zu 2000 um 3,6 % an.[21] Daten des Mikrozensus konkretisieren die Zunahme des Scheidungsrisikos seit Mitte der 60er Jahre: Jede vierte Ehe wird vor Erreichen von 15 Ehejahren geschieden. Auch bei schon länger verheirateten Paaren nimmt die Scheidungshäufigkeit zu. Für die Kinder und Jugendlichen bedeutet das, rund ein Fünftel der in den 90er Jahren geborenen Kinder von Ehepaaren erleben die Scheidung der Eltern.[22]
- Eine weitere Veränderung ist die Zunahme von Frauen in der Erwerbsarbeit.[23] In der Mehrzahl sind Frauen mit Kindern (unter 16 Jahren) als Teilzeitbeschäftigte tätig. Dies macht deutlich, dass die Balance zwischen Familie und Beruf oftmals kompliziert ist. SCHAEFFER-HEGEL spricht in diesem Zusammenhang sogar von einem „Geburtenstreik" gut ausgebildeter Frauen in Deutschland.[24] Familien, bei denen beide Elternteile voll erwerbstätig sind, machten 1997 in Westdeutschland gerade 15 % aller Haushalte aus.[25] Viele Forderungen aus der feministischen Debatte werden heute aus ökonomischen und demographischen Gründen in Wirtschafts- und Politikkreisen aufgegriffen: Eine stärkere Einbeziehung der teilweise hoch qualifizierten Mütter wird gefordert, nicht zuletzt angesichts des drohenden Mangels an qualifizierten Fachkräften.[26]
- Mittlerweile gibt es immer weniger Familien, die mit mehr als zwei Generationen zusammenleben, so dass Großeltern in die Betreuung von Kindern eingebunden werden können. Die Kinder in Ein-Eltern-Familien wachsen teilweise mit eingeschränkten Verwandtschaftsbeziehungen und daher mit weniger sozialen Kontakten auf. In der engeren Familie sind die Kinder zeitweise auf nur eine Bezugsperson angewiesen.[27] Dies verringert Orientierungs- und Bezugspunkte in familialen Strukturen.
- Als eine Schwierigkeit beschreibt COLEMAN, dass beiderseits erwerbstätige Eltern ihr Engagement auf Bereiche außerhalb der Familie richten. Die Konsequenz sei, dass selbst Kinder und Jugendliche in so genannten bil-

dungsnahen Schichten nur noch eingeschränkt von den Fähigkeiten und dem Wissen ihrer Eltern profitieren können, da die Eltern keine wesentliche Rolle mehr im Leben der Kinder spielten.[28] Durch die beruflich geforderte Flexibilität erwerbstätiger Eltern wird die Alltagsgestaltung von Kindern in hohem Maße von den normierten Zeitrhythmen der Erwachsenen bestimmt.

Die familialen Veränderungen deuten darauf hin, dass andere Sozialisationsinstanzen die entstehenden Lücken von Bildung und Erziehung füllen müssen.

4. Veränderungen im Freizeitbereich

Die Freizeitmöglichkeiten von Kindern, besonders stark im städtischen Umfeld, weisen zwei Tendenzen aus, die bei der Entwicklung von Konzepten der Ganztagsbildung berücksichtigt werden müssen:

Zum einen der Umgang mit Konsumwaren, hier geht es um das Erlernen von Konsumverhalten und um Verzicht. Im Elften Kinder- und Jugendbericht wird die ökonomische Situation der Kinder und Jugendlichen als bisher einmalig beschrieben, da sie

> „... heute so viel eigenes Geld ausgeben wie keine Generation vor ihnen. Sie sind eine umworbene Konsumentengruppe, deren Kaufkraft im Jahr 1999 auf fast 9,2 Mrd. Euro geschätzt wurde. Ein großer Teil des Geldes stammt aus eigener Erwerbsarbeit, denn man kann davon ausgehen, dass ca. die Hälfte aller Schüler/innen ab 14 Jahre sporadisch einer Erwerbstätigkeit neben der Schule nachgeht."[29]

Die vielfältigen Konsummöglichkeiten führen zunehmend zur Verschuldung junger Menschen.

Zum anderen bieten städtische Wohnumfelder für viele Kinder und Jugendliche wenig Entwicklungschancen in verschiedener Hinsicht: In den Städten sinken Möglichkeiten zum freien Spiel und zu Kontaktaufnahmen mit Nachbarskindern. Spielen kann in Städten häufig nur auf behördlich verfügten Flächen stattfinden oder wird in die Wohnungen verlagert, vorausgesetzt, dort ist genügend Platz und die Kinder haben ein eigenes Zimmer. Durch den Straßenverkehr im unmittelbaren Wohnumfeld ist das Spielen draußen sehr gefährlich. Dies wird bereits als Problem im Elften Kinder- und Jugendbericht beschrieben.[30] Die Sachverständigenkommission kommt zu dem Schluss, dass die Anzahl und die Qualität der Orte zum entdeckenden, freien Spiel, der Kommunikation und Interaktion mit Gleichaltrigen weniger werden. Es werden klare nachteilige Auswirkungen auf das Aufwachsen der Kinder beschrieben: mangelnde Solidarität, Kommunikationsdefizite und Erfahrungsdefizite.

HOLTAPPELS folgert, dass in dem Maße, wie in der Wohnumwelt Spiel- und Erfahrungsräume verloren gehen und die Mediatisierung von Erfahrung voranschreitet, praktische Eigentätigkeit und authentische Erfahrungen verdrängt werden und selbsttätiges und erfahrungsbezogenes Lernen ebenso wie aufklärende Bildung und Lernen in Zusammenhängen an Notwendigkeit gewinnt. Allerdings muss man vorsichtig sein mit allgemeinen Schlussfolgerungen. Wie FÖLLING-ALBERS in ihrem Überblicksartikel zur Kindheitsforschung dargestellt hat, ist ein entscheidendes Kennzeichen der gegenwärtigen Situation, dass sich die Bandbreite der Aufwachsensbedingungen in Abhängigkeit von der Herkunft der Eltern und von besonderen Umfeldbedingungen verbreitert:[31] So gibt es in der Grundschule Kinder, die im häuslichen Umfeld vielfältigste Anregungen erfahren haben, so dass sie sich vom Unterricht unterfordert fühlen, während eine wachsende Anzahl von Kindern immer weniger Förderung erfährt. Ganztagsbildung muss daher so angelegt sein, dass sie die unterschiedlichen Voraussetzungen angemessen berücksichtigen kann.

Welche Rolle die Medien für den Freizeitbereich der Kinder und Jugendlichen spielen, zeigt u.a. RÖLL auf.[32]

Die Welt der Kinder und Jugendlichen konstituiert sich durch Kommunikation, und in diesem Bereich ist eine drastische Zunahme der Bedeutung der Medien zu verzeichnen, woraus nach RÖLL eine veränderte Wahrnehmung resultiert: „Die mediale Vorstellung von Welt bildet eine der Grundlagen für Entscheidungen, die Erfahrungsdimension der ‚Realität' verliert ihre bisherige dominante Bedeutung."[33] Daher verändern sich die Lernstrukturen der Kinder und Jugendlichen wie folgt:

> „Der frühkindliche Umgang mit Medien, die Dominanz des audiovisuellen und alphanumerischen Diskurses im Lebensalltag von Kindern führen meines Erachtens zu anderen kognitiven Skripten, als dies bei früheren Generationen der Fall war. Obwohl dies selbstverständlich nicht für alle Kinder zutrifft, lassen sich gleichwohl Tendenzen beobachten. Während die früheren Generationen stärker vom Top-Down-Modell beein-

> flusst sind, bei dem Modelle die Basis für die Hypothesenbildung sind, steht bei der heutigen Generation der Kinder der Bottom-Up-Ansatz im Zentrum des Wahrnehmungsprozesses."[34]

Sinnlich-ästhetische Erfahrungen bilden heute vielmehr den Ausgangspunkt für die Hypothesenbildung. Kinder lernen schneller, wenn ihre sensomotorischen, anschaulichen Fähigkeiten integriert werden. „Begreifen" steht im Zentrum ihres Lernkonzeptes. Im Vergleich dazu wird die Bedeutung des „Verstehens" nivelliert. Das Lernkonzept von Kindern entspricht eher dem Konzept des Spiels als dem des klassischen Lernens. Hier wird eine Diskrepanz zwischen schulischen Bildungsprozessen und der Lebenswelt der Kinder und Jugendlichen offenkundig.

Die Vermittlung von Wissen und Kompetenzen wird in nicht zu unterschätzendem Maße durch Massenmedien und Informationstechnologien erworben, gleichzeitig konstatiert HOLTAPPELS in diesem Bereich einen Bedeutungsverlust der Schule. Durch dieses Informationsangebot reiche allerdings das dadurch erworbene Wissen häufig nicht über Alltagswissen hinaus, weil zu oft lediglich Informationen angehäuft, diese aber nicht verarbeitet werden. Die Fähigkeit der Kinder und Jugendlichen zur kritischen Rezeption medialer Informationen wird in Frage gestellt: Sie seien oft nur unzureichend in der Lage, ohne Hilfestellungen und entsprechende Kompetenzen aus diesen medial bereitgestellten Informationen solche zu selektieren, die auf Interessen und Absichten der Urheber hinweisen oder auf Interpretationsspielräume verweisen.[35]

Die Lebenswelt der Kinder und Jugendlichen ist in weiten Bereichen bestimmt durch die oben beschriebenen Umstände. Sowohl sozialwissenschaftliche Analysen zum gesellschaftlichen Wandel und dessen Folgen als auch die Diskussionen im erweiterten Bereich der Pädagogik liefern vor diesem Hintergrund, der von einzelnen Autoren unterschiedlich gewichtet wird, eine Vielzahl an unterschiedlichen Ansatzpunkten und Begründungen für die Erweiterung von Lern- und Betreuungszeit und den Ausbau erweiterter Bildungs- und Erziehungsangebote der Schule über die Stundentafel hinaus.

Eine Schlussfolgerung ist, dass in dem Maße, wie im Wohnumfeld Spiel- und Erfahrungsräume verloren gehen und die Mediatisierung von Erfahrung voranschreitet, praktische Eigentätigkeit und authentische Erfahrungen verdrängt werden. Dadurch gewinnen vor allem Settings für selbsttätiges und erfahrungsbezogenes Lernen ebenso wie aufklärende Bildung und Lernen in Zusammenhängen an Notwendigkeit.[36]

5. Wandel der Arbeitsgesellschaft[37]

Neben der Individualisierung spielen die Veränderungen der Erwerbsarbeit für die Ausgestaltung des gesellschaftlichen Lebens eine zentrale Rolle. Diese haben auch für jugendliches Aufwachsen weit reichende Konsequenzen und werden nun kurz dargestellt.[38]

Jugendliche in der Bundesrepublik wachsen in einer Arbeitsgesellschaft auf. Dies prägt die Erwartungen und Befürchtungen von Mädchen wie Jungen hinsichtlich der persönlichen Lebensführung. Das zentrale Charakteristikum der Arbeitsgesellschaft ist, dass die Ausübung von Arbeit als Voraussetzung für die gesellschaftliche Teilhabe und die soziale Zugehörigkeit gilt.[39] GALUSKE betont die zentrale Rolle der Erwerbsarbeit für die Lebensplanung:

> „Das [...] Primat der Arbeitsmarktorientierung kann für sich einige Plausibilität beanspruchen, denn in der Tat ist soziale Integration ohne berufliche Integration ein bislang nur schwer vorstellbares Modell."[40]

Die Entwicklung der Arbeitslosenzahlen lässt jedoch Zweifel aufkommen, ob die Arbeitsgesellschaft auch zukünftig das dominierende Gesellschaftsmodell bleiben wird. Die an Arbeit gekoppelten ökonomischen, sozialen und gesellschaftlichen Zugänge gelten nur für den erwerbstätigen Teil der Bevölkerung. Die „Verengung des Arbeitsmarktes" bringt es mit sich, dass bislang durchschnittliche Lebensentwürfe, die sich auf Vollzeitbeschäftigung gründen, nicht mehr (oder nur sehr schwer) erreichbar sind.[41] So konstatieren FISCHER und MÜNCHMEIER, dass die gesellschaftliche Krise die Jugend erreicht hat: „Wenn die Arbeitsgesellschaft zum Problem wird, dann muß auch die Jugendphase als Phase der biografischen Vorbereitung auf diese Gesellschaft zum Problem werden."[42] Denn nach der Einschätzung von THOMA ist eine Vollbeschäftigung auch zukünftig nicht mehr zu erwarten, obwohl gesellschaftliche Institutionen dies ihrer Politik nach wie vor als Normalfall zugrunde legen.[43]

Die Konsequenzen für die Lebensplanung Jugendlicher stellen sich auf individueller, ökonomischer und sozialer Ebene dar. Die Veränderungen der Erwerbstätigkeit führen dazu, dass sich der Grundriss der Jugendphase auflöst: Entstanden früher sozio-kulturelle und ökonomische Selbstständigkeit zeitgleich, so gilt dies heute nicht mehr regelhaft.

> „[Die] in sich konturierte Abfolge der Phase Jugend als Vorbereitungszeit, Erwachsenheit als Phase der Arbeit und Alter als Phase des wohlverdienten Ruhestandes ist von der Bewusstseinslage der Jugendlichen her wie auch aus einer Reihe sich objektiv darstellender Faktoren aufgeweicht.“[44]

Dies verstärkt Tendenzen der Destandardisierung, die bereits durch andere Faktoren der Individualisierung eingeleitet sind. Daraus folgt ein weiterer Verlust von Orientierungspunkten in der Lebenslaufplanung. Die Orientierung an arbeitszentrierten Statuspassagen des Lebens ist für Jugendliche nicht mehr verlässlich.[45]

Grundlegende Veränderungen in der Ausübung der Erwerbsarbeit führen dazu, dass die schulische Vorbereitung nicht mehr den Anforderungen von Ausbildungs- und Arbeitsmarkt entspricht. Der zunehmende Einfluss von Informations- und Kommunikationstechnologie beschleunigt zudem den Abbau von Geringqualifizierten und Einfacharbeitsplätzen.[46] So wird insbesondere für gering qualifizierte junge Menschen der Zugang zu einem Ausbildungsplatz schwieriger.[47] Der Verlauf des Einstiegs in die Erwerbstätigkeit, in der Regel durch eine Ausbildung, gilt jedoch nach wie vor als außerordentlich prägend, und stellt eine Grundvoraussetzung dar, um eine Benachteiligung in der derzeitigen Gesellschaftsstruktur auf Dauer zu vermeiden.[48]

Folgerichtig schätzen die Jugendlichen selbst die steigende Arbeitslosigkeit als großes gesellschaftliches Problem ein, das ihre persönliche Zukunft stark beeinträchtigen wird.[49] Die ängstliche Haltung kommt auch darin zum Ausdruck, dass sich, wie MÜNCHMEIER feststellt, die Lebensphase Jugend zeitlich ausdehnt: Das Bildungssystem bietet eine Art „Moratorium“, das sich durch die drastische Verlängerung der Ausbildungszeit und die Verkomplizierung des Übergangs vom Bildungswesen in eine stabile Erwerbstätigkeit zum Verweilen anbietet.[50]

Es entsteht durch die Arbeitsmarktentwicklungen eine Ambivalenz, die für Jugendliche eine Vielfalt an Möglichkeiten bei gleichzeitiger Beschränkung der aktiven Ausgestaltung beinhaltet. Individualisierung stellt auf der einen Seite eine größere Selbstentfaltung in Aussicht, die auf der anderen Seite durch eingeschränkte Ausbildungsmöglichkeiten und ungenügende Chancen auf Erwerbstätigkeit gehemmt wird. ZIEHE stellt fest, dass Jugendliche „die Gleichzeitigkeit von kulturellen Spielraumerweiterungen und sozio-ökonomischen Möglichkeitsverengungen leidvoll zu spüren“ bekommen.[51]

Ein Angebot an alternativen Möglichkeiten zur gesellschaftlichen Teilhabe gewinnt an Bedeutung. Die derzeitige Arbeitsmarksituation spricht dafür, die „arbeitsmarktexternen Faktoren der Lebenswelt" in die Planung des zukünftigen Lebens stärker als bisher mit einzubeziehen und diese zu zentralen Gestaltungsbereichen des Lebens zu machen.[52] Dies würde eine Abkehr vom derzeitigen Versuch bedeuten, Jugendliche zunehmend höher zu qualifizieren, um ihnen letztlich doch noch Zugang zum ersten Arbeitsmarkt zu ermöglichen. Sonst wird die Fixierung auf die Erwerbsarbeit als zentrale Lebensaufgabe verstetigt.

Nach mehreren Jahrzehnten struktureller Arbeitslosigkeit in Deutschland ist zu überlegen, ob es noch das vorrangige Ziel von Bildungsinstitutionen sein kann, alle Kinder und Jugendlichen in den ersten Arbeitsmarkt vermitteln zu wollen. Es sind allerdings bisher kaum alternative Modelle für Sinn gebende Tätigkeiten entwickelt oder umgesetzt worden. So stellt sich die Frage nach den passenden Bildungskonzepten, wenn das konstituierende Merkmal der Gesellschaft und gleichzeitig der Schlüssel zur Teilhabe nicht mehr für alle heutigen Kinder und Jugendlichen erreichbar ist.[53]

Aus den dargestellten gesellschaftlichen Veränderungen, Individualisierung und Pluralisierung von Lebenslagen, familialem Wandel, Veränderungen in der Freizeitgestaltung von Kindern und Jugendlichen und aus der veränderten Erwerbstätigkeit lassen sich vor allem folgende Konsequenzen für das Aufwachsen von Kindern und Jugendlichen ableiten:

- Abnehmende Orientierungspunkte zur persönlichen Lebensplanung
- Zunahme an Unsicherheiten und damit einhergehend ein erhöhtes Risiko des Misslingens des eigenen Lebensentwurfs
- Erschwerte psycho-soziale Verarbeitung von misslingenden Lebensentwürfen durch die Subjektivierung von Problemlagen
- Anwachsen von Ohnmachtsgefühlen
- Gefahr der Verwehrung von ökonomischer Selbstständigkeit
- Verringerte gesellschaftliche Teilhabe
- Ausschluss von sozialen Aktivitäten
- Zunahme von Zukunftsängsten

Wenn man den Auftrag von Schule und Jugendhilfe darin sieht, jungen Menschen ein selbst bestimmtes und soziales Leben zu ermöglichen, müssen neue Ziele, Werte und Lebenswege entwickelt werden. Ein karikaturhaftes Bild des

„zukunftsfähigen Jugendlichen" zeichnet FERCHHOFF mit spitzer Feder: „Was wird heute an der Wende zum 21. Jahrhundert geschätzt: Der „egotaktische", leicht aufgedrehte, kontaktfreudige, erlebnisbereite, gut gelaunte, optimistische und erfolgreiche Selbst-Animateur. „Gut drauf zu sein", „prima Laune ausstrahlen" und „gute Stimmung" zu verbreiten scheint zum unhintergehbaren Lebensmotto geworden zu sein. Dabei handelt es sich im Wesentlichen um einen Persönlichkeits- bzw. Charaktertypus, den David Riesman schon in den 50er Jahren als „außengeleiteten" umschrieben hat, der sich außerordentlich flexibel an die jeweiligen Lebenssituationen anpasst und sich selbst dabei noch abwechslungsreich in Szene setzt, die Techniken des virtuosen Rollenspiels im bunten Mix als Patchwork-Karriere und Patchwork-Persönlichkeit perfekt beherrscht, „Zeitzeichen" entdeckt, dem „Zeitgeist auf der Spur ist", „hellwach alles aufsaugt, was wichtig sein könnte ..."[54]

Die permanent sich wandelnden gesellschaftlichen Rahmenbedingungen, die daraus resultierenden veränderten Aufwachsens- und Lebensbedingungen von Kindern und Jugendlichen, die drängenden ökonomischen Anforderungen, aufgrund von Globalisierung, demographischem Wandel sowie sonstigen gesellschaftlichen Umbrüchen sind auch von zentraler Bedeutung für die Entwicklung neuer Formen der Ganztagsbildung. Je nachdem, welchen Faktor man in den Vordergrund stellt und als ausschlaggebend gewichtet, kommen unterschiedliche Bildungsvorstellungen zum Tragen, die zwischen den Extremen einer zweckfreien, allein der Persönlichkeitsbildung geschuldeten Bildung auf der einen Seite und der Reduzierung des schulischen Auftrags auf arbeitsmarktkonforme Ausbildung und Qualifizierung auf der anderen Seite pendeln. Die Beantwortung der Frage, auf welche Weise Kinder und Jugendliche adäquat auf die Anforderungen der postmodernen Gesellschaft, die auch als „Wissensgesellschaft" bezeichnet wird, vorbereitet werden können, hängt nicht zuletzt davon ab, welches grundlegende Verständnis von Bildung vertreten wird. Pädagogen müssen hier eine klare Position entwickeln, wollen sie sich nicht bewusstlos dem Druck des ökonomischen Zeitgeistes beugen, den Vivian FORRESTER[55] in ihrem gleichnamigen Buch polemisch als „Terror der Ökonomie" gebrandmarkt hat.

III Theorien und Zugänge ganztägiger Bildung

Nach der Veröffentlichung des deutschen Abschneidens im internationalen Schülerleistungstest der PISA-Studie wurde ein *Mehr an Bildung* gefordert. Mit diesem Verständnis von Bildung ist zumeist schulische Bildung gemeint. Wie OELKERS feststellt, ist es jedoch *eine inhaltliche und institutionelle Verkürzung, wenn Bildung mit Schulbildung gleichgesetzt wird.*[1] Die Diskussionen um den Aufbau bzw. Ausbau von Ganztagschulen eröffnet die Chance, den bisherigen Bildungsbegriff inhaltlich zu überprüfen und sowohl pädagogisch als auch inhaltlich zu erweitern. Wir verwenden daher in diesem Text ganz bewusst den Begriff „Ganztagsbildung", um damit deutlich zu machen, dass die Entwicklung zukunftsfähiger ganztägiger Bildungsangebote voraussetzt, den auf schulische Bildung verengten Bildungsbegriff zu überwinden. Orientierungspunkte setzen dabei die oben umrissenen gesellschaftlichen Entwicklungen und die veränderten Anforderungen an die Kinder und Jugendlichen sowie nicht zuletzt der rasante Wandel auf dem Arbeitsmarkt und die damit einhergehenden veränderten Qualifikationsanforderungen. *Die veränderten Lebenswelten bilden den Ausgangspunkt,* wie HERZ es formuliert, *für die Notwendigkeit zur Veränderung der Lernwelten.*[2]

Der verstärkt an die Schulen herangetragene Wunsch, außerfamiläre Bildung, Erziehung und Sozialisation zu leisten, erhält durch den Vorschlag „Ganztagsschule" erweiterte zeitliche Möglichkeiten. Hier ist nun Sorge zu tragen, dass die Erweiterung des Schultages nicht einen dieser drei Aufträge in das Zentrum stellt, wie es häufig in defizitorientierten Vorgehensweisen geschieht, und die Ganztagsschule zur Ganztagsaufbewahrung wird, oder, wie APPEL pointiert formuliert, zur „verlängerten Halbtagsschule mit Suppenausgabe".[3] Dazu ist eine grundlegende Diskussion über eine zukunftsweisende Ausrichtung von Ganztagsbildung notwendig.

Um sich einer inhaltlichen Erschließung des Bildungsbegriffs zuzuwenden werden im Folgenden bildungstheoretische Themenkomplexe auf unterschiedlichen Ebenen vorgestellt.

Grundlegend beschreibt OELKERS den Bildungsauftrag der Schule im Sinne von *Vermittlung von Zugängen zur Welt bei ganzheitlicher Förderung der Persönlichkeitsentwicklung.* Dies umfasst drei Aufgabenbereiche:

1. Die Aufklärung des Verstandes über den Zusammenhang gesellschaftlicher und individueller Prozesse.
2. Als Basisqualifikation: Verstehen aufschließen, Entwicklung von Können fördern um das Leben zu bewältigen.
3. Gewährung von gleichen Bildungschancen und somit der Ausgleich von Defiziten im Bildungsgefälle allgemein bildender Schulen.[4]

Ergänzend zu den inhaltlichen Beschreibungen von OELKERS bietet die strukturelle Einordnung bildender Prozesse des Bundesjugendkuratoriums folgende Unterscheidungen bildender Settings:[5]

Formelle Bildung: Die formelle Bildung ist strukturiert, hierarchisch gegliedert, verpflichtend, auf Leistungszertifikate ausgerichtet und baut zeitlich aufeinander im Schul-, Ausbildungs- und Hochschulsystem auf.

Nicht formelle Bildung: Nicht formeller Bildung liegen organisierte Prozesse zugrunde, jedoch mit einem Angebotscharakter, somit ist sie freiwillig.

Informelle Bildung: Informelle Bildung geschieht ungeplant, ohne Bildungsabsicht, im Umfeld von Familie, Freunden, Nachbarschaft, Freizeit und Arbeit. Sie ist zugleich unverzichtbare Voraussetzung und Fundament, auf dem formelle und nicht formelle Bildungsprozesse aufbauen.

Diese drei Settings können primär institutionellen Rahmen zugeordnet werden und unterscheiden sich grundlegend in den Punkten *Freiwilligkeit* und *Intentionalität.* Sie schließen sich jedoch nicht gegenseitig aus, denn es vollziehen sich zum Beispiel auch in der Schule informelle Bildungsprozesse unter Mitschülerinnen und -schülern. *In einem ganztägigen und ganzheitlichen Bildungskonzept ist die Berücksichtigung aller drei Bereiche notwendig,* da verschiedene Erfahrungssettings entstehen. Wenn schulische Bildung und Betreuung auf mehr Stunden pro Tag ausgeweitet wird, muss eine Überprüfung stattfinden, inwiefern den drei Bildungsbereichen im Angebot Rechnung getragen wird, und geklärt werden, welche Bedingungen dafür notwendig sind. Ansätze zur Verschmelzung der drei Bildungsansätze sind in den verschiedensten Konzepten der Kritik an Schule erkennbar.

Eine zentrale Erkenntnis aus der PISA-Studie war die *Reproduktion sozialer Ungleichheit durch das deutsche Schulsystem.* Die Europäische Kommission stellt als Voraussetzung für eine „Lernkultur für alle" fest, dass nicht formelles und informelles Lernen auch diejenigen zum Lernen ermutigen kann, denen Lernen völlig fremd geworden ist.[6] Dies stellt einen wichtigen Hinweis dar, wie demotivierte Schülerinnen und Schüler zum Lernen zurückgeführt und der Tendenz zur Selektion des deutschen Schulsystems entgegengewirkt werden könnte.

Den von HOLTAPPELS benannten Befürchtungen, durch die ganztägige Schule eine Verstaatlichung der Kindheit und die Pädagogisierung der Lern-, Spiel- und Erfahrungsräume von Kindern und Jugendlichen zu erwirken, kann durch die Berücksichtigung zeitlicher Phasen, in denen Raum für informelle Lernprozesse bleibt, entgegengewirkt werden. Da mit der Ausweitung des staatlichen Bildungsanspruches kaum noch Raum für freie Entfaltung bleibt, muss der Ausdehnung sozialer Kontrolle ins Private rechtzeitig entgegengetreten werden.[7] *Ganztagsbildung darf nicht pädagogisiert und fremdbestimmt verplant werden.*

Als Konsequenz schlägt COELEN eine sprachliche Neudefinition vor, indem er von der institutionellen Zentrierung auf die Schule abweicht und vielmehr von „Ganztagsbildung“ spricht: Im Zuge der Ausweitung der Ganztagsbildung stelle eine institutionelle Verengung von Bildung auf die Schule eine Beschränkung der Bildungsmöglichkeiten dar und sei gleichzeitig eine Überforderung einer einzelnen Einrichtung.[8] Die Entgrenzung der Debatte von Ausbildung und Ganztagsschule kann laut COELEN in der Form „ganztägiger Bildung“ als ein Komplex von Ausbildung und Identitätsbildung ermöglicht werden. Die Konsequenz wäre, *statt Ganztagsschule „Ganztagsbildung”* zu ermöglichen, die neuer Institutionalisierungsformen bedarf und so die ganzheitliche Bildung durch verschiedene Lernsettings in einer Mischform schulischer und außerschulischer Angebote zu einem integrierten Ganzen macht.[9]

Dies folgt auch aus der Betrachtung der Lebenswelten von Kindern und Jugendlichen: Die Grenzen von formaler, nicht formeller und informeller Bildung sind nicht trennscharf zu ziehen, die Prozesse vollziehen sich teilweise parallel.

Im Zuge der Einrichtung von Ganztagsschulen fordert APPEL, der Vorsitzende des Ganztagsschulverbands, zum Beschreiten neuer Wege auf und plädiert dafür, dem Mehr an Aufgaben, die sich aus gesellschaftlichem Wandel und der Diskussion um den Bildungsbegriff ergeben, auf neuen Wegen zu begegnen und nicht in der Verlängerung der alten Gewohnheiten verhaftet zu bleiben. Die Diskussionen um ganztägig geführte Schulen forcieren auch ein kritisches Nachdenken über den momentanen Zustand der Schule und des Schulsystems insgesamt, und verstärken die Forderungen nach pädagogischen Veränderungen.[10]

Auch der Begründer der Laborschule Bielefeld und pädagogische Theoretiker VON HENTIG äußert sich in seinen Schriften kritisch über die derzeitig vorherrschende Form schulischer Bildung. Er formuliert pädagogische Anforderungen an ein ganztägiges Bildungsangebot, in dem er den Bildungsprozess mit drei zentralen Verben verknüpft: „*... etwas haben bzw. wissen, etwas können bzw. tun, etwas sein bzw. sich einer Sache bewusst sein ...*" VON HENTIG beklagt eine derzeitige Konzentration der schulischen Bildung auf den ersten Aspekt, das „Haben bzw. Wissen", und fordert stärkere Berücksichtigung des identitätsbildenden dritten Aspekts, des Selbstbewusstseins, im Sinne des Erfassens von Wissen über sich selbst.[11] Diese Forderung folgt Vorstellungen, wie sie schon von PESTALOZZI, später von vielen Reformpädagogen entwickelt wurden und heute durch Forschungsergebnisse der Erziehungswissenschaften bestätigt werden. Im Zusammenhang mit der Ganztagsschuldebatte, oder besser: Ganztagsbildungsdebatte, erhalten auch bewährte Elemente reformpädagogischer Konzepte neue Bedeutung, insbesondere die Chance in die Neukonzipierung ganztägiger Bildung einzufließen und so zur Realisierung eines erweiterten Bildungsverständnisses beizutragen.

1. Bildung in der Wissensgesellschaft

Wie oben skizziert wurde, bringt der gesellschaftliche Wandel gravierende Veränderungen für die Lebens- und Lernanforderungen von Kindern und Jugendlichen mit. Als Konsequenz der Individualisierung und Pluralisierung von Lebenslagen stellt die Vereinzelung der Problemlagen bei gleichzeitigem Fehlen von Orientierungs- und Problemlösungsmustern zunehmend eine Herausforderung für Individuen dar.[12] Um die Risiken des Aufwachsens zu verringern, müssen umfassende Kompetenzen erworben werden, wobei die Frage besteht, wie Ganztagsbildung hier Unterstützung leisten kann.

Der Begriff „Wissensgesellschaft" wird seit den 90er Jahren in einer breiteren Öffentlichkeit diskutiert.[13] Zunehmend wird materieller Wert nicht allein aus der material- und personalintensiven industriellen Produktion geschaffen, sondern immer stärker aus der Vernetzung von Informationen zu Wissen. Wissen gewinnt als ein weiterer – wie GLOTZ, der vom „digitalen Kapitalismus" spricht, und andere meinen – „entscheidender" Produktionsfaktor an Bedeutung und verändert die Gesellschaft, somit gleichzeitig die Anforderungen an Bildung.

Das Zeitalter der Industriegesellschaft geht dem Ende entgegen; Fähigkeiten und Fertigkeiten, die nötig waren um die soziale Ordnung zu sichern, verlieren an Bedeutung. Die Industrie- und Dienstleistungsgesellschaft wird gewissermaßen von der Wissensgesellschaft abgelöst, wobei sich allerdings die Experten darüber streiten, wieweit dieser Trend die Arbeitswelt tatsächlich verändern wird. So gibt es auch pessimistische Schätzungen, denen zufolge nur ca. 20 % der Arbeitnehmer in wissensintensiven Bereichen arbeiten und forschen werden. Hier zeichnet sich eine gewisse *Unschärfe bei der Vorhersage der absehbaren Bildungsanforderungen* ab.

STEHR beschreibt Wissen als Fähigkeit zum sozialen Handeln, als Grundlage gesellschaftlicher Handlungsfähigkeit mit dem Potential, Gegebenheiten zu verändern.[14] Die Fähigkeit zum selbstständigen Denken und Handeln in gemeinschaftlicher Verantwortung ist demnach der zentrale Auftrag bildender Institutionen.

Für die Bildungsprozesse beschreibt STEHR die Bedeutung von Wissen im veränderten gesellschaftlichen Kontext wie folgt: Wissen erfüllt nur dort eine aktive Funktion im gesellschaftlichen Handlungsablauf, wo Handeln nicht hauptsächlich nach stereotypisierten und unreflektierten Mustern abläuft oder größtenteils reguliert ist, sondern wo es Entscheidungsspielräume oder Entscheidungsnotwendigkeiten gibt.[15] STEHR unterscheidet zwischen reproduktivem Handeln, bei dem sich Handeln in festem Gefüge vollzieht, ohne eigenen Entscheidungsspielraum. Als Beispiele nennt er z.B. einen Fabrikarbeiter der nach vorgegebenen Mustern eine Schraube herstellt oder das Ausführen von Paragraphen und Aktenvorgängen. Diese Tätigkeiten nehmen nach allen Prognosen ab. Das Wissen der modernen Gesellschaft dagegen schafft ständig neue Handlungsmöglichkeiten.[16]

Die Fähigkeit, verantwortlich und eigenständig Entscheidungen zu treffen, ist eine wesentliche Grundlage des umfassenderen Bildungsanspruchs, die in der Schule und im Elternhaus geschaffen wird. Sie ist elementarer Bestandteil des Erziehungs- und Bildungsauftrags. Das Wissen muss nicht mehr nur erworben werden, sondern es muss durch Interpretation bewertet werden, damit es in situations- und aufgabenangemessene Handlungen umgesetzt werden kann. Dieser Prozess benötigt sowohl *Orientierungswissen* als auch *Verfügungswissen.*

Neben den formalen Qualifikationsanforderungen, die durch klar umrissene Curricula beschrieben werden, sind von DE HAAN und EDELSTEIN *vier zentrale Fähigkeiten* benannt worden, die es darüber zu vermitteln gilt. Demnach sollen Kinder und Jugendliche erlernen:

- die Chancen und Risiken für den individuellen Lebensweg wahrzunehmen, einzuschätzen und zu bewerten,
  individuelle Handlungen, Absichten und Folgen moralisch zu beurteilen,
- kollektive soziale, ökonomische, ökologische Situationen ethisch zu bewerten,
- Handlungsspielräume und Entscheidungsalternativen unter dem Gesichtspunkt eigener und fremder Verpflichtungen zur Verantwortungsübernahme abzuwägen.[17]

Diese Fähigkeiten können als *Orientierungswissen* bezeichnet werden, dessen Beherrschung es letztendlich erst ermöglicht die formalen Qualifikationsanforderungen zu realisieren. Vorrangige Aufgabe der Schule ist es nach EDELSTEIN und DE HAAN also, Orientierungswissen anzubieten, das es erlaubt, die Wissensgesellschaft, ihre ökonomischen, sozialen und ökologischen Strukturen und ihre Wandlungsprozesse zu verstehen und selbstständig zu bewerten.[18]

Vor dem Hintergrund dieser zentralen Bedeutung von Orientierungswissen bekommen Einsichten aus der PISA-Studie eine besondere Bedeutung: So stellen ARTELT und BAUMERT in Auswertung der internationalen Schulleistungsvergleichsstudie bei deutschen Schülerinnen und Schülern ein *eklatantes Defizit der Fähigkeit zu Reflexion und Interpretation* fest. Vor allem die Fähigkeiten des Reflektierens und Bewertens von Texten sowie das Verarbeiten von Texten im eigenen Lebenskontext seien unzureichend.[19]

Auch HOLTAPPELS stellt einen Wandel der Bildungsanforderungen fest. Er unterstreicht, dass als inhaltliche Bildungsanforderungen *die aufklärende Bildung und das Lernen in Zusammenhängen, die Entschlüsselung komplexer Zusammenhänge sowie Analyse und Planungsfähigkeit zunehmend an Bedeutung gewinnen.*[20]

2. Inhaltsbereiche und Bildungsziele

Ziele von ganztägigen Angeboten an Schulen wurden bereits 1968 vom DEUTSCHEN BILDUNGSRAT formuliert, in den Empfehlungen zur Einrichtung von Ganztagsschulen in Schulversuchen. Die Ziele haben bis heute nicht an Aktualität verloren:[21]

1. Stärkere innere Differenzierung des Unterrichts, die eine adaptive Lernumgebung ermöglicht[22]
2. Übung und Vertiefung des Lernstoffes in der Schule anstelle von Hausaufgaben[23]
3. Erweiterte Möglichkeiten für künstlerische Betätigung
4. Mehr Zeit für freiere Formen, insbesondere auch in Sport und Spiel
5. Erweiterung des sozialen Erfahrungsbereichs und Vorbereitung auf die Arbeitswelt
6. Verstärkung der Kontakte zwischen Schülern aus verschiedenen sozialen Schichten
7. Verbesserung der Zusammenarbeit zwischen Schülern und Lehrern
8. Ausbau der Schülermitverantwortung
9. Engere Zusammenarbeit von Eltern und Schule
10. Ausbau der schulinternen psychologischen Beratung

Diese Ziele sind auf unterschiedlichen Ebenen angesiedelt und betreffen die Gestaltung des ganzen Tages hinsichtlich unterrichtlicher, sozialer, partizipativer, freizeitpädagogischer, fördernder und kooperativer Elemente.

Bezüglich der unterrichtsbezogenen Bildungsinhalte arbeitet die *Bildungskommission der Heinrich-Böll-Stiftung* derzeit an einem Konzept, in dem das heutige curriculare Pflichtpensum um fünfzig Prozent reduziert werden soll, eine Forderung, die BUROW bereits 1983 aufgrund einer Analyse der Probleme der Berliner Gesamtschule erhoben hat[24]. Solche Überlegungen waren auch 1995 im so genannten Rau-Gutachten „Zukunft der Bildung – Schule der Zukunft“ angelegt: Die Gutachter schlugen vor, lediglich sechzig Prozent der curricularen Inhalte festzulegen, allerdings ohne diesen Vorschlag zu konkretisieren.[25]

Die Veränderungen im Bereich des Wissenserwerbs, die durch den skizzierten gesellschaftlichen Wandel entstanden sind, fokussiert OERTER mit der Frage nach der geeigneten Vorbereitung von Kindern und Jugendlichen auf eine Zukunft, deren Wissensanforderungen heute noch nicht bekannt sind.[26] Die Orientierung an zukunftsfähiger Bildung kann nur auf der Grundlage einer Prognose gesellschaftlicher Entwicklungen und Entwicklungstendenzen erfolgen, wobei allerdings die Problematik der Relativität aller Zukunftsprognosen zu berücksichtigen ist. In der Zukunftsforschung gilt eine einzige Erkenntnis als sicher: *Der Zeitgeist irrt immer.*

Grundlegend lassen sich Bildungsprozesse allerdings in zwei Schwerpunktbereiche unterteilen, die MITTELSTRASS unterscheidet:

Orientierungswissen (z.B. Interpretationsfähigkeit, Verantwortung, Bewerten, Urteilen, ethisch begründetes Handeln), das zur Orientierung im gesellschaftlichen Kontext dient

Verfügungswissen, das zugrunde liegendes Faktenwissen bezeichnet und eine Qualifikationsfunktion mit einschließt[27]

Er führt diese Kategorien wie folgt aus:

> „Verfügungswissen ist ein Wissen um Ursachen, Wirkungen und Mittel; es ist das Wissen, das Wissenschaft und Technik unter gegebenen Zwecken zur Verfügung stellen. Orientierungswissen ist ein Wissen um gerechtfertigte Zwecke und Ziele."[28]

Über Verfügungswissen eignet sich der Mensch die Dinge der Welt an und über Orientierungswissen tritt er in ein reflektiertes Verhältnis zu ihnen. Moderne Gesellschaften seien stark in der Akkumulation von Verfügungswissen und *schwach in der Ausbildung von Orientierungswissen,* so MITTELSTRASS.[29] Diese Kategorien der Bildung ziehen sich quer durch alle Bereiche bildender Prozesse und sind daher bei der Konzeption ganztägiger Angebote in angemessener Weise zu berücksichtigen. MITTELSTRASS konstatiert, dass in modernen Gesellschaften bereits seit den 70er Jahren der Abstand zwischen Verfügungswissen (Faktenwissen) und Orientierungswissen gewachsen sei.

Konkreter auf schulische Bildung bezogen beschreibt OERTER folgende Bildungsziele und Inhaltsbereiche, die im Rahmen ganztägiger Bildung verwirklicht werden sollen, wobei er Schwierigkeiten bei der Empfehlung eines verbindlichen Kanons sieht, eben weil ein Blick auf die Erfordernisse der Zukunft aufgrund deren prinzipieller Unvorhersagbarkeit nicht möglich ist:[30]

1. Naturwissenschaftliche Grundbildung, die Denkstrukturen und -muster vermittelt, um sich in der stark naturwissenschaftlich und technisch geprägten Gesellschaft zu orientieren.
2. Zwei Fremdsprachen, die aufgrund der Globalisierung und fortschreitenden europäischen Einigung erlernt werden.

3. Musische Fächer müssen stärker betont werden. Musik, Literatur, Kunst und Bewegungskultur sind Kernbereiche menschlicher Entwicklung. Der Verlust an Menschlichkeit und Möglichkeiten der Transzendenz der eigenen Existenz gehen mit der unzureichenden Ausbildung des musischen Bereichs einher.
4. Ausbildung moralischer und sozialer Kompetenz durch die Schule als „demokratische Gemeinschaft". Dies ist die notwendige Voraussetzung um im Sinne von KOHLBERG eine moralische Atmosphäre zu gestalten.[31]

OERTER erinnert in diesem Zusammenhang an KOHLBERGS viel versprechende Versuche, an Schulen in sozial benachteiligten Stadtteilen eine demokratische Kultur zu etablieren. Die Ausrichtung von Schule und Unterricht an der Entwicklung von Demokratie und ethischen Urteilen stelle sich gegen die gegenwärtige Technikfixierung und für die gleichberechtigte Aufnahme demokratischen Lernens in der Schule, was eine stärkere Ausrichtung der Inhalte auf orientierende Kompetenzen bedeutet.

Eine zentrale Frage auf der Suche nach Perspektiven für die ganztägige schulische Bildung ist, wie OERTER konstatiert, die Frage nach dem *Sinn von Schule und Lernen.* Nur wenn Schüler/innen einen Sinn im vermittelten Inhalt sehen, kann Bildung erfolgreich sein. BUROW spricht mit Bezug auf die Gestaltpädagogik davon, dass Lernen *persönlich bedeutsam* sein muss.[32] OERTER wählt die Schulverdrossenheit als Ausgangspunkt und stellt fest, dass die Qualifikation in Form eines Abschlusses, mit dem man einen Beruf ausüben kann, unter den gegenwärtigen gesellschaftlichen Bedingungen keine hinreichende Sinnhaftigkeit herstellt.[33] MAROTZKI stellt dazu fest:

> „*Qualifizierungsfunktion* [Verfügungswissen, Anm. der Autoren] beinhaltet nicht notwendig jene Sinndimensionen des Unterrichts. Es ist erforderlich, der *Orientierungsfunktion* des Unterrichts Vorrang vor der *Qualifizierungsfunktion* einzuräumen."[34]

OERTER konkretisiert *Anforderungen an ein sinnhaftes Bildungsangebot für Kinder und Jugendliche:* Der Sinn ist eine Rahmenmotivation, die sich aus Lebens- und Daseinsproblematiken speist. Die Wurzeln hierfür liegen in Erfahrungen und Emotionen einerseits und Werten, Bedeutungen und kulturellen Angeboten andererseits.

Ziel ist es, die von STEHR geforderten erkenntnistheoretischen Positionen zu erlernen. Es sollen *Sinnkonstruktionen als solche erfasst werden* und nicht als bare

Realität genommen werden. Dies stellt insbesondere für einen demokratischen Umgang verschiedener Ethnien, Religionen und sozialer Gruppierungen und den Umgang mit Medien eine unabdingbare Voraussetzung dar. Sinnhaftes Lernen zu ermöglichen erfordert soziale Bindung, Selbstbehauptung, Autonomie und die Ausbildung von Neugier. OERTER betont abschließend, *dass eine Schule ohne „sinnstiftendes Setting" von vornherein hinsichtlich ihres Bildungsauftrages verspielt habe.*[35]

Natürlich sind dies keine neuen Gedanken. Sie lassen sich seit der Reformpädagogik über die radikale Schulkritik der sechziger Jahre (z.B. GOODMAN, ILLICH, REIMERS, HOLT und viele andere) bis hin zu immer wieder aufkeimenden Kritiken am schulischen Lernen aus unterschiedlichen Perspektiven (z.B. LEHNER & WIDMEIER 1992) verfolgen. Umso dringlicher stellt sich bei der Neukonzeption von Ganztagsbildungsangeboten die Aufgabe, ein sinnstiftendes Setting zu realisieren, das sowohl den gewandelten gesellschaftlichen Rahmenbedingungen wie auch den Erkenntnissen der modernen Lehr-/Lernforschung (z.B. MANDL 2000; SPITZER 2002) gerecht wird.[36]

Wenn die institutionsgebundene Zeit für Kinder und Jugendliche im Zuge der ganztägigen Schulen zunimmt, kann sich das System Schule nicht länger auf Unterricht beschränken, sondern muss sich für die Einflüsse der Lebenswelten von Kindern und Jugendlichen öffnen. Nur so können sich die jungen Menschen notwendige Qualifikationen und Orientierungen zur Bewältigung ihres gegenwärtigen und zukünftigen Lebens erarbeiten und entsprechend ihren individuellen Bedürfnisse lernen, dass es für sie persönlich einen Sinn ergibt.

Aus dieser Forderung resultieren weit reichende *Konsequenzen für die Ganztagsbildung.* Zum einen muss die *Eigenaktivität* gefördert und somit Abschied genommen werden von der Passivität, die den Kindern und Jugendlichen zumutet, auf Veränderungen lediglich zu reagieren. Bildungseinrichtungen müssen nach Wegen suchen, wie Lernende und Lehrende gleichermaßen ihre anthropologisch gegebene Lernfreude und Motivation auch unter den Bedingungen institutionalisierter Bildungsprozesse aufrechterhalten und in vielfältigen Formen weiterentwickeln können. Es muss dabei erfahrbar werden, dass die erworbenen Kompetenzen zur selbsttätigen Gestaltung der Zukunft des Einzelnen, aber auch zur Zukunftsbewältigung der Gesellschaft insgesamt nützlich sind. Eine aktivierende Pädagogik, die die Trennung von Schule und Leben überwindet, eröffnet den Kindern und Jugendlichen, jetzt und im Erwachsenenleben, einen größeren Möglichkeitsraum. „Motivation" wird in dieser Perspektive nicht als Resultat pädagogischer Tricks und didaktischer Modelle gesehen, sondern ergibt sich aus einer grundlegenden Neukonzipierung situierter Lernumgebungen, in denen die Trennung von Lernen und Leben zumindest teilweise aufgehoben ist. Die Öffnung der Schule und der Abschied vom reinen Unterricht stehen schon lange auf der Agenda zugunsten der *Bereitstellung von offenen Möglichkeitsräumen,* in denen formelles und informelles Lernen stattfindet – orientiert an den Bedürfnissen der Lernenden und den aktuellen Herausforderungen. Begriffe wie situiertes Lernen (MANDL), selbstorganisiertes Lernen (SIEBERT 2000) oder *Service Learning* (SLIWKA, PETRY & KALB 2004) umreißen Eckpunkte eines erweiterten Lehr-/Lernverständnisses, in dem stärker auf die *Freisetzung und Nutzung der Selbststrukturierungskräfte der Lernenden und die Übernahme von Verantwortung* in Projekten gesetzt wird, die zum Teil unter Ernstbedingungen stattfinden und der *eingreifenden Zukunftsgestaltung* in Schule und Gemeinde dienen.[37]

Die oben beschriebenen Anforderungen an Kinder und Jugendliche beim Aufwachsen in der Gesellschaft und die Vorbereitung darauf durch bildende Prozesse, stellen einen komplexen Auftrag für Schule dar. Dies kann allerdings nicht eine Institution alleine leisten. Aber sie kann Partner finden, die nicht formelle oder informelle Bildungsprozesse unterstützt und so eine ganzheitliche Bildung ermöglicht.

Der langjährige GEW-Vorsitzende WUNDER stellt daher die gegenwärtigen Bildungsinhalte radikal in Frage:

> „Wo liegt das Recht des gegenwärtigen Curriculums? Es ist begründet in seiner Faktizität und Fundierung durch eine geschichtliche Entwicklung, nicht aber im empirisch abgesicherten Wissen, welches die optimalen Inhalte von Unterricht, ja die optimalen Gegenstände sind, mit denen sich junge Menschen im Hinblick auf ihr gegenwärtiges und zukünftiges Leben beschäftigen sollten. Gehen wir den eingeschlagenen Weg weiter, so kommen wir selbstverständlich auch zur Frage, wieweit die Schule sich zum ‚Leben' hin öffnen soll."[38]

Die Chance zum Transfer dieser Themenbereiche in die ganztägige Schulpraxis liegt näher als angenommen: Kinder und Jugendliche transportieren ihre Lebenswelt bereits heute in die Schule. Die Anforderungen an die Organisation und die Inhalte schulischer Pädagogik können sich in weiten Teilen an dem orientieren, was mitgebracht wird. Dazu ist ein Dialog notwendig, der z.B. bei einer asymmetrischen Kommunikation im Unterricht nicht zum Tragen kommt. Die Aufnahme der lebensweltlichen Themen von Kindern und Jugendlichen erfordert Vertrauen in die Kinder und Jugendlichen und nimmt vor allem ihre *subjektiven Perspektiven* ernst. Dies folgt dem von APPEL beschriebenen *Modell der Lebensschule*.[39]

Diesen Bildungsansätzen ist nicht mit herkömmlichen Unterrichtsmethoden beizukommen und der 45-Minuten-Takt von Bildungsprozessen durch den organisatorischen Rahmen begrenzt, zumal die getaktete Zeitstruktur weder den Bedürfnissen der Eigenzeit (NOWOTNY 1989) noch den Erkenntnissen über Lernrhythmen von Hirnforschung (SPITZER 2002), aber auch denen der Humanistischen Pädagogik und hier insbesondere der Gestaltpädagogik (BUROW 1988; 2003) widerspricht. Dazu müssen Formen der Projektarbeit, des handlungsorientierten und erfahrungsorientierten Unterrichts sowie des Freien Lernens stärker in den Vordergrund rücken und keine Randerscheinungen oder, wie z.B. in einer Projektwoche pro Schuljahr, Ausnahmen bleiben. Sicher wird es auch darum gehen, neue Verquickungen von formellen und informellen Lernprozessen anzuregen. Ganztägige Bildung, wenn sie nicht auf die Ausweitung des Unterrichts auf den Nachmittag verkürzt wird, eröffnet hier ohne Zweifel neue Wege hinsichtlich der inhaltlichen, organisatorischen, personalen und räumlichen Gestaltung von Bildung.

Bezüglich der Anforderungen an die formale Qualifikation hat die PISA-Studie zahlreiche, zum Teil kontrovers diskutierte Einsichten und Anregungen gegeben. Daher seien an dieser Stelle nur einige – für unseren Zusammenhang wichtige – Eckpunkte erwähnt. Obwohl die formalen Qualifikationsanforderungen des Arbeitsmarktes steigen, belegt KLEMM, dass der Anteil Jugendlicher eines Altersjahrgangs mit Hochschulreife in Deutschland vergleichsweise niedrig bei 33 % liegt, wenn man etwa Finnland mit 53 % und Japan mit 69 % als Vergleichsgrößen heranzieht.[40] Zu dieser vergleichsweise geringen Quote an höheren Abschlüssen kommt hinzu, dass deutsche Schüler/innen im internationalen Vergleich eher unterdurchschnittlich abzuschneiden scheinen: Laut PISA liegen sie in den Bereichen Lesekompetenz, Mathematik und Naturwissenschaften unter dem OECD-Durchschnitt.[41] Darüber hinaus wurde im Zuge der PISA-Untersuchung die schon in den siebziger Jahren beklagte soziale Selektion des deutschen Schulsystems erneut deutlich. Kinder aus Migrantenfamilien oder aus sozial schwierigen Verhältnissen haben erhebliche Defizite bei der Kompetenzentwicklung. Die Korrelation von Schichtzugehörigkeit und

Schulleistungen ist in Deutschland ausgeprägter als in allen übrigen Ländern, die an der Untersuchung teilnahmen.[42]

Mit Angeboten ganztägiger Bildung wird deshalb auch die Hoffnung verbunden, bessere Ausgangschancen für Migrantenkinder aufgrund längerer Verweildauer in deutschen Sprachzusammenhängen zu ermöglichen. Kinder mit Migrationshintergrund, in deren Familien vornehmlich nicht deutsch gesprochen wird, können hinsichtlich des Spracherwerbs, der Lese- und Schreibkompetenz von ganztägigen Bildungssettings enorm profitieren.

Die Forderung nach einer Veränderung des Curriculums unterstützt die Feststellung des kanadischen Experten für informelles Lernen, LIVINGSTONE, der auf der Internationalen Konferenz zur Ganztagsbildung (Bielefeld 2003) feststellte, dass entscheidend nicht unterrichtliches Lernen, sondern informelles Lernen sei, welches bis zu 70 % am Bildungserfolg beteiligt sei. Aus diesem Blickwinkel relativierte er auch die Bedeutung der PISA-Ergebnisse für die Beurteilung der Leistungen von Schulen. Mag man diese skeptischen Einwände in dieser Pauschalität für überzogen halten, so sollte man doch bei der Entwicklung von Konzeptionen der Ganztagsbildung vermeiden, die Bedeutung informeller Lernprozesse zu unterschätzen und damit neuen bildungspolitischen und pädagogischen Illusionen aufzusitzen. *Ganztagsbildung bietet Chancen, aber sie wird gesellschaftlich verursachte Ungleichheit und unterschiedliche Startbedingungen nicht kompensieren, sondern allenfalls abmildern können.*

Im Zuge der Diskussionen um lebenslanges Lernen gewinnt die Erkenntnis an Einfluss, dass die *Verbindung von informellem und nicht formellem Lernen* eine zunehmend größere Rolle spielt, da die formelle (Berufs-)Bildung immer weniger mit den Anforderungen des Arbeitsmarktes und dessen schnellem Wandel übereinstimmt. Im Europäischen Weißbuch „Neuer Schwung für die Jugend Europas" wird für eine Verzahnung von Arbeit, Freizeitaktivitäten und Bildung plädiert, mit dem Ziel, die Qualität beruflicher Bildung zu erhöhen. Gleichzeitig bestünde durch diese Verzahnung die Möglichkeit, die Attraktivität der Bildung für die Jugendlichen zu erhöhen.[43]

Die Forderung nach einem ganztägigen Bildungskonzept auf der Grundlage eines ganzheitlichen Lernverständnisses wird von unterschiedlichsten Koalitionen geteilt. Eine ungewöhnliche Partnerschaft bilden insbesondere die *Bundesvereinigung der Deutschen Arbeitgeber und der Deutsche Gewerkschaftsbund,* die gemeinsam eine *Stellungnahme zur Forderung einer Ganztagsschule und zu inhaltlichen Ansprüchen an eine Ganztagsschule* formuliert haben.[44] In der Stellungnahme wird unter anderem selbst verantwortetes Lernen, individuelle Persönlichkeits-, Lern- und Leistungsentwicklung, Kooperation mit außerschulischen Partnern und die Abschaffung des Lernrhythmus von 45 Minuten gefordert. Das veränderte Programm soll nicht nur von Lehrkräften, sondern auch von Sozialpädagogen und -pädagoginnen, Tutoren/Tutorinnen u.a.m. erfüllt werden.[45]

Die *Heinrich-Böll-Stiftung* fordert, um die Zukunftsfähigkeit der schulischen Bildung zu sichern, dass Schulen lebensweltliche, soziale und kulturelle Orientierungen der Schüler/innen ermöglichen, d.h. ihnen Kompetenzen vermitteln, die sie zur Teilhabe an der Zivilgesellschaft, zur Ausübung einer Beschäftigung und zur Mitwirkung an der Kultur befähigen. Die Schule müsse ...

- *Orientierungswissen* anbieten, das erlaubt, die Wissensgesellschaft, ihre ökonomischen, sozialen und ökologischen Strukturen und ihre Wandlungsprozesse zu verstehen und zu bewerten;
- *Anwendungswissen* anbieten, das zum Handeln befähigt. Schüler müssen mit den Inhalten Wissen darüber erwerben können, wo und in welcher Form das erworbene Wissen genutzt werden kann. Zudem muss Schule die Schüler in die Lage versetzen, ihr Wissen in angemessenen Formen zu präsentieren und auszuprobieren;
- *ästhetische Erfahrungen* vermitteln, Chancen zur Teilhabe an der Kultur bereitstellen und Verständnis für ihre Geschichte fördern;
- die Voraussetzungen für die *Teilhabe an zivilgesellschaftlichen Prozessen der Mitgestaltung des Lebens* in den unterschiedlichen Gruppen und Organisationen durch die Erfahrung von Partizipation und die Entwicklung der dafür nötigen sozialen Fähigkeiten schaffen;
- *Kompetenzen vermitteln,* welche die Individuen befähigen, Risiken wahrzunehmen, einzuschätzen und zu bewerten, individuelle Handlungen, Handlungsabsichten und Handlungsfolgen moralisch zu beurteilen, kollektive Situationen (soziale, ökonomische, ökologische) ethisch zu bewerten sowie Handlungsspielräume und Entscheidungsalternativen unter dem Gesichtspunkt eigener und fremder Verpflichtungen zur Verantwortungsübernahme abzuwägen;
- *dem gesellschaftlichen Prozess der Individualisierung mit einem auf die Person zugeschnittenen Lernarrangement begegnen.* Die Schulen müssen Autonomie gewinnen, um auf die Vielfalt der gesellschaftlichen und individuellen Belange, Bedürfnisse und mentalen Differenzen sowie auf soziale und kul-

turelle Kontexte mit unterschiedlichen Schulprofilen und Programmen antworten zu können.[46]

Unsere Literaturrecherche zeigt, dass mit der Erweiterung des Angebots von Ganztagsschulen zugleich eine neue Bildungsdebatte angestoßen wird, deren Diskussionspunkte auf alle Bereiche des schulischen Lebens ausstrahlen. Die erweiterte curriculare Option im Rahmen der Ganztagsschule ermöglicht eine Schule mit anderen Inhalten als bisher. Neues gerät in Konkurrenz zu bisherigen Inhalten, Methoden, Gewohnheiten. VON HENTIGS programmatische Forderung „Die Schule neu denken" erhält hier eine Erweiterung: *Die Ganztagsbildung neu denken.* Das veränderte Bildungsverständnis, das sich hier abzeichnet, wird auch Rückwirkungen auf die traditionelle Halbtagsschule haben.

So wählt WUNDER nicht von ungefähr das Bild der Mauerblume: Mauerblumen können zu kräftigen Pflanzen, zu einem Strauch oder sogar zum Baum auswachsen und durch die Kraft ihrer Wurzeln sogar die Festigkeit einer Mauer gefährden. Das zwingt zur Abwägung, und WUNDER fragt, ob wirklich alle bisherigen unterrichtlichen Themen gerechtfertigt waren oder ob andere, vielleicht bessere Themen nun zum Zuge kommen sollten.[47] BURKHARD sieht darin die Chance für die Schule, die Lebensräume der Kinder und Jugendlichen aktiv mitzugestalten.[48]

Wir sehen also den berühmten Silberstreifen am Horizont: Nach Jahrzehnten politisch-ideologisch verursachten institutionellen Grabenkämpfen und entsprechender Erstarrung weiter Teile der Schule bietet sich mit der Ganztagsbildung nun eine Möglichkeit zu einer schrittweisen Neukonzeption schulischer Bildung insgesamt. Welche Organisations-, Lehr- und Lernformen hierfür geeignet sind, muss der Prozess der Einrichtung vielfältiger Ganztagsschulen und die Analyse erfolgreicher Modelle erst zeigen. Mit HERZ sehen wir das antizipierende Lernen als ein orientierendes Leitbild, bei dem es um das geht, was der Jugendforscher Arthur Fischer als „Subjektive Zukunftskompetenz" bezeichnet.[49]

3. Partizipation als eigenständige Kategorie von Bildung

Partizipation verstanden als gesellschaftliche Teilhabe ist gleichermaßen Ziel und Auftrag von Bildungsinstitutionen. *Selbstbestimmte Teilhabe an sozialen, kulturellen und politischen Prozessen ist das zentrale Ziel schulischer Bildung.* Als übergeordnete Ziele der Bildung definieren EDELSTEIN und DE HAAN im Bericht der Bildungskommission der Heinrich-Böll-Stiftung, dass Kinder und Jugendliche ihr eigenes Leben sowie das gesellschaftliche Zusammenleben selbstbestimmt und gemeinsam mit anderen gestalten können.[50]

Bereits in den 60er Jahren weist HABERMAS darauf hin, dass eine weitgehende Beteiligung aller Menschen an den sie betreffenden Entscheidungen in einer komplexer werdenden Welt notwendig sei, um die drohende Spaltung der Sozialingenieure einerseits und der Adressaten von kommunalen Planungen andererseits zu verhindern.[51]

Der gesellschaftliche Wandel verschärft die Notwendigkeit von Partizipation in unterschiedlichen gesellschaftlichen Bereichen: Angesichts der großen politischen Probleme, wie der Massenarbeitslosigkeit, der Umweltzerstörung, des Sozialabbaus und der Verarmungsprozesse, denen sich Jugendliche gegenübersehen, und angesichts der als gering eingeschätzten Chance, Einfluss zu nehmen, besteht die Gefahr, dass sie überfordert werden und sich politisch ohnmächtig fühlen.[52] HEITMEYER spricht sogar von einer politischen Paralysierung der individuellen Handlungs- und emotionalen Ausdrucksmöglichkeiten der Jugendlichen.[53] Konkrete Beteiligungsinstrumente, die anschlussfähig an die Lebenswelt der Jugendlichen sind, könnten die Identität des Nahraums sichern und unmittelbare Erfahrung ermöglichen. Nur so könne der Überforderung durch Komplexität und der daraus resultierenden Resignation entgegengewirkt werden.

Entwicklungspsychologisch betrachtet ist die Auseinandersetzung mit politischer und gesellschaftlicher Verantwortung konstitutiv für die Jugendphase.[54] Die Ausbildung eines Wertesystems und eines ethischen Bewusstseins bildet die Grundlage für das individuelle Handeln.[55] Von besonderer Bedeutung sind dabei Einsichten der Kindheits- und Jugendforschung, die darauf hinweisen, dass Kinder und Jugendliche noch relativ offen für die Auseinandersetzung mit sie betreffenden Fragen der Gestaltung einer lebenswerten Zukunft sind.

Sozialisationstheoretisch kann man den Prozess des Mitglied-der-Gesellschaft-Werdens in drei Perspektiven unterteilen:

- subjektbezogene Perspektive
- institutionsbezogene Perspektive
- kulturbezogene Perspektive

Im Zusammenhang mit ganztägigen Angeboten stellt sich die Frage, welchen Beitrag die Institutionen leisten können und wollen und mit welchen Mitteln sie diese Zielsetzungen zu erreichen suchen.[56]

Ein immanentes Bildungsziel ist der Erhalt und Ausbau der demokratischen Grundordnung. Zum Erhalt der Demokratie benötigt eine Gesellschaft personale Träger, die sich engagieren und bereit sind, Funktionen zu übernehmen und so demokratische Prozesse mittragen. Die Kennzeichen einer demokratischen Kultur lassen sich damit beschreiben, dass Bürger/innen „grundsätzliches politisches Interesse an politischen Themen entfalten und von sich aus bereit sind, sich in den politischen Prozess der Willensbildung einzuschalten."[57] Dazu bedarf es einer entsprechenden Infrastruktur, die demokratische Erfahrungen und Partizipationschancen ermöglicht. Die Zukunft der Gesellschaft hängt auch von den Gestaltungsmöglichkeiten der Jugend ab: Die Gesellschaft ist also gefordert, Kindern und Jugendlichen demokratische Lernorte und Partizipationsmöglichkeiten zum Erhalt und zum Ausbau der Demokratie zur Verfügung zu stellen.

Die Förderung demokratischer Kultur muss erlernt werden und möglichst immanentes Strukturmerkmal von allen Erziehungs- und Bildungszusammenhängen sein. Da man die Ausbildung demokratischer Haltungen nicht von unbetreuter Freizeit und elterlichen Erziehungseinwirkungen erwarten kann, sind institutionelle Bildungseinrichtungen umso mehr gefordert, nicht nur Erfahrungsräume für demokratisches Lernen und Handeln zu eröffnen, sondern in der Gestaltung ihrer Organisation und ihrer Prozesse die Demokratie im Hier und Jetzt erfahrbar zu machen.

Der Schule kommt dabei ein besonderer Stellenwert zu: Sie muss, wie EDELSTEIN und DE HAAN fordern, durch entsprechende Bildungserfahrungen die Voraussetzung schaffen, dass Kinder und Jugendliche an zivilgesellschaftlichen Prozessen teilhaben und diese mitgestalten können. Grundlage sind Erfahrung von Partizipation und die Entwicklung der dafür nötigen sozialen Fähigkeiten. Ganztagsbildung bietet einen zeitlich und institutionell erweiterten Bildungsrahmen und damit vielfältige Möglichkeiten. Dies funktioniert jedoch nur, wenn die einseitige Fixierung auf lehrgangsmäßigen Belehrungsunterricht gemäß Rahmenplanvorgaben überwunden wird und neue Formen der Erfahrung politisch aktiven Handelns und Mitgestaltens möglich werden. Diese umfassenden Anforderungen an Schule beinhalten sowohl die individuelle als auch die gesellschaftliche Verantwortungsübernahme von Lehrern und Schülern gleichermaßen und die Entwicklung einer aktiven Schulgemeinde, die Demokratie vor Ort als lohnenswerte Unternehmung erfahrbar macht.

In Verfolgung dieses Gedankens entwickeln EDELSTEIN und DE HAAN mit der Verknüpfung der partizipativen Elemente im Schulleben und der Schulöffnung in den Stadtteil ein *Modell der Partizipationsschule,* die nach OERTER *Sinn durch bürgerschaftliche Mitgestaltung* sichert:

> „Die Schule sollte als partizipatorisch geregeltes Gemeinwesen organisiert sein, mit zivilen Akteuren außerhalb der Schule zusammenarbeiten, Angebote für die Schule mit ihnen aushandeln und ihre Vertreter zu geeigneter Mitarbeit in der Schule heranziehen: Einer demokratisch verfassten Schule entspricht die Öffnung auf die Gemeinde und die soziale Mitwirkung in der Gemeinde."[58]

Ganztagsbildung muss Räume bereitstellen, in denen die kindheits- und jugendspezifischen Entwicklungsaufgaben durch formelle und informelle Lernprozesse unterstützt werden. Die angemessene Bearbeitung dieser Entwicklungsaufgaben der Kindheits- und Jugendphase kann für das gesamte Leben als konstitutiv betrachtet werden.[59] Die Spannung zwischen individuellen Bedürfnissen und objektiven gesellschaftlichen Forderungen müssen ausgehalten und fruchtbar gewendet werden. Daher besteht eine zentrale Herausforderung in der Schaffung geeigneter Unterstützungsstrukturen, die in der traditionellen Halbtagsschule bislang zu wenig Beachtung finden.

Eine Voraussetzung für die Bewältigung der Entwicklungsaufgaben ist es, über sich selbst im Bilde zu sein: Kinder und Jugendliche sollen wissen, woher sie kommen, wer sie sind und was bzw. wohin sie wollen, d.h., ihre individuelle Identität ausbilden. *Identitätsbildung ist allen anderen Entwicklungsaufgaben übergeordnet.* ERIKSON hat schon früh in seinem Klassiker „Identität und Lebenszyklus" die Identitätsbildung als lebenslang zu bewältigende Aufgabe beschrieben, wobei er entscheidende Herausforderungen im Jugendalter sieht. KEUPP und andere haben diesen Gedanken fortgeführt, indem sie in einer aktuellen Studie gegenwärtige Schwierigkeiten der Identitätsbildung mit ihrem Konzept des „Patchworks der Identitäten" charakterisiert haben. Eine in sich konsistente Identitätsbildung ist demnach die Ausnahme. Schule hat es bislang versäumt, aus diesen Erkenntnissen angemessene Konsequenzen zu ziehen, etwa indem sie reflektierende Verfahren zur Unterstützung bewusster Identitätsbildung anbietet. Für die Ganztagsbildung mit ihrem freieren Rahmen eröffnen sich hier neue Perspektiven.[60]

Aus Sicht der erziehungswissenschaftlichen Biographieforschung sind Menschen im Jugendalter als produktiv realitätsverarbeitende Subjekte und als schöpferische Konstrukteure ihrer eigenen Lebenswelt zu verstehen. HURRELMANN behauptet, dass die Lebensphase Jugend ein erhebliches positives Stimulierungspotential in sich berge. Er führt dieses Potential auf das *Zusammentreffen von Individuations- und Integrationsprozessen* zurück. SCHURIAN beschreibt Individuation und Integration als zentrale, parallel stattfindende Prozesse der Jugendphase:

– *Individuation* bedeutet die Entwicklung zu einem unterscheidbaren Einzelwesen mit einzigartigen kognitiven, motivationalen, sprachlichen, moralischen und sozialen Merkmalen. In der Jugendphase wird das Verhältnis zwischen „Ich" und Umwelt zum ersten Mal intensiv und bewusst erlebt.[61]
– *Integration* meint die Anpassung an gesellschaftliche Werte, Normen, Verhaltensstandards und den „Prozess des Einrückens in die verantwortlichen gesellschaftlichen Mitgliedsrollen". Diese Mitgliedsrollen sind bereits vordefiniert: Mit jedem sozialen Status sind bestimmte Vorstellungen verbunden, wie ein Positionsinhaber sich angemessen zu verhalten hat und welche Rechte und Pflichten er besitzt.[62]

Um die positiven Entwicklungschancen von Individuation und Integration optimal zu entfalten, müssen auf das jeweilige Individuum zugeschnittene Strategien bzw. Anregungs- und Unterstützungsangebote bereitgestellt werden. Dabei spielen sich Individuation und Integration im Spannungsfeld zwischen Freiheit und Orientierung ab.[63]

Ein gelungener Sozialisationsprozess setzt die Verbindung von Individuation und Integration voraus. Da in der Jugendphase für den jungen Menschen zum ersten Mal die Gelegenheit besteht, sich nicht nur als handelndes Subjekt zu erleben, sondern auch als Objekt im Prozess des Handelns, ergibt sich aus den Interaktionen ein erstes Selbstkonzept. Wird dieses Konzept durch eine Kontinuität des Selbsterlebens gefestigt, entsteht Identität. Um diese Kontinuität zu gewährleisten, ist jedoch eine Synthese von Individuation und Integration erforderlich. Begleitende Reflexionsprozesse, die im Rahmen von Ganztagsbildung möglich werden, können dazu beitragen, autonomes Handeln zu fördern und ein ausgewogenes Verhältnis zwischen der personalen und sozialen Identität anzubahnen.

Hilfe zur Orientierung in situations- und rollenspezifischen Fragestellungen der Integrations- und Individuationsprozesse bekommen Jugendliche in der Regel durch soziale Definitionen und Traditionen. Vor dem Hintergrund des grundlegenden gesellschaftlichen Wandels sind normative Vorgaben oft sehr komplex und sogar widersprüchlich. Ihr Sinn und ihre Bedeutung für die Gestaltung des eigenen Lebens müssen von Jugendlichen weitgehend selbstständig erschlossen werden. Da die Orientierung an Traditionen und spezifischen Normen durch den rasanten Wandel und die Auflösung von Traditionsverbänden und sozialen Schichtungen immer schwieriger wird, muss Schule – auch anknüpfend an Auffassungen OERTERS und VON HENTIGS – Orte der Reflexion bereitstellen, an denen im gemeinschaftlichen Diskurs Hilfen zu Orientierung in einer unübersichtlicher werdenden Gesellschaft gegeben werden.

Lernprozesse sollten folglich darauf ausgerichtet sein, die Autonomie des Einzelnen zu fördern bei gleichzeitiger Ausbildung von postkonventioneller Moral, wie z.B. KOHLBERG sie beschrieben hat. *Diese komplexen Anforderungen sind nicht im traditionellen Belehrungsunterricht einzulösen. Lehrer/innen benötigen vielmehr offene Zeitfenster und Räume für Metakommunikation, um die Fähigkeiten zur Selbstreflexion, zur Ambiguitätstoleranz und zur Empathie bei Schülern und Schülerinnen zu entwickeln.*[64]

Ziel der Unterstützung bei der Ausbildung von Identität ist die Erweiterung der Wahrnehmungsfähigkeit sowie die Kenntnis persönlicher und gesellschaftlicher Entscheidungs- und Handlungsspielräume. Formelle, nichtformelle und informelle Bildungsprozesse sollten am Ziel der Entwicklung von Autonomie gemessen werden. *Hier geht es um nichts weniger als einen grundlegenden Lernkulturwandel institutionalisierter Formen und Inhalte der Bildung.*[65] Dieser Wandel beinhaltet eine Stärkung der Fähigkeiten zur Selbstorganisation – auch im Sinne humanistischer Pädagogik.[66]

Im Einzelnen geht es dabei um:

- Förderung der Autonomie durch Entwicklung geeigneter Handlungskonzepte;
- Entwicklung von Sozialkompetenz, Selbstständigkeit und Mündigkeit;
- Entwicklung ganzheitlicher und teilnehmerorientierter Lehr-/Lernformen;
- Erweiterung der Reflexionsfähigkeit.

In ihrer Veröffentlichung „Wandel der Lernkulturen: Ideen und Bausteine für ein lebendiges Lernen" beschreiben ARNOLD und SCHÜSSLER in prägnanter Weise die Voraussetzungen für die Implementierung einer neuen Lernkultur an Schulen. Unter dem Begriff „Lernkultur" verstehen die beiden Autoren nicht nur eine veränderte methodische Herangehensweise der Lehrenden bezüglich des zu vermittelnden Unterrichtsstoffes, sondern beziehen „alle Aspekte mit ein, die letztlich das Lerngeschehen prägen". Zu den notwendigen Veränderungen in der Lehr- und Lernkultur formulieren die Autoren drei Thesen:

- Es müssen *lernförderliche Umgebungen* geschaffen werden, da nicht nur der Unterrichtsstoff an sich die Lernergebnisse beeinflusst, sondern auch die Art und Weise der Vermittlung des Stoffes.
- Sozial- und Personalkompetenz können durch eine transparente und bewusste Gestaltung des Kommunikations- und Interaktionsverhaltens im Unterricht gefördert werden.
- Lernkulturwandel kann nur umgesetzt werden, wenn sich eine subjektive Aneignungstheorie des Lernens entwickelt.[67]

Dies bedeutet, dass nicht nur ein Wandel auf methodisch-didaktischer Ebene, curricularer sowie organisatorischer Ebene erfolgen muss, sondern ebenso die auf die einzelne Person bezogene Förderung des selbst organisierten und eigenverantwortlichen Lernens. Hierzu ist eine besondere Schwerpunktsetzung auf *Verfahren biographischen Lernens* nötig.[68]

Im Zusammenhang mit der Frage, wie Ganztagsschule gestaltet werden soll, bezeichnet OERTER *Partizipation von Kindern und Jugendlichen aus entwicklungspsychologischer Sicht als unentbehrlich*:[69]

1. Der Anspruch zur Mitbestimmung leitet sich aus der Tatsache ab, dass über die eigene Zukunft der Kinder und Jugendlichen selbst bestimmt wird. Die Mitgestaltungsmöglichkeiten dürfen ihnen daher nicht vorenthalten bleiben.
2. Jugendliche befinden sich auf dem Zenit ihrer fluiden Intelligenz, auch Kinder verfügen über hinreichende Kompetenzen verantwortlich Entscheidungen zu treffen.
3. Partizipatorische Verantwortung kann nicht mit der Vollendung des 18. Lebensjahres schlagartig kompetent ausgeübt werden. Diese Fähigkeit muss ausgebildet werden. Die Schule als eine zentrale sozialisatorische Instanz stellt ein wichtiges Lernfeld dar.

4. Kinder und Jugendliche haben viel – bislang weitgehend ungenutztes – kreatives Potential, das der Erwachsenengesellschaft in vielfältiger Weise zugute kommen kann. Als institutionalisierte Form des Wissenstransfers nennt OERTER den Wettbewerb „Jugend forscht". Aber auch die Kinderfragen nach dem „Warum" stellen Bestehendes in Frage und machen Begründungen notwendig. Dadurch wird Weiterentwicklung ermöglicht.[70]
5. Die Demokratie benötigt personale Träger, nicht zuletzt, um als gesamtgesellschaftliche Politik- und Lebensform erhalten zu bleiben und so die historische Kontinuität zu sichern.

In der Ganztagsschule sind die Voraussetzungen für echte Mitbestimmung und Mitgestaltung eher gegeben als in der zeitlich eng bemessenen Halbtagsschule. Daraus resultiert auch eine Aufforderung, die *Mitbestimmungsmöglichkeiten und Mitgestaltungsmöglichkeiten zu erweitern.* OERTER konstatiert, dass es bisher in Schulen nur selten echte Mitbestimmung gibt. APPEL spricht in dem Zusammenhang von einer *Demokratieerprobung* und erläutert, dass die wirkliche Mitbestimmung nicht die Unterrichtsarbeit oder die Schülervertretung meint, sondern darüber hinaus die Konzeptionsplanung und -entwicklung einer institutionalisierten Mitbestimmung.[71]

Im Interview mit der Vorsitzenden des Bundeselternrates HENDRICKS über Chancen und Anforderungen der pädagogischen Ausgestaltung von Ganztagsschule äußert sie sich klar zu Anforderungen an die Partizipationskultur an ganztägig arbeitenden Schulen:

> „Je länger Schüler in der Schule sind, je mehr sie auch zusammen leben, umso mehr müsste das *Selbstbestimmungsrecht bei der Gestaltung von Schule* gestärkt werden. Sie müssten Verantwortungsbereiche in der Schule bekommen, sie müssen Selbstständigkeiten wirklich wahrnehmen können, sie müssen wirklich gehört werden und nicht nur, wie das häufig der Fall ist, an Alibiveranstaltungen teilnehmen. Wirklich demokratische Strukturen müssten eingeführt werden."

HENDRICKS berichtet von Schülern in Kanada, die per Lautsprecher kurzfristig eine Schülervollversammlung einberufen können, wenn es Probleme und Abstimmungsbedarf gibt. In Deutschland kann man sich ein derartiges Engagement noch gar nicht richtig vorstellen. Sie prognostiziert, dass sich partizipative Instrumentarien besser praktizieren ließen, wenn man zu bestimmten Zeiten Schüler an einem gemeinsamen Ort – nämlich in der Schule – zusammen hat und demokratische Meinungsbildungsprozesse herbeiführt. Die Ganztagsschule biete mehr Gelegenheit für schulpolitisches Engagement der Schülerinnen und Schüler.[72]

Viele weitere Beispiele für die Entwicklung partizipativer Strukturen im Schulleben entstehen derzeit im Rahmen des Programms der Bund-Länder-Kommission „Demokratie lernen & leben". Das Schulentwicklungsprogramm hat eine Laufzeit von 2002 bis 2007. In 13 Bundesländern beteiligen sich insgesamt 200 allgemein bildende und berufliche Schulen.

In diesem Rahmen ist der Schüler/innenkongress unter dem Motto „Was denkbar ist, ist machbar" im Februar 2004 durchgeführt worden. Während der drei Kongresstage wurde in Arbeitsgruppen zu „Veränderung von Schule" gearbeitet, wobei bereits in der Organisationsform und Durchführung der partizipative Charakter deutlich wurde: Die Workshops wurden von Schülerinnen und Schülern moderiert.[73]

Es gibt derzeit eine Vielfalt von Mitbestimmungsstrukturen, die allerdings meist repräsentativ sind und sich an Erwachsenen-Mitbestimmungsstrukturen orientieren. So haben alle Bundesländer in den Schulgesetzen unter den Begriffen „Schülervertretung" (SV) oder „Schülermitverantwortung" (SMV) Mitwirkungsrechte für Schüler/innen verankert. Die gesetzlich vorgesehene Mitwirkung umfasst meist repräsentative Formen wie Klassensprecher/innen und Schüler/innenvertretung, die auf dem Delegationsprinzip beruhen.

EDELSTEIN weist darauf hin, dass die traditionelle Vorstellung von Partizipation viel zu eng ist. Bislang würden die Schülerinnen und Schüler lediglich im Sinne repräsentativer Demokratiemodelle beteiligt. So werde jedoch Partizipation leicht zu einer Beteiligung von Funktionären im Rahmen von Delegationsprozessen verengt.[74] Von daher stellt sich für die Ganztagsbildung die Chance, neue Formen der Beteiligung zu entwickeln und dabei Keimzelle für die dringend gebotene Weiterentwicklung der Demokratie zu werden.

In einigen Schulen gibt es auch basisdemokratische Formen der Beteiligung wie z.B. Klassenräte oder Vollversammlung. Das Maß an Partizipation liegt jedoch in der konkreten Ausgestaltung vor Ort. Eine Partizipations-Form mit einem besonderen bildenden Anspruch ist die Just Community.[75] Das *Modell der Just Community* hat zum Ziel, die moralische Handlungsfähigkeit von Kindern und Jugendlichen zu verbessern. Eine gerechte Schulgemeinschaft und der direkte Einbezug in die Konfliktlösung konkreter Problemfälle ermöglicht dies. Durch Verantwortungsübernahme und aktive Beteiligung an schulischen Aktionen und Entscheidungen wird die moralische Urteilsfähigkeit gefördert. Annahme ist, dass sich normgerechtes Verhalten erhöht, wenn Normen nicht blind übernommen werden, sondern im gemeinschaftlichen Diskurs als Maßstab des eigenen Handelns gewonnen werden. Voraussetzungen sind Fairness und gleiches Mitspracherecht für alle.

Ein eindrucksvolles *Beispiel gelungener Partizipationskultur* in der Grundschule gibt die *rheinland-pfälzische Grundschule „Am Hähnchen" in Niederelbert.*[76] Sie ist eine von fünfzehn Modellschulen in Rheinland-Pfalz, die am Projekt „Demokratie lernen & leben" teilnehmen. Dort gibt es ein Schüler/innenparlament und den Klassenrat, die bei der Hausordnung und der Gestaltung des Sanitätsdienstes verantwortlich einbezogen werden. Hervorzuheben ist die Entwicklung der Hausordnung, die in einem transparenten Aushandlungsprozess der Schülerinnen und Schüler mit den Lehrerinnen und Lehrern und der Schulleitung stattfand.[77] Das Beispiel zeigt ein hohes Maß an Mitbestimmung der Schülerinnen und Schüler und bildet ein erstes, ausbaufähiges Beispiel, in welche Richtung gelebte Demokratie realisiert werden kann.

In Hessen wird im Rahmen dieses BLK-Projekts auf eine Verknüpfung von Partizipation und Mediation gesetzt. Projektschulen sind meist in sozialen Brennpunkten ausgewählt worden.[78] EDELSTEIN schlägt dagegen vor, die Frage der Partizipation von anderer Seite zu betrachten, indem man *Demokratie* nicht als Herrschaftsform, sondern *als Lebens- und Gesellschaftsform* betrachtet. Denn dann stelle Partizipation eine Möglichkeit dar, die alltäglichen Interaktionen in der Schule mit zu verantworten und zu durchdringen. Als allgemeine Mitbestimmungsbereiche führt er an:

- Beteiligung an der Gestaltung des Lernens im Unterricht und in Projekten,
- Beteiligung an der Gestaltung des sozialen Zusammenlebens in der Schulklasse,
- Beteiligung an der sinnvermittelnden Orientierung der Schule insgesamt als Lebenswelt.[79]

Partizipation ist, laut EDELSTEIN, nicht auf einen Funktionsbereich beschränkt, sie ist jedoch „eine funktionale Notwendigkeit der Vorbereitung der Schüler auf eine Welt, in der selbstverantwortliches und kooperatives Handeln entscheidende Funktionsvoraussetzungen für das ökonomische und das gesellschaftliche System darstellen." Diese Einschätzung macht Partizipation in vielfältiger Weise gesellschaftlich relevant. So sei selbstverantwortliches Handeln, Kooperation mit anderen in hohem Maße gesellschafts- und wirtschaftsbestimmend.

Ein Beispiel weitgehender Partizipation bietet die *Hauptschule am Gerhard-Hauptmann-Ring in München.* Dort wurde seit 1997 eine *Polis* gegründet. Viele Aktivitäten werden dort verknüpft und tragen zu einer erfolgreichen demokratischen Schul- und Lebenskultur bei. Die Schule beschreibt die Einrichtung der Polis wie folgt:

> „In ihr handeln wir nach demokratischen Prinzipien, werden unserem Bildungsauftrag in einem umfassenden Maße gerecht. Viele Aktivitäten und Schwerpunkte praktischen Lernens bekommen einen Rahmen und stehen nicht mehr als Einzelaktion im Raum. In der Demokratie mitwirken, sie mitgestalten! Soziale Verantwortung übernehmen! Wirtschaftliches Handeln erproben! Recht sprechen! Lernen! In der Polis können wir das. Wir wollen in der Schule nicht nur für das Leben lernen und lehren! Die Schule ist für uns das Leben!“[80]

Die Mitbestimmung der Schüler/innen, Lehrer/innen und Eltern wird in dem Polis-Modell in einem hohen Maße gewährleistet. So ist zum Beispiel die ausführende Gewalt hier die „Schulregierung“. Die Schulregierung ist in der Schulverfassung verankert. In ihr sind vertreten: Schulleiter, fünf Jahrgangsstufensprecher der Schüler/innen, fünf Jahrgangsstufensprecher der Lehrer/innen, drei Vertreter/innen des Elternbeirates, fünf Referenten und Referentinnen der Schulregierung: Schlichtung, Rechtspflege und Justiz, Wirtschaft (Schülerfirmen), Finanzen, Öffentlichkeitsarbeit (Presse, Internetauftritt).

Dieses Beispiel macht deutlich, dass auch hoch artifizielle Beteiligungsformen in schulischer Organisationsform auf niedrigerem Bildungsniveau (Hauptschule) funktionieren können. Ob das Polis-Modell gegenüber den Kriterien zur gelingenden Beteiligung von Kindern und Jugendlichen, die vom Deutschen Kinderhilfswerk entwickelt wurden, standhalten würde, wird an dieser Stelle nicht ausgeführt und wäre noch zu prüfen.[81]

Ein weitergehender Ansatz, der auf *eingreifende Zukunftsgestaltung in Schule und Gemeinde*[82] abzielt, ist das – bereits oben erwähnte – aus dem angloamerikanischen Raum kommende Konzept des *Service Learnings,* in dem Schüler die Verpflichtung erhalten, bis zum Schulabschluss in einem gemeinnützigen Projekt weitgehend eigenverantwortlich Aufgaben zu übernehmen.[83] Die zweite Seite von Partizipation wird hier deutlich: Mitbestimmung bedeutet auch Übernahme von Verantwortung. Da Ganztagsbildung nur zu realisieren ist in Kooperation mit vielfältigen außerschulischen Partnern, Vereinen, Verbänden etc., bietet der Ansatz des *Service Learnings* eine ausgezeichnete Möglichkeit, nicht nur neue Lehr-/Lernarrangements zu entwickeln, die formelles und informelles Lernen miteinander verbinden, sondern darüber hinaus die beklagte Trennung von Schule und Leben – zumindest zeitweise – zu überwinden.

Dieses Kapitel möchten wir mit einem Statement Stefan Langes abschließen, der als Bundesschülervertreter auf der Startkonferenz „Zukunft Bildung und Betreuung" in Berlin den Zusammenhang von Formen veränderter Bildung und erhöhter Schülermotivation sah:

> „Ganz wichtig für das pädagogische Konzept ist die Mitbestimmung von Schülerinnen und Schülern: Was im Unterricht gemacht wird, wann Schüler/innen etwas im Unterricht machen und wie sie es machen. Wenn den Schülern ein Konzept auferlegt wird, fühlt man sich ein wenig verarscht, um es salopp zu sagen, da man keinerlei Möglichkeiten hat, einzugreifen und zu sagen, was einen motiviert. Denn es ist in Deutschland ein großes Problem, dass die Schule es nicht schafft, Schüler/-innen zu motivieren. Durch mehr Mitbestimmung kann hier Abhilfe geschaffen werden."[84]

4. Kooperation und Schulöffnung

Bei der Entwicklung ganztägiger Schulkonzepte kann weder auf Kooperation noch auf Schulöffnung verzichtet werden. Beide Bereiche gehen Hand in Hand und werden daher in einem gemeinsamen Kapitel dargestellt. Die Begründungen zur Öffnung der Schule sind eng verknüpft mit den Zielen der Ganztagsschule: Um auf die veränderten Lebens- und Lernbedingungen von Kindern und Jugendlichen zu reagieren, ist es, wie BURKHARD ausführt, notwendig, die Schule zur unmittelbaren Lebens- und Erfahrungswelt hin zu öffnen. Er fordert von der Schule, sich viel intensiver mit den realen Lebensbedingungen ihres räumlichen und sozialen Umfelds auseinander zu setzen, als sie es bisher gewohnt war. Ziel ist es, in Unterricht und Schule insgesamt durch einen Erlebniszusammenhang die Sinnhaftigkeit und Relevanz für die Lebenswelt der Schüler/-innen erkennbar zu machen.[85] Dieser Erlebniszusammenhang wird erst durch die Öffnung der Schule möglich.

Für Kooperationen stehen vielfältige Partner zur Verfügung: Vereine, Verbände, kommunale Einrichtungen der Kinder- und Jugendhilfe, freie Träger, Kirchen, Künstler/-innen, Ehrenamtliche, z.B. Jugendleiter/-innen, Seniorinnen/ Senioren etc.

Kooperationen, vor allem *mit der Kinder- und Jugendhilfe* als zweites großes institutionelles Netzwerk für die Zielgruppe, sind ein wesentlicher Bestandteil der Schulöffnung. Dabei gibt es unterschiedliche pädagogische Zielsetzungen und organisatorische Strukturen, die im Zuge der Konzeption ganztägiger Angebote ins Visier rücken.

Schulen und Jugendeinrichtungen können auf einige fachliche Gemeinsamkeiten zurückgreifen: Die Öffnung der Schule und die sozialräumliche Jugendarbeit stellen die besten Anknüpfungspunkte für den Weg zu einer Arbeitsteilung von Schul- und Sozialpädagogik dar.[86] Nicht zuletzt haben Schule und Kinder- und Jugendhilfe eines gemeinsam: Sie betreuen, wenn auch mit unterschiedlichen Konzepten, „dasselbe" Kind.

Die Diskussion um Schulöffnung und Kooperation von Schule besteht seit über dreißig Jahren, jedoch ist die Zunahme unterschiedlicher Modelle der Kooperation, insbesondere von Jugendhilfe und Schule, seit Beginn der 90er Jahre zu beobachten.[87] Dies ist auf die Einführung des Kinder- und Jugendhilfegesetzes 1990 zurückzuführen.[88] Eine gesetzliche Verankerung zur Zusammenarbeit von Jugendhilfe und Schule ist durch den § 81 des Kinder- und Jugendhilfegesetzes (KJHG) geregelt. Die inhaltlichen Ziele werden in den §§ 11-14 geregelt. Die bestehenden Kooperationsmodelle zählen zwar nur selten zu dem „regelhaft gesicherten Bestand des sozialen und pädagogischen Institutionensystems der BRD",[89] eine wachsende Notwendigkeit ist jedoch angesichts der gesellschaftlichen Veränderungen zu erkennen.[90]

Speziell für ganztägige Bildungs- und Betreuungsformen lassen sich hinsichtlich Kooperationsstruktur und -intensität drei Modelle unterscheiden:

1. Kooperation von Schule und Jugendhilfe als *additiv-duales* System: Betreuung auf freiwilliger Basis außerhalb schulischer Unterrichtszeiten und Räume, z.B. im Hort zu festen Zeiten oder unregelmäßig in Angeboten der Jugendarbeit.
2. Schulisches Ganztagsangebot in offener Form als *additives* Modell: feste Schulzeit und freiwillig zu nutzende Angebotselemente für eine Teilschülerschaft, zumeist bestehend aus Mittagsmahlzeit, Spiel, Sport und Freizeit sowie Hausaufgabenhilfe durch Lehr- und sozialpädagogisches Personal, teils in außerschulischer Trägerschaft.

3. Ganztagsschule als *integriertes* Modell: obligatorische Schulzeit, teils in Rhythmisierung und konzeptioneller Verzahnung von Unterricht und Arbeitsgemeinschaften, Projekten und Förderung, Hausaufgabenbetreuung und Freizeitangeboten durch Lehrer/innen und sozialpädagogisches Personal, bislang in der Regel in schulischer Trägerschaft.

Mit der Intention der Verzahnung verschiedener Lern- und Lebensräume ergeben sich, wie BURKHARD ausführt, Gestaltungsmöglichkeiten, die mit der Öffnung der Schule einhergehen:[91]
- Aufsuchen außerschulischer Lernorte
- Einbeziehung außerschulischer Fachleute in den Unterricht
- Stadtteil- oder gemeinwesenorientierte Unterrichtsinhalte
- Mehrfachnutzung der Schulgebäude und des Außengeländes
- Kooperation mit außerschulischen Partnern
- Beteiligung am Kultur- und Freizeitprogramm des Stadtteils
- Öffnung der Schule für die Bevölkerung des Stadtteils

Diese Gestaltungsmöglichkeiten lassen sich in Konzepte einzelner Schulen integrieren. Diese richten sich nach den infrastrukturellen Voraussetzungen im Stadtteil, der Kreativität der Schulgemeinschaft, dem Konsens über die pädagogische Ausrichtung und bieten *Möglichkeiten zur ressourcenorientierten Gestaltung von pädagogisch konzeptionellen und ganzheitlichen Kooperationen im Rahmen des Ganztagsangebotes.*

Durch Kooperation wird das *Aufteilen von Aufgaben* der Bildung, Erziehung und Betreuung möglich. Der *interdisziplinäre Blick* ermöglicht es, den Lebenslagen der Kinder und Jugendlichen stärker gerecht zu werden. Es entsteht ein *Mehr an Lösungsmöglichkeiten bei Problemen und Krisen* und gleichzeitig erfahren Lehrer/innen *Entlastung beim Unterrichten.* Die allgemein verbreitete Erwartungshaltung, dass Lehrer/innen alles und am besten gleichzeitig wissen, können und machen, kann durch eine *Aufgabenteilung in multiprofessionellen Teams* gemildert werden.

Kinder und Jugendliche brauchen bei ganztägigem Aufenthalt in der Schule *Ansprechpartner/innen mit unterschiedlichen Funktionen,* vor allem auch die Möglichkeit, nicht mit Lehrern zusammenzutreffen, die ihre Schulleistungen bewerten. Je nach Konstitution des Lehrer/innen-Schüler/innen-Verhältnisses fließen außerunterrichtliche Aktivitäten der Schüler/innen in die Benotung ein oder es besteht zumindest seitens der Schüler/innen die Vermutung, dass dies nicht immer im positiven Sinne geschehen könnte. Die Anspannung einzelner Schüler/innen diesbezüglich ist nicht zu unterschätzen.

Dennoch sind in der Kooperation *Konfliktpotentiale* verborgen, die z.B. mit der unterschiedlichen Bezahlung oder der gegenseitigen Wertbemessung der Tätigkeiten zu tun hat. WOLFF formuliert zum Beispiel als einen Arbeitsbereich der Kinder- und Jugendhilfe, dass sie vielfach mit den Folgen der sozialen Selektion zu tun hat, die auch durch das Schulsystem mit befördert wird.[92] Er beschreibt die allgemeine gesellschaftliche Erwartungshaltung, auch die von Lehrerinnen/Lehrern, an Sozialarbeit und Sozialpädagogik wie folgt: Wenn Kinder und Jugendliche, die aus dem formalen Bildungssystem herausfallen, weil sie z.B. dem Leistungsdruck nicht gewachsen sind, Defizite im Sozialverhalten aufweisen, nicht über eine ausreichende familiäre Unterstützung verfügen, gilt es über individuelle Hilfesettings den Rücken zu stärken und ihnen Chancen zu eröffnen.[93]

WUNDER sieht im Bereich der sozialpädagogischen Arbeit, die in der Ganztagsschule umfassend geleistet werden muss, eine mangelnde Vorbereitung der Lehrer/innen auf diese Schwerpunkte und bestreitet schlichtweg bei einem Großteil der Lehrerschaft, trotz deren engagierter Bemühungen, das Vorhandensein sozialpädagogischer Kompetenz.[94] *Ganztagsbildung setzt auch anders aus- bzw. weitergebildete Lehrer/innen voraus!*

Die Erwartungen an die sozialpädagogischen Fachkräfte leiten sich häufig aus aktuellen, sich krisenhaft zuspitzenden Problem- und Notlagen ab (z.B. bei steigender Gewaltbereitschaft, Rechtsextremismus, Schulunlust, Drogenproblemen).[95] Hier ist die Gefahr beschrieben, dass Kinder- und Jugendhilfe zum Reparaturbetrieb für Probleme innerhalb der Schule wird. Diese Erwartung würde sozialpädagogische Interventionen lediglich als Reaktion anfordern.[96] Dies ist ein Fallstrick für gelingende Kooperation zwischen Schule und Kinder- und Jugendhilfe.

Im Folgenden wird dargestellt, wie Kooperationen und eine Öffnung der Schule in den Stadtteil, das Schulumfeld und die Planung alternativer Bildungssettings befruchten können und welche eigenständigen pädagogischen Qualitäten sich entfalten.[97]

HÄNISCH begleitet seit mehreren Jahren Prozesse der Schulöffnung und hat eine umfassende Begleitforschung dazu vorgelegt. Grundlegende Zielvorstellungen der Schulöffnung als Bausteine der ganztägigen Schule formuliert er wie folgt:[98]

Schule als Lebensraum aktiv gestalten: Nutzen des Lernklimas und der Interaktionsformen in der Schule als Lernen am Modell; soziale Netze im sozialen und baulichen Umfeld aufspüren, kreative Potentiale entfalten.

Unterricht, Schulleben und Freizeit sozial integrativ entwickeln: Auseinandersetzung mit verschiedenen individuellen kulturellen, sozialen, materiellen Orientierungen, Interessen und Bedürfnissen der Adressatinnen/Adressaten fundiert weiterentwickeln; dazu gehören Eltern, Träger der Jugendhilfe und der Wohlfahrtspflege. Arbeitsformen sollen sozial ausgleichend sein.

Kinder und Jugendliche als Tutoren oder Paten qualifizieren: Fachliches Lernen und Freizeit sinnvoll mitgestalten, anderen Schülern helfen, ehrenamtliches Engagement stärken.

Verlässliche Angebote in Netzwerken entwickeln: Integrierte Ganztagsangebote mehrerer Schulen und Träger der Jugendhilfe erproben und in deren jeweiligem Programm verankern.

Die Ausrichtung der Kooperationsstruktur in einem additiv-dualen, additiven oder integrierten Modell lässt sich, je nach regionalen Voraussetzungen, durch Abstufungen der beschriebenen Ziele umsetzen.

Die Öffnung von Schule verändert und erweitert die Perspektive des Unterrichts. Auswirkungen sind, wie HÄNISCH beschreibt, im schulischen Lehren und Lernen und auch in der Leistung zu beobachten. Er sieht in Ergebnissen der Begleitforschung folgende Annahme bestätigt: „Wenn das Lernen vielfältiger, abwechslungsreicher und durchschaubarer wird, dann trägt dies auch zu einer Verbesserung der Lern- und Leistungsbereitschaft bei.“[99]

In der Studie des Deutschen Instituts für Internationale Pädagogische Forschung (DIPF) sind Befunde aus den PISA-Vergleichsländern Kanada, Finnland, England, Frankreich, Niederlande und Schweden zu den Effekten schulischer Ganztagsbetreuung und extracurricularer Angebote dagegen als spärlich bezeichnet. In allen untersuchten Staaten stellt DÖBERT lediglich eine Erwartung positiver Effekte fest, die von den außerunterrichtlichen Angeboten für die Leistungen der Schüler/-innen, insbesondere aus sozial benachteiligten Milieus, ausgehen.[100]

Die positiven Effekte werden erhofft durch die Verbindung schulischen Unterrichts mit der Lebenspraxis der Kinder. Hierbei verbindet die Ganztagsschule in ihrer Ausgestaltung das Schulleben und die Öffnung der Schule zu Schulumfeld und Lebenspraxis. [101]

In einer ganztägig geführten Schule können, in Anlehnung an HÄNISCH, folgende sechs pädagogische Leitideen der Schulöffnung für die ganztägige Bildung eine Perspektive zur Auflösung des Verschulungsdilemmas sein:

(1) **Intensivierung und Erweiterung sozialer Beziehungen**
Die Zieldimension ist, soziale Kontakte und Erfahrungen zu ermöglichen, die Gelegenheit geben, sich mit unterschiedlichen Wirklichkeitsbereichen und ihren spezifischen Verhaltensanforderungen auseinander zu setzen. Schüler/innen können soziale, ökonomische, kulturelle und sportliche Lebenszusammenhänge kennen lernen. Geschlechtsspezifische Verhaltensweisen und Ungleichheiten erhalten einen erweiterten personellen Bezugsrahmen (außer Eltern und Schule im herkömmlichen Sinne). So können Ansatzpunkte gefunden werden, Benachteiligungen zu überwinden. Handlungserfahrungen vollziehen sich durch direkte Interaktion mit der erweiterten sozialen Umgebung.[102]

(2) **Selbsttätiges Erschließen von Wirklichkeit**
Ein verlängerter Schultag darf nicht zum Ausschluss anderer Wirklichkeiten bzw. der Lebenswelt führen („Verschulungsdilemma"). Wird dem Prinzip der Erfahrungsorientierung gefolgt, müssen Schüler/innen in ganztägigen Schulen Raum haben zu erfahren, wie man sich selbsttätig mit Wirklichkeit auseinander setzen kann. Dazu gehört, wie man Informationen erschließt, verarbeitet und reflektiert. Dieses Ziel von Schulöffnung korrespondiert mit den oben beschriebenen Bildungszielen, vor allem in Bezug auf die zunehmende Mediatisierung jugendlichen Alltags. Eigentätigkeit fördert die Lernmotivation und ermöglicht die Entwicklung übertragungsfähiger Methoden, Wirklichkeit zu strukturieren und zu verarbeiten. Diese Fähigkeit ist eine konstitutive Voraussetzung zur Ermöglichung gesellschaftlicher Teilhabe.[103]

Der sozialräumliche Ansatz von DEINET gründet sich auf dem Konzept der „Aneignung", die das subjekt- und tätigkeitsorientierte Muster zur Erschließung der Welt darstellt. Im Prozess der Aneignung gibt es für Kinder und Jugendliche in ihren Sozialräumen Chancen und Hindernisse. Kinder und Jugendliche eignen sich den öffentlichen Raum ebenso an wie die Schule oder die Einrichtungen der Kinder- und Jugendarbeit.[104]

(3) **Produktorientiertes Lernen und Arbeiten**
Das produktiorientierte Arbeiten ist spätestens seit Bekanntwerden der Projektmethode von John DEWEY sehr populär, tritt aber im schulischen Alltag aufgrund fehlender zeitlicher, räumlicher, materieller oder personeller Ressourcen schnell in den Hintergrund. Kooperationen ermöglichen vielfältige Unterstützung hierbei. Lernerfolge der Schüler/innen werden dadurch ermöglicht, dass sie erkennen können, dass ihre Anstrengungen ein Ergebnis haben, auf das sie stolz sein können. Wird das Produkt anderen zugänglich gemacht und geht es über die bloße Öffentlichkeit der Klasse oder Schule hinaus, so erlangt es Bedeutung in der Lebenswelt der Schüler/innen, nicht nur im Labor, und ermöglicht so weiterführende Lernprozesse: Kritik, Lob, Reflexion von Rückmeldungen. HÄNISCH spricht von der Förderung der Verantwortlichkeit des eigenen Tuns. Produktbezogenes Lernen fordere zu mehr Arbeitsqualität auf.[105] HOLTAPPELS bezeichnet Schulprojekte (im Sinne der Projektmethode Deweys) als pädagogisches „Scharnier" zwischen dem Lern- und dem Freizeitsektor und schreibt ihnen eine Schlüsselfunktion für die Verbindung von Unterricht und Erziehung zu.[106]

(4) **Differenzierte Wahrnehmung unterschiedlicher Standpunkte**
Erfahrungskontakte mit außerschulischen Institutionen und Personen helfen, laut HÄNISCH, den Schülerinnen und Schülern die Wirklichkeit differenzierter wahrzunehmen. Lernprozesse können dazu führen, dass Schüler/innen z.B. Zusammenhänge zwischen ökonomischen, technischen und sozialen Fragestellungen besser erkennen und Einsicht in die Differenziertheit gesamtgesellschaftlicher Wirklichkeit bekommen und so die eigene Auffassung bestätigen oder relativieren. Ein solcher „Perspektivwechsel" bei der Aufarbeitung eines Problems kann Jugendlichen dabei helfen, vorschnelle und oft einseitige Beurteilungen zu vermeiden.[107]

(5) **Förderung der kreativen Gestaltungskräfte**
Gerade angesichts der Tatsache, dass viele Erfahrungen „aus zweiter Hand" über Medien gemacht werden, bedeutet die Förderung kreativer Gestaltungskräfte, dass Schule die Schüler/innen zur aktiven, selbstständigen, phantasievollen Auseinandersetzung und Beschäftigung mit ihrer sozialen und natürlichen Umwelt anleiten muss. Kreatives Gestalten, Verändern, Umwandeln und Weiterdenken bleiben somit nicht auf musisch-künstlerische

Bereiche beschränkt. Ein produktives und lebendiges Herangehen an Wirklichkeit ermöglicht durch ganzheitliches Lernen vielfältige Lehr- und Lernperspektiven.[108]

(6) **Förderung individueller Fähigkeiten und Interessen**
Bei der Interessen- und Begabungsförderung sollte nach Ansicht von HAENISCH verstärkt auf die vielfältigen unterstützenden Möglichkeiten zurückgegriffen werden, die in der Kooperation mit Vereinen, Experten, Eltern, Betrieben und gesellschaftlichen Gruppen liegen. Durch diese „Anreicherung" des Angebots trägt Schule dazu bei, den vielfältigen technischen, sprachlichen, sozialen und musischen Begabungen der Schüler/innen besser als bisher gerecht zu werden.[109]

Diese Gestaltungsmerkmale von ganztägigen Bildungsangeboten sprechen für die *Erweiterung des schulischen Bildungsbegriffs* zu einem, wie COELEN es für den Jugendbereich formuliert, *Konzept der kommunalen Jugendbildung*. Dabei arbeiten Schule und verschiedene Bereiche der Kinder- und Jugendhilfe mit verzahnten Konzepten und ergänzen sich durch komplementäre Bildungsqualitäten und Kompetenzen.

Zur Unterscheidung der Aufgaben von Schule und einem Teilbereich der Kinder- und Jugendhilfe, der Kinder- und Jugendarbeit, schlägt COELEN eine – idealtypische – Kategorisierung der Kompetenzen und Handlungsmuster anhand gesellschaftlicher und bildungstheoretischer Kategorien vor:[110]

	Jugendarbeit	**Schule**
Prinzipien	·Freiwilligkeit ·Pluralität	·Verpflichtung ·Standardisierung
Werte	·Ausgleich von Ungerechtigkeiten ·Ermöglichung von Selbstbestimmung	·Chancengleichheit ·Herstellung von Bestimmtheit
Bindung	·Flexibilität ·Spontanität	·Stabilität ·Konstanz

Sozialformen	·Individueller Bezug ·Gemeinschaftliche Erlebnisse	·Kollektive Ansprache ·Vergleichende Einzelbewertung
Interaktionen	·Wertrationalität ·Konsens	·Zweckrationalität ·Disziplin
Raum	·Lokaler Bezug ·Mobile Aktivitäten	·Universalistischer Blick ·Ortsgebundener Unterricht
Zeit	·Gegenwartsbezug ·Prozessorientierung	·Zukunftsperspektive ·Ergebnisorientierung

In der Verknüpfung von Schule und Jugendarbeit, die durch die Schulöffnung ermöglicht wird, sieht COELEN die Zusammenführung einer „vernunftgemäßen Einheit".[111] Um die konzeptionell verankerte, längerfristige Kooperation zu erreichen, muss das Verhältnis von Jugendarbeit und Schule auf eine positive Grundlage gestellt werden.

Die Fachdiskussionen spiegeln die *teils kontroversen Standpunkte von Jugendarbeit und Schule* wider. COELEN fasst diese wie folgt zusammen: „Soll die Schule lediglich ein *Teil* des Lebens sein oder soll sie das Leben in seiner Totalität *hereinlassen*?". Während GIESECKE mit dem Argument der Überforderung für eine Beschränkung der Schule auf das, was sie kann, nämlich Unterricht, plädiert, vertritt VON HENTIG die entgegengesetzte Position.[112] In der Bielefelder Laborschule hat er seit den 70er Jahren sein Konzept der Schule als Lebens- und Erfahrungsraum erprobt und in Form von wissenschaftlicher Begleitung sogar evaluiert. Sein pädagogisches Credo *„Die Menschen stärken, die Sachen klären"* bringt in knapper Form zum Ausdruck, dass persönlich bedeutsames Lernen und die Entwicklung von Orientierungswissen an erster Stelle stehen. Dagegen wirkt GIESECKES Forderung der Trennung von Schule und Sozialpädagogik wenig überzeugend, wenn man um die alltägliche Realität im Unterricht weiß. Allerdings ist sein Argument, dass Schule dies alles nicht leisten könne, was von ihr gefordert wird, auf den ersten Blick stichhaltig. Doch auf den zweiten Blick erkennt man, dass GIESECKE die traditionelle Schule im Blick hat. Bei der Entwicklung von Konzepten der Ganztagsbildung geht es unseres Erachtens jedoch darum – im Sinne von Hentigs – *Bildung und Schule neu zu denken.*

In der Sozialpädagogik lässt sich ein analoger Disput verfolgen: Ist sie der – von Bäumer formulierte – außerschulische „Ausschnitt" oder eine kritische „Betrachtungsweise" aller pädagogisch relevanten Institutionen?[113]

Die Praxis der Schulöffnung ist u.a. in den Studien von BURKHARD dokumentiert. Als Themengebiete für Kooperation und Schulöffnung kristallisieren sich drei Gruppen mit unterschiedlichen Schwerpunkten heraus:[114]

1. **Problemorientierung:** Reaktion auf Problemstellungen, die, z.B. von Konsequenzen des gesellschaftlichen Wandels, „von außen" auf die Schule zukommen bzw. hineingetragen werden.

2. **Lebensraum-Schule:** Pädagogische Ziele der Schule sind Beweggründe für die Öffnung: Die Öffnung wird als notwendiger Bestandteil zur Ausgestaltung des Lebensraumes Schule betrachtet. Zu dieser Gruppe gehören vor allem ganztägig arbeitende Schulen.

3. **Schulkultur:** Als Ziel steht die abwechslungsreiche Schulkultur im Vordergrund. In Frankfurt fanden sich in dieser Gruppe vornehmlich Grundschulen und Gymnasien.

Die Ausgestaltung von Ganztagsschulen als Lebensraumschule sind demnach als ein Anlass zur Schulöffnung zu verstehen. BURKHARD kommt nach der Erhebung in Frankfurt am Main zu dem Schluss, dass teilweise bereits eine weitreichende Vernetzung einzelner Schulen in Stadtteilen vorhanden ist. Die Formulierung der Stadtteilschule findet sich auch in den Entwürfen einiger Schulprogramme.[115] Inwiefern dem eine gemeinsame Konzeptentwicklung zugrunde liegt, wie sie COELEN vorschlägt, wird nicht deutlich.

BURKHARD beschreibt auch *Schwierigkeiten,* die *durch die Öffnung von Schulgelände und -gebäude* in einzelnen Fällen entstanden sind, etwa indem sich Jugendliche und Drogenkonsumenten gewaltsam Zugang zum Gebäude verschafften und auch Sachbeschädigungen entstanden. APPEL berichtet im Interview von ähnlichen Erfahrungen in sozialen Brennpunkten. Demnach muss das jeweilige Konzept der Öffnung von Schule auf die jeweiligen Umfeldbedingungen genau abgestimmt sein. Die Schule sollte nach Meinung einzelner Lehrer/innen und Schulleiter/innen, die sich in der Untersuchung äußerten, für die Kinder ein Schonraum sein, in dem den Kindern eine Distanz zum sozialen

Umfeld der Schule erhalten bleibt. Um das zu ermöglichen hielten einige Lehrer/innen die Beaufsichtigung der Gebäude und des Geländes für unbedingt notwendig. BURKHARD bezeichnet dies jedoch als ein extremes Beispiel.[116]

Modellprojekt: Gestaltung des Schullebens und Öffnung von Schule

Als eine *weitere Evaluation von Schulöffnung* kann auf umfangreiches Material aus Nordrhein-Westfalen zurückgegriffen werden: Ein elaborierter und umfassender Rahmen für die Öffnung der Schule ist das Modellprojekt „Gestaltung des Schullebens und Öffnung von Schule" (GÖS). Bereits 1990 startete das Landesvorhaben als Modellprojekt. Durch das Rahmenkonzept wurden *Projekte im Zusammenhang mit Stadtentwicklungsmaßnahmen* vollzogen, später wurden Moderatorinnen und Moderatoren für die Schulen ausgebildet und *Fördermittel für Öffnungsprojekte* bereitgestellt. Es beteiligten sich ab diesem Zeitpunkt mehr als 50 % der Schulen in Nordrhein-Westfalen an dem Programm. Hier liegen konkrete Erkenntnisse über Vor- und Nachteile, Hinweise und Qualitätskriterien vor.[117] Der Kerngedanke des GÖS-Modellvorhabens besteht darin, dass Schulen ihren Bildungs- und Erziehungsauftrag erweitern, indem sie sich als Institutionen der Umwelt gegenüber öffnen. Das Konzept unterscheidet verschiedene Handlungsfelder, in denen Schulen tätig werden können:[118]

- Unterricht
- Schulleben
- Schule und Lebenswelt
- Schule als Begegnungsstätte

Die Initiativen und Aktivitäten an den Projektschulen machen deutlich, dass eine Öffnung von Schule gleichzeitig an unterschiedlichen Punkten ansetzen kann. Die Handlungsfelder sind kurz skizziert:

(a) **Unterricht**. In der *Kooperation unterschiedlicher Unterrichtsfächer* besteht ein möglicher Öffnungsansatz. So lässt sich das Expertenwissen der Einzelfächer zusammenbringen, und Unterrichtsgegenstände können mit verschiedenen Zugängen erarbeitet werden. Der tägliche Unterricht soll von der Öffnung in diesem Sinne profitieren und sich dadurch in seiner Qualität verbessern. Sinnliches Begreifen und lebensnahes Lernen sollen gefördert werden, um die Lernbereitschaft zu steigern und den Zugang zum Unterrichtsgegenstand zu erleichtern. Der Alltagsbezug kann eher hergestellt werden. Fragestellungen lassen sich konkreter und häufig in ihren Zusammenhängen anschaulicher aufgreifen und auch besser in ihrer Komplexität erarbeiten und analysieren. Dies lässt Lehrende und Lernende die Gegenstände anders sehen und fördert ein übergreifendes Verstehen. Die Zusammenarbeit bzw. der Austausch mit Betroffenen, mit Fachleuten aus dem Umfeld erweitert nicht nur die fachliche Perspektive, es eröffnen sich auch neue Handlungs- und Erfahrungsmöglichkeiten, die unterrichtliches Lehren und Lernen verändern, so dass sich z.T. neue Formen des Unterrichts anbieten.

(b) **Schulleben**. Dass Schule mehr ist als die Summe seiner Teile, z.B. des Fachunterrichts, ist bereits im Begriff Lebensschule erkennbar. Es muss jedoch immer wieder hervorgehoben werden, dass sie ein wesentlicher Teil des Alltags von Lehrern, Schülern, Eltern, Sekretärinnen und Hausmeistern ist und entscheidend die Lebensqualität, Perspektiven und den Lebenssinn prägt. Wenn die Schule ein ganztägiges Konzept anbietet, muss dem noch mehr Rechnung getragen werden als in einer Halbtagsschule. Es müssen *Mitteilungs-, Mitgestaltungs- und Identifikationsmöglichkeiten* vorhanden sein, damit die Schule zum Lebensraum für alle Beteiligten werden kann.

Die Atmosphäre der Räume, der Umgang der Personen untereinander sind nicht zu vernachlässigen. Häufig werden diese Bereiche als Sachzwänge gesehen und eigene Gestaltungsspielräume nicht erkannt. Im Lebensraum »Schule« besteht die Chance, Kinder unterschiedlicher Schichten, verschiedener kultureller Gruppen und unterschiedlichen Alters zusammenzubringen, so dass integrative Erfahrungen möglich werden. Mitgestaltung des Schullebens ermöglicht Kindern und Jugendlichen, Lehrern und Eltern, miteinander in wechselnden Formen zu kooperieren. Durch gemeinsame Erfahrungen lernen sie einander besser zu verstehen. Gewohnheiten einer spezifischen Schulkultur können von den Formen des Umgangs miteinander über Rhythmen des Alltagsablaufs bis zu den Traditionen von Schulfesten reichen. Das stärkt die Identifikation mit der Schule als Lebensraum. Es entstehen Kontinuität und verlässliche Beziehungen.

(c) **Schule und Lebenswelt.** Wenn sich Schule auf intensive Kontakte mit der sie umgebenden Lebenswelt einlässt, dann eröffnen sich beiderseits neue Perspektiven, dem Bildungs- und Erziehungsauftrag gerecht zu werden. Beteiligen sich die Schüler/innen aktiv an der Gestaltung ihres sozialen und natürlichen Umfeldes, so können sie lernen, Verantwortung zu übernehmen. Dies gilt für Initiativen und praktische Erfahrungen bei sozialen Aktivitäten, bei kommunalem Engagement, im Bereich der Arbeitswelt oder in ökologischen Lernfeldern. Die Ernsthaftigkeit der eigenen Arbeit wird dabei in diesem unmittelbaren Bezug zur Lebenswelt deutlicher, als dies im Unterricht sonst häufig möglich ist.

(d) Schule als Begegnungsstätte. Im Zuge einer Zusammenführung von Schule und übriger Lebenswelt finden innerhalb wie außerhalb der Schule Begegnungen statt. Es kann dabei nicht die Absicht von Schule sein, bestimmte Aufgaben, die außerhalb des schulischen Rahmens sinnvoller und effektiver geleistet werden, zu übernehmen oder alle Lebensbereiche zu verschulen, sondern es muss ihre Absicht sein, sich als Ort der Begegnung anzubieten und so Einzelaktivitäten zu vernetzen und Synergien zu fördern. Intergenerationelle Begegnungen mit Freizeitgruppen, kulturellen Gruppen oder mit politischen Initiativen ermöglichen neue Anregungen für den Einzelnen und wirken gleichermaßen zurück in das System Schule. Das pädagogische Profil der jeweiligen Schule verändert sich und die Integration in das räumliche Umfeld wird verbessert.

Es gibt eine Vielzahl von Konzepten, die auf dem traditionell angelsächsischen Konzept der „Community Education" basieren. In Deutschland ist das Konzept der „Community Education" unter den Bezeichnungen „Öffnung von Schule", „Stadtteilorientierung von Schulen" oder „Gemeinwesenorientierung von Schule" bekannt geworden.[119] DEINETS Ansatz der Sozialraumorientierung ist in einigen Stadtteilen Motor für die Öffnung von Schule und stärkere Verzahnung von Lebenswelten der Schüler/innen.

Die Öffnung von Schule betrifft die Interessen der Schule und des Umfeldes in gleichem Maße. Die Auswirkungen schulischer Arbeit auf andere gesellschaftliche Bereiche bewirken ein unmittelbares Interesse außerschulischer Institutionen an der Qualität von Schule, wie HÄNISCH in der Evaluation zum GÖS-Projekt in Nordrhein-Westfalen nachgezeichnet hat. Die Wechselwirkungen von Kooperationen und Schulöffnung sind in der Rahmenvereinbarung des Landes Nordrhein-Westfalen beschrieben:[120]

> Wer das Lernen gelernt hat, wird nicht nur flexibler den beruflichen Anforderungen gerecht, sondern partizipiert ganz anders an Einrichtungen wie Volkshochschulen, kirchlicher, gewerkschaftlicher oder sportlicher Bildungsarbeit o.Ä.; wer in der Schule erfahren hat, wie Konflikte gelöst oder Interessen erkannt bzw. durchgesetzt werden können, wird leichter in der Lage sein, im Gemeindeleben, in Parteien oder in politischen Bewegungen

> eine aktive und mündige Rolle zu spielen, und wer in einer gemeinwesenorientierten, offenen Schule gelernt hat, was Jugendfürsorge, kommunale Gleichstellungsstellen, Arbeitsverwaltung, Sozialhilfe, Drogenberatungsstellen, kirchliche, kommunale, freie Kultureinrichtungen, Sportorganisationen etc. sind, wird es leichter haben, die Leistungen dieser Einrichtungen zu erkennen und sinnvoll zu nutzen.

Die Öffnung der Schule kann einen Beitrag zu Verbesserung der sozialkulturellen Lebenssituation der Stadtteile haben. Der Zugang der Schule zu den meisten Kindern und Jugendlichen im Stadtteil baut Brücken zu Angeboten anderer Einrichtungen, z.B. sozialpädagogische Hilfe im Ausländerbereich, die ohne die Ansprache und Vermittlung durch die Schule wenig Chancen hätte: z.B. können muslimische Mädchen häufig nur in der Schule erreicht werden, da sie Einrichtungen wie Jugendzentren kaum nutzen dürfen.[121]

Vorsicht ist jedoch, laut LESCHINSKY und ROEDER, geboten, wenn die Schulöffnung in den Stadtteilen bestehende Defizite in den Lebensverhältnissen und sozialisatorischen Bedingungen kompensieren soll. Hierin wird eine *Überforderung der Schule* gesehen, die vom eigentlichen Auftrag ablenke.[122] Andererseits muss die Schule, wie HOLTAPPELS feststellt, aufgrund ihres hohen Stellenwerts in der Sozialisation von Kindern und Jugendlichen, den veränderten gesellschaftlichen Rahmenbedingungen Rechnung tragen und teilweise erweiterte Zuständigkeiten akzeptieren. Eine neue Lehr-/Lernform der gemeinwesenorientierten Ganztagsschule könnte das Konzept des *Service Learnings* bieten, wenn es sinnvoll auch an die schulischen Unterrichtsziele angebunden ist. Dazu ist eine genaue Abstimmung und Zielsetzung der Bildungs-, Erziehungs- und Betreuungsaufgaben der Institutionen vor Ort hilfreich und kann eine gegenseitige Arbeitserleichterung darstellen.[123]

Ein weiterer Aspekt in der Diskussion um die Schulöffnung ist die *mögliche Fortschreibung sozialer Ungleichheiten* durch die sehr unterschiedlichen sozialökologischen Bedingungen in einzelnen Stadtteilen. Die sozio-kulturelle und die pädagogisch-soziale Funktion können je nach vorhandenem Potential sehr unterschiedlich ausfallen und zu einer disparaten Schullandschaft führen. Es besteht aber, wie HOLTAPPELS aufzeigt, die Chance vor allem für infrastrukturell benachteiligte Gebiete, durch die Öffnung der Schule ein Gegengewicht zu bilden und soziale und lernspezifische Defizite zu kompensieren.[124] Allerdings zeigen die Erfahrungen der letzten Jahrzehnte und eine Vielzahl entsprechender Untersuchungen, dass Schulen Nachteile aufgrund gesellschaftlicher

Ungleichheit nicht ausgleichen, allenfalls mildern können. Insofern sollten Ganztagsbildungskonzepte mit realistischen Ansprüchen starten und keine illusionären Erwartungen wecken, die das Konzept desavouieren würden.

ROLFF gibt zu bedenken, dass Lernen in der Schule sowohl mit Distanz und Nähe zu tun habe: einerseits sei ein Rückzug in die pädagogische Provinz der schulischen Institution notwendig für vorbereitendes Lernen und stelle damit einen Schonraum dar, in dem Analyse und Reflexion stattfinde, gleichzeitig soll eine Öffnung zur authentischen Wirklichkeit stattfinden. Schulöffnung erfolge also immer unter diesem pädagogischen Vorbehalt.[125]

HOLTAPPELS warnt davor, dass ein naives Eintauchen

> „in die Lebenswelt oder das lokale Umfeld verkennt, dass Erfahrungen in der alltäglichen Lebenswelt vor dem Hintergrund von Bildungs- und Systemwissen erschlossen, aufgeklärt und verarbeitet werden müssen, um erkenntnisleitende Lernprozesse zu bewirken. Außerschulische *Erfahrung* und die Verarbeitung und *Reflexion* von Erfahrung bedingen sich einander. Reflexion über Alltags- und Erfahrungswissen erfordert somit auch Rückzug und Distanz."[126]

Die *Zusammenarbeit des pädagogischen Personals* unterschiedlicher Professionen verläuft nicht immer reibungslos, dafür führt APPEL vielfältige Beispiele und Erfahrungen an. Vor dem breiten Erfahrungshorizont der vergangenen Jahre bezeichnet APPEL als eine Voraussetzung konstruktiver Kooperation die Gleichberechtigung hinsichtlich Wahl- und Abstimmungsrecht im Rahmen des schulüblichen Dienstrechts. Er fordert diese Mitbestimmungsmöglichkeit auch für Personen ein, die nicht in schulischer Trägerschaft angestellt sind.[127]

HÄNISCH fasst die Befunde aus den drei Untersuchungsjahren zu den *Wirkungen der GÖS-Vorhaben* zusammen und stellt – bezogen auf die Schüler/innen – erstaunliche Effekte fest:[128] Die GÖS-Vorhaben bewirken *Lerneffekte, die nachhaltiger sind, als die Lehrkräfte es gewohnt sind.* Zudem sei die *Leistungsbereitschaft* der Schüler/innen deutlich *gestärkt.* Im Rahmen dieser Studien berichten viele Lehrkräfte, dass besonders bei früher unbefriedigenden Lernsituationen positive Veränderungen eingetreten seien.

4.1 Horte

Ein Thema von speziellem Belang ist die *Kooperation zwischen Schulen mit ganztägigen Angeboten und Horten.* Neben der zeitlichen Konkurrenz, die sich zwischen ganztägigen schulischen Angeboten und den Hortangeboten ergibt, sind weitere Berührungspunkte erkennbar. Die Kooperation mit Horten ist in den „neuen“ Bundesländern üblich. Sie folgt der Tradition der Betreuungsinstitutionen aus DDR-Zeiten. Hier steht traditionell der Betreuungsbedarf zur Vereinbarkeit von Beruf und Familie im Vordergrund und weniger die von PISA angestoßene Suche nach neuen Bildungsmöglichkeiten.

Diese institutionell verankerte Kooperationsform wird auch als Ganztagsschule bezeichnet. SELL spricht von einer *fiskalischen Motivation zur Zusammenlegung von Hortangeboten unter der Regie der Schule als ganztägiges Angebot* und nennt als Beispiel hierfür das Konzept der „offenen Ganztagsgrundschule“ in Nordrhein-Westfalen.[129] Dort sollen bis 2007/2008 alle Horte in die Regie der Schule übergehen. Leitmotiv für die Umstrukturierung ist dort, laut SELL, das Ziel flächendeckender Betreuungsangebote bei gleichzeitiger *fiskalischer Sparvorgabe, bei denen fachliche Standards und Qualitäten in den Hintergrund treten.*[130] SELL verdeutlicht weiterhin am Beispiel Nordrhein-Westfalens die finanzielle Motivation für eine Umstellung der Parallelstruktur Schule-Hort auf Ganztagsschulangebote, indem er einen Elternbeitrag für Horte von derzeit 42,- Euro im Durchschnitt benennt und bei ganztägigen Schulen rund 100,- Euro Elternbeitrag anvisiert werden. Demgegenüber stehen die Kosten für das Land für einen Hortplatz (5000,- Euro pro Kind und Jahr), die weit über dem eines Ganztagsschulplatzes liegen (in NRW 1230,- Euro pro Kind und Jahr, davon 820,- Euro Land, 410,- Euro Kommunen). SELL folgert daraus, dass es *zukünftig keine parallele Struktur von Horten und Ganztagsangeboten geben wird.*[131]

Dieses eher pragmatische Interesse ist nicht nur in Nordrhein-Westfalen zu beobachten. Sowohl aus bildungspolitischer Sicht als auch aus Sicht der Kinder- und Jugendhilfe, die einen eigenständigen Auftrag durch das Kinder- und Jugendhilfegesetz hat, sollte die Intention von ganztägigen Angeboten in Kooperation weniger pragmatisch, sondern an den eigenständigen Aufträgen der jeweiligen Institutionen in Verbindung mit regionalen Bildungszielen ausgerichtet sein. So kann auch verhindert werden, dass die Abstimmungs-, Konzeptions- und Koordinationsleistungen alleine in Verantwortung der Schule liegen und die Gefahr der „Verschulung“ durch ganztägige Angebote droht.

Den oben beschriebenen Entwicklungen folgend *fürchten Horte mit Recht um ihre zukünftige Existenz und ihre Eigenständigkeit.* Dass konzeptionell abgesicherte Kooperationen jedoch notwendig und pädagogisch sinnvoll sind, kann nicht bestritten werden.

4.2 Schulsozialarbeit

An der Schnittstelle zwischen Schule und der Kinder- und Jugendhilfe ist in einigen Fällen Schulsozialarbeit angesiedelt. Der Begriff Schulsozialarbeit wird häufig verwendet, in Zusammenhängen, in denen Sozialarbeit mit Schule in Kontakt steht. Allerdings gibt es für Schulsozialarbeit elaborierte Theorien und spezielle Praxiszuschnitte.[132] Die vergleichsweise geringe Anzahl von originären Schulsozialarbeiterinnen/-arbeitern begründet RAAB mit den vielfältigen *Vorbehalten der Lehrerschaft gegenüber Sozialpädagoginnen/-pädagogen,* so dass eine feste Einrichtung der Schulsozialarbeit nicht unbedingt erwünscht ist.[133] Finanzielle Aspekte sprechen natürlich auch gegen eine flächendeckende und umfangreiche Einrichtung von Schulsozialarbeit.

Wie DRILLING formuliert, argumentieren Lehrer/innen zum Beispiel vielfach, dass sozialpädagogische Aufgaben originäre Lehrer/innenaufgaben sind und ohnehin zum Erziehungsauftrag gehören und dass die Arbeit von Schulsozialarbeit in den Zuständigkeitsbereich der Eltern oder der freien und öffentlichen Träger der Jugendhilfe gehören.[134]

Zu Beginn der 90er Jahre wurde Schulsozialarbeit erstmalig im Kinder- und Jugendhilfegesetz rechtlich verankert. Dadurch wurde die Akzeptanz der Jugendhilfe in der Öffentlichkeit und auch in der Schule deutlich erhöht.[135] Schulsozialarbeit ist ein eigenständiges Handlungsfeld der Jugendhilfe, das mit der Schule in formalisierter und institutionalisierter Form kooperiert.

Schulsozialarbeit bietet unter Umständen eine *Annäherung der verschiedenen pädagogischen Arbeitsbereiche.* Das Ziel von Schulsozialarbeit ist weniger, die formale Bildung zu verbessern, sondern in erster Linie die Vermittlung von Kompetenzen, die den Umgang mit Schwierigkeiten und Belastungen erleichtert sowie das Erlangen von sozialen Kompetenzen, die Verarbeitung von Stresssituationen, aber auch Präventionsarbeit, z.B. Gesundheitsförderung, Gewalt- und Drogenprävention oder Krisenintervention.[136]

An ganztägig arbeitenden Schulen übernimmt Schulsozialarbeit eine Vielzahl an Tätigkeitsbereichen, z.B. bei Freizeitaktivitäten, Diagnose und Behandlung von Schul- und Erziehungsschwierigkeiten, Beratung und Prävention, Mitgestaltung von Lernsituationen.[137]

APPEL sieht in dieser Auflistung „ein schlagendes Argument dafür, das Plädoyer für diese Mitarbeiter/innen der Schule zu bekräftigen“. Sozialpädagoginnen/-pädagogen leisten einen unverzichtbaren Beitrag als Kooperationspartner der Lehrkräfte, von dem sowohl Lehrer/-innen als auch Schüler/-innen profitieren können.[138]

Insgesamt sind Kooperation und Schulöffnung als Bestandteil ganztägiger Schulen ein wichtiger Bestandteil, zur attraktiven, vielseitigen Ausgestaltung mit dem Ziel ein konzeptionell durchdachtes und vertraglich gerahmtes ganzheitliches Bildungs- und Betreuungsangebot zu machen, das sich deutlich, in Personen und Angebotsstruktur, von der Verlängerung einer Halbtagsschule abhebt.

Für das Gelingen einer pädagogischen Erweiterung des Schulkonzepts zu einer pädagogischen Schulöffnung fasst HOLTAPPELS auf Grundlage von Begleitforschungen zu Schulöffnungsprozessen folgende acht Bedingungen zusammen:[139]

1. Didaktisch-methodische und organisatorische Lernkultur soll die Schulqualität prägen; ein Schulkonzept ist erkennbar.
2. Aktive Schulleitung, die im Gemeinwesen pädagogisch-organisatorische Vorbereitung leistet, das Vorhaben nach außen vertritt, nach innen ein hohes Maß an Transparenz und Freiräumen gewährt und kontinuierlicher Motor ist.
3. Unterstützung und wenn möglich Innovationsbereitschaft im Kollegium durch tragende Kräfte, die innovativ sind und eine Vorbildfunktion haben.
4. Feste Platzierung des Öffnungsprozesses zeitlich und räumlich, Einplanung von Inhalten und Organisation in den Wochen- und Jahresablauf, personelle Abdeckung von Öffnungsaktivitäten.
5. Materielle Unterstützung durch Schulträger: Unterstützung und Beratung; der Schulträger leistet Unterstützung durch schulräumliche Maßnahmen und durch Sachmittel für Einrichtung und Material.
6. Es sind feste Koordinationsgremien eingerichtet. Die Anbahnung und Intensivierung von Kooperationsbeziehungen benötigen unterstützende Organisationsstrukturen (z.B. Stadtteilarbeitskreise, -büros), die den Kooperationspartnern Impulse von außen geben.
7. Kontinuität und Stabilität symmetrischer Kooperationsbeziehungen: Nur kontinuierliche stabile Kooperationsbeziehungen mit Anfängen von Vernetzung versprechen förderliche Wirkungen für die Umsetzung des Öffnungskonzepts; dabei sind Kooperationen nur dann von Dauer, wenn sie als symbiotische Beziehungen in beiderseitigem Interesse liegen, während einseitige und asymmetrische Formen (z.B. reine Raumnutzung) selten pädagogisch nützlich sind.
8. Projektentwicklung und Angebotssysteme: Die Entwicklung gemeinwesenbezogener und institutionenübergreifender Projekte und Angebotsformen

(etwa Unterrichtsreihen, Gestaltungsprojekte im Schulleben, AG-Angebote, Wettbewerbe, Aufführungen, Material- und Requisitenverleih) durch Arbeitskreise, Lernwerkstätten etc. scheinen am ehesten geeignet, Impulse von außen zu geben, Unterricht und Schulleben schrittweise zu öffnen und gemeinwesenorientierte Vernetzungen zu beginnen.

Zusammenfassend kann das Für und Wider, das in der Kooperation mit anderen außerschulischen Personen und Einrichtungen liegt, durch folgende Chancen und Stolpersteine benannt werden:

- Verbindliche Kooperationsvereinbarungen
- Gemeinsame Konzeptentwicklung des ganztägigen Angebotes
- Frühzeitige Verständigung über Aufträge und Ziel der Kooperationspartner
- Teilnahme schulischer Vertreter an stadtteilbezogenen Arbeitskreisen
- Teilnahme der Kooperationspartner an schulischen Arbeitskreisen
- Mitbestimmungsrechte für außerschulische Fachkräfte, die ihren Arbeitsplatz in der Schule haben

Für die feste Implementierung von Schulöffnung empfiehlt HOLTAPPELS gemeinwesenbezogene Rahmenkonzepte städtebaulicher, schul- und jugendentwicklungsplanerischer Art und den Einbezug in institutionalisierte Öffnungs- und Vernetzungsinitiativen, z.B. in Form pädagogischer Stadtteilkonferenzen.

Nicht zuletzt legen auch einige Ergebnisse der PISA-Studie die Vermutung nahe, dass außerschulische Kooperationen von Schulen, die die Lerngelegenheiten der Schüler/innen erhöhen, leistungsfördernde Wirkungen haben.[140] Die Vielfältigkeit der Schulkultur, die durch Schulöffnung und Kooperation auf unterschiedlichen Ebenen möglich wird, ermöglicht die partizipative Entwicklung eines umfassenderen Bildungsbegriffs und eine individuelle Förderung von Schülerinnen und Schülern. Lehrer/innen erfahren Entlastung durch Kompetenzen der Kooperationspartner/innen und die Schule wird zur Lebensschule.

IV Organisatorische Formen der Ganztagsangebote

Für die ganztägige Betreuung an Schulen gibt es in der Bundesrepublik eine Vielzahl an Begriffen, z.B. die Tagesheimschule, Ganztagsschule, offene Schule, verlässliche Halbtagsgrundschule, etc. OELKERS beschreibt die bisherige begriffliche Landschaft der Ganztagsschulen und deren pädagogische Qualität wie folgt:[1] „Der Ausdruck ‚Ganztagsschule' steht für sehr viele, sehr unterschiedliche Varianten, deren einzige Gemeinsamkeit darin besteht, keine ‚Halbtagsschulen' zu sein." Die derzeitige Schullandschaft ist laut OELKERS nicht mehr ausschließlich von reinen Halbtagsschulen geprägt.

Viele Schulen bieten zwar keinen Mittagstisch an, wohl aber ein Nachmittagsangebot, zum Teil auch ein Abendangebot,

> „... ohne damit ein Dogma zu verbinden, jeden Schultag der Woche von 8.00 Uhr bis 16.00 Uhr gestalten zu müssen. Neu ist aber letztlich nur, dass die Verbindlichkeit eines durchgehenden Angebots pro Tag und Woche, das die Schüler/innen den ganzen Tag pädagogischer Beschäftigung unterwirft."[2]

Die organisatorische Rahmung der Bildungsprozesse spielt eine zentrale Rolle für Gelingen oder Scheitern der erhofften schulpädagogischen Innovationen, die mittels der Ganztagsschule umgesetzt werden sollen. Daher seien hier verschiedene organisatorische Formen ganztägiger Betreuung vorgestellt.

Die erste „Hülle" ganztägiger Bildungsprozesse, wie oben bereits in der Unterscheidung Ganztagsschule und Ganztagsbildung angesprochen, bildet die begriffliche Darstellung. Die Vielfalt an Begriffen, die bundesweit gebräuchlich sind, lässt bereits die Vielzahl inhaltlicher und organisatorischer Ausgestaltungen erahnen.

Einen Grund dafür sehen RADISCH und KLIEME darin, dass in der Bundesrepublik zwar bisher das Ganztagsschulnetz nicht weit ausgebaut ist, aber die Unterschiedlichkeit der einzelnen Modelle sich nicht unter allgemein verbindlichen Begriffen subsumieren lässt.[3]

Die Ursache dafür scheint zu sein, dass die in der Bundesrepublik vorhandenen Formen ganztägiger schulischer Bildung und Betreuung nicht wie in anderen Staaten aufgrund eines zentral vorgegebenen Musters entstanden, sondern seit der flächendeckenden und verbindlichen Einführung der Halbtagsschule zu Beginn des 20. Jahrhunderts aufgrund zahlreicher Initiativen zunächst im Zuge unterschiedlicher Strömungen der Reformpädagogik und nach dem Zweiten Weltkrieg auf Initiative engagierter Lehrer/innen oder als Modellversuche ins Leben gerufen wurden. Dies führte schon frühzeitig zu einer deutlichen Diversifikation der einzelnen Umsetzungskonzepte und einer starken Orientierung an den jeweiligen spezifischen Gegebenheiten der einzelnen Schulen, was hinsichtlich einer Sozialraum- oder Lebensweltorientierung der Schule positiv zu bewerten ist. RADISCH und KLIEME sehen hierin die Ursache für den *Mangel einer umfassenden Theorie der ganztägigen schulischen Bildungs- und Betreuungsformen.*[4]

Der *Begriff „Ganztagsschule"* wurde Ende März 2003 *durch den Schulausschuss der Kultusministerkonferenz (KMK) neu definiert.* Diese Definition bewegt sich als Folge des Einstimmigkeitsprinzips in der KMK auf niedrigem Kompromissniveau und lässt, wie ROTHER feststellt, einiges offen.[5]

Unter Ganztagsschulen werden Schulen verstanden, bei denen im Primar- oder Sekundarbereich:

- über den vormittäglichen Unterricht hinaus an mindestens drei Tagen in der Woche ein ganztägiges Angebot für die Schüler/innen bereitgestellt wird, das täglich mindestens sieben Zeitstunden umfasst,
- an allen Tagen des Ganztagsbetriebs den teilnehmenden Schülern ein Mittagessen bereitgestellt wird,
- die nachmittäglichen Angebote unter der Aufsicht und Verantwortung der Schulleitung organisiert und in enger Kooperation mit der Schulleitung durchgeführt werden und in einem konzeptionellen Zusammenhang mit dem Vormittagsunterricht stehen.

Jedes Bundesland kann auf dieser Grundlage ein eigenes Konzept ganztägiger Schulformen entwickeln, das sich an den länderspezifischen Rahmenbedingungen und an den jeweiligen pädagogischen Standards und Bedürfnissen ausrichtet.

Grundsätzlich kann man nach HOLTAPPELS zwei Varianten ganztägig geführter Schulkonzeptionen unterscheiden:[6]

(1) **Offenes Angebot:** Am Vormittag findet der Pflichtunterricht statt, nachmittags gibt es freiwillige Angebote wie Mittagessen, Hausaufgabenhilfe, Arbeitsgemeinschaften, Kurse, Neigungsgruppen, Freizeitangebote. Über-

wiegend wird in den Bundesländern bei offenen Angeboten von *„Ganztagsangeboten“* und *„offenen Ganztagsschulen“* gesprochen. Die Nutzung der Schule ist gleichermaßen als Halbtagsschule und Ganztagsschule möglich. Es können die verschiedenen Interessen der Eltern (Betreuung am Nachmittag – Wahlfreiheit der Bildungs- und Freizeitangebote für die Kinder) unter einem Dach befriedigt werden. Die Teilnahme an einzelnen Angeboten kann verbindlich geregelt werden. Der Schultag zerfällt in zwei Teile.

(2) **Gebundenes Angebot:** Im gebundenen Modell ist, je nach Schulstufe, die Teilnahme von morgens bis 15.00 bzw. 16.30 Uhr verpflichtend. Das ist die *voll gebundene* Form, für alle Schüler/innen verpflichtend an den Tagen, an denen ein Angebot stattfindet. In der *teilweise gebundenen* Form verpflichtet sich nur ein Teil der Schüler/innen an den ganztägigen Angeboten der Schule teilzunehmen. Die Verpflichtung zur Teilnahme kann schuljahres- oder halbjahresweise erfolgen. Es können spezielle Klassenzüge eingerichtet oder Ganztagsgruppen gebildet werden. Beim voll gebundenen Modell sind die Hausaufgaben in der Regel in die Schulzeit integriert. Unterricht und Freizeitaktivitäten werden über den ganzen Tag entsprechend dem Lernrhythmus von Kindern und Jugendlichen verteilt.

Es bestehen vielfältige Mischformen, die durch schulrechtliche Regelungen, divergierendem Begriffsverständnis u.Ä. begründet sind. Hinzu kommen Angebote, die nicht rein schulischer Art sind, aber begrifflich unter Ganztagsschule subsumiert werden. In der Mehrzahl der Länder spricht man von *„Ganztagsangeboten“* und *„offenen Ganztagsschulen“*. Darüber hinaus haben eine Reihe von Ländern Ganztagsschulen in der gebundenen Form, zum Beispiel Frankreich, wo es kein eigenständiges Wort für Ganztagsschule gibt, da dort Schule immer ganztägig stattfindet.[7]

Neben der organisatorischen Differenzierung lassen sich zwei grundlegende pädagogische Ausrichtungen ganztägiger Angebote unterscheiden:[8]

Additive Modelle bieten vormittags Pflichtunterricht und am Nachmittag freiwillige Betreuungs- und Freizeitangebote, die nicht unbedingt mit Lern- und Interaktionsprozessen des Unterrichts in Verbindung stehen. Die Konzeption der beiden Angebote erfolgt getrennt voneinander. Sich ergänzende Bildungsprozesse sind zufällig. Damit wird, wie HOLTAPPELS feststellt, die *Trennung von Unterricht und Betreuung fortgeschrieben.* Überwiegend sind in den Bundesländern additive Angebote auch offene Angebote, die mit den bereits definierten Begriffen „Ganztagsangebote" und „offene Ganztagsangebote" bezeichnet werden. Holtappels bezeichnete dieses Modell kürzlich als *„Bikini-Modell"*, mit dem nur das Nötigste an Bildung und Betreuung abgedeckt werde.[9]

Integrierte Modelle verzahnen Unterricht, Spiel, Freizeit und erweiterte Lern- und Förderangebote. Kognitive, manuelle und soziale Lernprozesse werden zu einem ganzheitlichen Konzept zusammengefasst, dessen Verantwortung bei allen beteiligten Pädagogen/innen und Institutionen gemeinsam liegen kann. Damit gehen *Tagesrhythmisierung, offene Lernorganisation und eine kooperative personale Rollenstruktur* einher. Ein integriertes Modell erfordert eine gebundene Form mit *verbindlicher Anwesenheit* für die Schüler/innen. Teilweise gebundene Modelle bieten Kindern an einzelnen Tagen oder in bestimmten Klassenzügen ganztägige Angebote an. Integrierte Modelle ermöglichen ein inhaltlich abgestimmtes Modell von Betreuung, Erziehung und Bildung. Nur so kann, wie HOLTAPPELS feststellt, durch ein ganzheitliches Bildungs- und Betreuungsangebot die Schule reformiert werden.

HOLTAPPELS beschreibt die Möglichkeit, dass offene oder teilweise gebundene ganztägige Konzepte eine Betreuungsfunktion bei ausreichenden Betreuungszeiten erfüllen können. Auch eine Bildungs- und Förderfunktion kann den Konzepten nicht abgesprochen werden. Mit Hausaufgabenhilfe, Förderangeboten und Projekten können Schulleistungen gestärkt werden.

Das *integrierte Modell in gebundener Form* wird von APPEL als *„echte" Ganztagsschule* bezeichnet. Für echte Ganztagsschulen beschreibt der Ganztagsschulverband e.V. die notwendigen pädagogischen und organisatorischen Strukturmerkmale:

Strukturmerkmale der „echten Ganztagsschule"

Eine echte Ganztagsschule besteht dann, wenn ...

1. allen Schüler/innen ein durchgehend strukturiertes Angebot in der Schule an mindestens vier Wochentagen und mindestens sieben Zeitstunden angeboten wird,
2. die Aktivitäten der Schüler/innen am Vormittag und am Nachmittag in einem konzeptionellen Zusammenhang stehen,

3. erweiterte Lernangebote, individuelle Fördermaßnahmen und Hausaufgaben/Schulaufgaben in die Konzeption eingebunden sind,
4. die gemeinsame und individuelle Freizeitgestaltung der Schüler/innen als pädagogische Aufgabe im Konzept enthalten ist,
5. ihre Angebote altersgerechte Interessen und Bedürfnisse von Kindern und Jugendlichen fördernd aufgreifen,
6. alternative Unterrichtsformen wie z. B. Projektarbeit ermöglicht werden,
7. das soziale Lernen begünstigt wird,
8. die Schule den Schülerinnen und Schülern an allen Schultagen ein warmes Mittagessen anbietet,
9. eine ausreichende Ausstattung mit zusätzlichem pädagogischen Personal, mit einem erweiterten Raumangebot und mit zusätzlichen Lehr- und Lernmitteln vorhanden ist,
10. die Organisation aller Angebote unter der Aufsicht und Verantwortung der Schule steht.[10]

Von Ganztagsschulen, die die oben beschriebene Strukturmerkmale aufweisen, kann erheblich mehr erwartet werden hinsichtlich ganzheitlicher Bildung und der Entwicklung einer neuen Lernkultur als von additiven Modellen oder dem „Bikini-Modell". Für das jeweilige Konzept ist auch entscheidend, wie die Akteure vor Ort, also die Schulträger und die Schulen mit ihren Lehrkräften sowie Kooperationspartner außerschulischer Einrichtungen und Stadtteilakteure, die Herausforderungen annehmen und ihre Ganztagsschule individuell – auf die spezifischen lokalen und personalen Bedingungen zugeschnitten – gestalten.

Ein erweitertes Verständnis von ganztägiger Bildung ist vorhanden, wenn das ganztägige pädagogische Angebot schulpädagogische und sozialpädagogische Angebote beinhaltet, wie z.B. Angebote zur familienergänzenden Erziehung sowie erweiterte Bildungs-, Lern- und Freizeitangebote.

Ganztägige Konzepte werden von WUNDER anhand der unterschiedlichen Zielsetzungen unterschieden:

- Ganztagsschule als Fortsetzung der Vormittagsschule am Nachmittag,
- als Betreuungsangebot oder
- ein alternatives Bildungsangebot.

Ganztagsschule als „Vollendung“ der Vormittagsschule

Die erste Form der Ganztagsschule „vollendet“, was die Vormittagsschule will – sie hat eigentlich aus sich heraus keine Zeit für anderes und will die ihr übertragene Aufgabe dadurch lösen, dass sie eine verbesserte Schule bezüglich des alten Curriculums ist.

Ganztagsschule als „Betreuungsschule“

Die zweite Form stellt die Betreuung in den Mittelpunkt, im Sinne von Aufpassen auf Kinder und Jugendliche, darüber hinaus auch, sie zu „etwas Sinnvollem“ anzuhalten und sie vor allem von der Straße fernzuhalten. Das soll erzielt werden mit der Beaufsichtigung der Hausaufgaben oder durch Freizeitangebote. Es ist eine *betreuende Schule.*

Ganztagsschule als grundlegende Alternative zur bestehenden Schule

Die dritte Form der Ganztagsschule will etwas Neues durch den erweiterten zeitlichen Rahmen entwickeln. Damit gefährdet sie die herkömmliche Schule und visiert eine alternative Schule an: Das Neue kann der Weg einer rhythmisierten Schule sein, in der Lernen in weiten Bereichen anders stattfindet als gewohnt. Das Neue kann aber, wie WUNDER erläutert, auch eine Ganztagsschule sein, die Bildung durch einen anderen Kanon als den gültigen vermittelt oder Bildung durch Lebenspraxis ergänzen will. Elemente dieser unterschiedlichen Formen sind sowohl veränderte organisatorische und zeitliche Gestaltungen, eine Erweiterung der Lehr-/Lernformen, das Einbeziehen vielfältiger Lernräume und Lernorte – auch außerhalb der Schule – die Erweiterung des pädagogischen Personals über die Berufsgruppe der Lehrer hinaus und damit zusammenhängend ein Neudenken und Erweitern der Inhalte.[11]

Aus den beiden Grundtypen integrativ versus additiv und gebunden versus offen ergeben sich eine Vielzahl an Schwerpunktsetzungen organisatorischer wie inhaltlicher Art. Zur Übersicht lassen sich für die Primarstufe und die Sekundarstufe die im Folgenden skizzierten Formen unterscheiden.

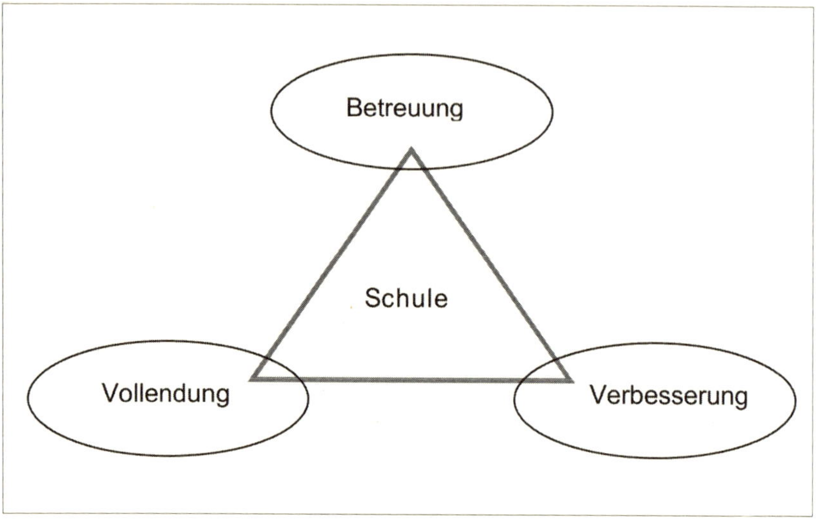

1. Formen ganztägiger Schulen: Primarstufe

Ganztagsschulen lassen sich im Grad der Verbindlichkeit, dem Grad der Öffnung, der zeitlichen Dauer und des Maßes an Integration verschiedener Lehr- und Lernformen unterscheiden. Für die Grundschule unterscheidet APPEL verschiedene Formen der ganztägigen Schule und Betreuung:

Grundschule und Hort

Beide Einrichtungen arbeiten getrennt voneinander, die Kinder besuchen die Schule am Vormittag und vor und nach der Schule den Hort. Es gibt keine gemeinsame Konzeption für ein ganztägiges Programm mit Bildungsschwerpunkt. Die Trägerschaft von Schule und Hort ist häufig unterschiedlich, so werden gemeinsame Konzeptionen erschwert. Auch HOLTAPPELS konstatiert bei einer Betreuung durch Schule und Hort ein Nebeneinander der pädagogischen Konzepte.[12] In einigen Fällen besteht eine räumliche Nähe, so dass die Kinder das Gelände nicht verlassen müssen.

Verlässliche Halbtagsgrundschule

In der verlässlichen Halbtagsschule wird eine feste Betreuungszeit gewährleistet, z.B. von 8.00 bis 13.00 Uhr. Die Kinder haben altersbedingt weniger Unterrichtsstunden und können im Angebotszeitraum vor und nach dem Unterricht ein Betreuungs- und Freizeitangebot wahrnehmen.

Erweiterte Halbtagsgrundschule

Bei dieser Schulform werden die Kinder über Mittag betreut. Die Kinder können an einem Wahl- und Freizeitangebot teilnehmen, häufig gibt es ein Mittagessen. Die Betreuungszeit ist in der Regel bis 14.00 Uhr, wobei auch längere Öffnungszeiten möglich sind.

Tagesheimschule

Die Kinder verbringen verbindlich den Tag von ca. 8.00 Uhr bis 16.15 Uhr in der Tagesheimschule. Das Angebot kann z.B. aus einer am Bio-Rhythmus angepassten Mischung von Unterricht und Freizeitangeboten einschließlich Mittagessen bestehen. Die Erziehungsziele und -erwartungen werden in der Regel eng mit den Eltern abgestimmt, so erhalten in vielen Fällen z.B. Weltanschauungen, spezielle reformpädagogische Konzepte etc. eine zentrale Rolle im Schulleben.

Offene Ganztagsgrundschule

Das Angebot umfassst einen zeitlichen Rahmen von ca. 8.00 bis 16.15 Uhr. Nachteilig wirkt sich hier die Trennung von Unterricht am Vormittag und Betreuungs- und Freizeitangeboten am Nachmittag aus, da durch dieses additive Konzept eine Rhythmisierung im Sinne der Anpassung an individuelle Rhythmen zur Steigerung der Lernleistungsfähigkeit der Kinder nicht möglich ist. Ebenso ist keine konzeptionelle Verzahnung mit dem Vormittagsunterricht gegeben, so dass für eine Neukonzipierung von Ganztagsbildung wenig Impulse zu erwarten sind. Die Anmeldung für das ganztägige Angebot ist freiwillig, nach Anmeldung jedoch für ein halbes oder ein Schuljahr verpflichtend. Ein Mittagessen wird angeboten. Die Nachmittagszeit kann nur bedingt für die Vertiefung unterrichtlicher Vorhaben genutzt werden, da nur ein Teil der Schüler/innen anwesend ist. In der Regel gibt es eine Hausaufgabenbetreuung, teilweise spezielle Förderangebote für begabte oder schwächere Schüler. Je nach Kooperationspartnern im außerschulischen Bereich oder Engagement einzelner Lehrer/innen oder Eltern kann am Nachmittag eine spezielle Profilgebung der Schule ausgebaut werden (z.B. Kindermitbestimmung, Kreativangebote, Sport, Musik).

Gebundene Ganztagsgrundschule

Die gebundene Ganztagsschule bietet eine verbindliche Betreuungszeit von ca. 8.00 bis 16.15 Uhr. Unterrichtsinhalte können am Vor- und Nachmittag erlernt werden, der ausgeweitete zeitliche Rahmen ermöglicht verschiedene ganzheitliche Formen des Lernens, z.B. projektorientiertes, soziales, handlungsorientiertes und kooperatives Lernen. Der Tag kann in einem zeitlichen Rhythmus verlaufen, der kindlichen lernpsychologischen und biophysischen Bedürfnissen entspricht. Freizeit- und Bildungsangebote wechseln mit Betreuung und Mittagessen ab, es gibt Hausaufgabenbetreuung und Förderangebote. Unterricht und Schulleben können flexibler gestaltet werden und die Kooperationen mit außerschulischen Personen und Einrichtungen kann flexibler vollzogen werden.

Die Forderung nach einem schrittweisen Ausbau von ganztägigen Schulen verbindet der GRUNDSCHULVERBAND mit folgenden Gestaltungsvorschlägen: mindestens 30 Stunden betreute Zeit, wobei hier die Position vertreten wird, dass diese Stunden auch von Lehrer/innen gestaltet werden sollen. Wenngleich zu Recht Befürchtungen bestehen aus finanziellen Gründen anderes Personal einzusetzen und so die Qualität zu reduzieren, so kann es doch sehr sinnvoll sein im Rahmen neuartiger Ganztageskonzeptionen auch Nichtpädagogen, wie z.B. Künstler, Sportler, Personen mit besonderen Fähigkeiten etc., einzusetzen. Die Betreuungszeiten werden als Lernzeiten bezeichnet. Darüber hinaus soll Unterricht an zwei Nachmittagen die Rhythmisierung des Schultags ermöglichen und an den anderen Nachmittagen freiwillige Angebote vorgehalten werden. Inhalte sollen Unterricht, Förderung, Wahlangebote, Mittagspause und Arbeitsgemeinschaften sein. Die Öffnung der Schule wird vom Grundschulverband ebenfalls mit dem Ausbau von ganztägigen Angeboten verknüpft, so dass außerschulische Angebote das schulische Angebot erweitern und ergänzen können.[13]

Im Zusammenhang mit der *Lehrerarbeitszeit* wird vom GRUNDSCHULVERBAND die *Überprüfung der 45-Minuten-Einheiten* vorgeschlagen. Wenngleich dies ein eher umstrittener Punkt in der gegenwärtigen Diskussion ist, so wird es doch mittelfristig notwendig sein, wenn neue Bildungskonzepte folgenreich umgesetzt werden sollen, auch eine *Neukonzipierung der Arbeitszeit von Lehrerinnen und Lehrern* anzugehen. Der traditionelle Abrechnungsmodus, der sich an der 45-Minuten-Stunde orientiert, ist unter den gewandelten Anforderungen ein Anachronismus, der zudem ein nicht zu unterschätzendes Hemmnis bei der Rhythmisierung des Schulalltags und der Konzipierung von neuen Lernangeboten ist, die sich nicht in das Stundenschema pressen lassen.

Für alle oben genannten Formen ist, wie APPEL und der GRUNDSCHULVERBAND feststellen, die *Entwicklung eines für die jeweilige Schule passenden Konzepts notwendig.* Der Grundschulverband konstatiert, dass die Grundschulen bisher mehrheitlich weder vollständige Halbtags-, geschweige denn Ganztagsschulen sind, sondern überwiegend *„Stundenschulen"*, in denen Lehrer/innen lediglich entsprechend der Stundentafel ihre Zeitplanung betreiben und sich auf Unterricht beschränken.[14]

2. Formen ganztägiger Schulen: Sekundarstufe I

Für die Sekundarstufen I (Gesamtschulen, Haupt- und Realschulen, Gymnasien und Orientierungsstufenschulen) finden sich ebenfalls vielfältige Formen der ganztägigen Schule, die sich durch den Grad der Verbindlichkeit und die pädagogischen Konzepte unterscheiden:

Sekundarstufenschule mit Hort

In räumlicher Nähe zu den Schulen, d.h. im Wohnbereich der Kinder und Jugendlichen gibt es teilweise Horte in kommunaler oder freier Trägerschaft. Vor und nach der Schule werden hier Kinder und Jugendliche bis 14 Jahren kostenpflichtig betreut. Die Gebühren liegen zwischen 110,- und 150,- Euro pro Monat zzgl. ca. 40,- Euro für ein Mittagessen. Horte bieten den Schulkindern außerhalb der Schulzeit Betreuungs-, Erziehungs- und Bildungsmöglichkeiten und Mittagessen.

Sekundarschule mit offener Betreuung

Diese Schulen offerieren ein offenes Betreuungsangebot und Freizeitmöglichkeiten. Die Nachmittagsangebote werden häufig in Kooperation mit freien oder kommunalen Trägern veranstaltet. Für die offene Betreuung wird häufig auf Personen ohne pädagogische Qualifikation oder Praktikanten zurückgriffen. Die Angebote sind in der Regel nicht auf die unterrichtlichen Inhalte abgestimmt.

Erweiterte Halbtagsschule

Es finden Bildungsangebote am Nachmittag in Form von Kurs- und Unterstützungsmaßnahmen statt, meist wird ein kleines Mittagessen (nur teilweise warm) angeboten. Die inhaltliche Fortführung des Unterrichts wird so nicht gewährleistet.

Tagesheimschule

Die Schüler/innen sind an fünf Tagen von ca. 8.00 Uhr bis 16.15 Uhr anwesend. Die Unterrichtsinhalte werden auf den Tag verteilt. Gemeinschaftliche Freizeitangebote und besondere Lernformen sind Bestandteil des Schultages. Die Erziehungsziele und -erwartungen werden eng mit den Eltern abgestimmt. Es gibt in vielen Schulen Betreuungszeiten über den o.g. Rahmen hinaus.

Offene Ganztagsschule in der Sekundarstufe I

Der vormittägliche Unterricht wird ergänzt durch ein freiwilliges Nachmittagsangebot. Öffnungszeiten sind meist von 8.00 bis 16.15 Uhr. Die Wahlangebote bieten Unterstützung bei Hausaufgaben, Förderung, Freizeitaktivitäten oder Arbeitsgemeinschaften. Wechselnde Schülergruppen nehmen die Angebote wahr. Teilweise gibt es verbindliche Anmeldungen für einzelne Angebote, die dann für ein halbes oder ein ganzes Schuljahr verpflichtend sind. Auch hier finden Kooperationen mit außerschulischen Einrichtungen und Ehrenamtlichen statt.

Gebundene Ganztagsschule der Sekundarstufe

Die unterrichtlichen und pädagogischen Veranstaltungen finden an Vor- und Nachmittag statt, alle Jugendlichen nehmen obligatorisch von morgens bis ca. 16.15 Uhr teil. Das warme Mittagessen wird in Klassenverbänden oder Gruppen gemeinsam eingenommen. Im Gegensatz zur Tagesheimschule entspricht der Erziehungsauftrag stärker der schulischen Konzeption. Die Hausaufgaben werden größtenteils im Rahmen der Schulzeit erledigt. Es gibt dafür Hausaufgabenhilfe. Des Weiteren finden nachmittags und vormittags Förderangebote, freies Lernen, Projektzeiträume und Arbeitsgemeinschaften statt. Die gebundene Ganztagsschule kann weitgehend reformpädagogische und sonstige Ansätze des neuen Lernens (insbesondere fächerübergreifend, projektorientiert, soziales Lernen etc.) realisieren. Ein hohes Maß an zeitlicher Flexibilität ermöglicht die jugendgerechte zeitliche Rhythmisierung des Tages, sie berücksichtigt eher die Bedürfnisse der Schüler/innen.

Ganztägige Ansätze im Gymnasium werden hier nicht näher ausgeführt, da die Verkürzung der Schulzeit um ein Jahr auf acht Gymnasialschuljahre in einigen Bundesländern zwangsläufig dazu führen wird, ganztägig Schule betreiben zu müssen, um die Stundentafel in verkürztem zeitlichen Rahmen unterzubringen. Es liegen hier andere Ziele zugrunde als bei den oben beschriebenen ganztägigen Schulformen in der Primar- und Sekundarstufe I. APPEL spricht von einer „Lernschule mit Auslesecharakter. Vorrangiges Ziel sei die Schulzeitverkürzung und nicht die Entwicklung eines pädagogisch begründeten Modells".

Bei den Überlegungen, eine gebundene Ganztagsschule einzurichten ist, wie APPEL hervorhebt, unbedingt auf die Wahlmöglichkeit zwischen Halb- und Ganztagsschule zu achten. Wenn in zumutbarer Entfernung für die Schüler/innen keine Halbtagsschule mit vergleichbarem Bildungsangebot vorhanden ist, sollte keinesfalls eine gebundene Ganztagsschule eingerichtet werden. „Das Prinzip, dass niemand zum Besuch einer Ganztagsschule mit obligatorischen Nachmittagen gezwungen werden kann, hat erste Priorität."[15]

Häufig sind in gebundenen Ganztagsmodellen *unterschiedliche Grade der Verbindlichkeit* vorzufinden, die bei den jüngeren Jahrgängen eine hohe Gruppenbindung über den Ganztag erzielen, während bei den älteren Jahrgängen die obligatorischen Teile im Verhältnis zu den wahlfreien abnehmen. APPEL nennt dies *„Staffelprogression"*, die den älteren Jugendlichen einen höheren Grad an Eigenständigkeit in der Freizeitplanung zugesteht. Wenn die Kinder neu z.B. in eine gebundene Ganztagsschule der Sekundarstufe kommen, sind für sie in der Regel während der ersten Schulwochen nur zwei Nachmittage in kürzerem zeitlichem Umfang verbindlich. Der verbindliche Anteil wird bis zu den Weihnachtsferien gesteigert.

Offene Ganztagsschulen können die Schulzeit durch die Einführung von zusätzlichen Unterrichtsfächern oder sozialen Programmen innerhalb der Klasse oder der Schule erweitern. Für diese Erhöhung empfiehlt APPEL jedoch, nicht wesentlich über die Nachmittagsverpflichtungen der Halbtagsschulen hinauszugehen.[16]

Mischformen von offenen und gebundenen Formen in einem Haus erscheinen auf den ersten Blick als guter Kompromiss, um einen rhythmisierten Tagesablauf anbieten zu können, aber auch die Wahlfreiheit zu gewährleisten. Organisatorisch ist jedoch das Mittagessen eine Barriere, denn die Halbtagskinder müssen die sechs Unterrichtsstunden vorher absolviert haben. So steht dieser Umstand einem rhythmisierten Tagesablauf im Wege, der ein frühzeitigeres Mittagessen vorsieht und Flexibilität ermöglicht. Auch ist die unterschiedliche Versorgung mit Hausaufgabenbetreuung und Förderunterricht zu kompensieren.

Vorteil ist der integrierte Nutzen der höheren Lehrer/innenversorgung für die gesamte Schule. APPEL schätzt diese Mischform als durchaus praktikabel und erfolgreich ein, allerdings nur für die erste Phase des Aufbaus einer gebundenen Ganztagsschule, um in der Entwicklungsphase sukzessiv Erfahrungen zu sammeln und die Akteure nicht zu überfordern.[17]

In Niedersachsen gab es in einem Ganztagsschulerlass 2002 das so genannte 2+2 Modell, in dem an zwei Tagen obligatorisch nachmittags Schule vorgesehen war und an zwei Tagen die Teilnahme an Nachmittagsangeboten freiwillig war. Bei der Wahl der Nachmittage wurden die Versorgungswünsche bezüglich besonderer Wochentage der Eltern und Schüler berücksichtigt. Dieses Modell ist mittlerweile nach dem Wechsel der Landesregierung 2003 wieder abgeschafft worden, da verbreitet Unmut vor allem von Eltern über die fehlende Alternative von Halbtagsschulen an einigen Standorten geäußert wurde.

Ganztagszüge an Halbtagsschulen

Als Kompromisslösung wurden bereits in den 60er und 70er Jahren Halbtagsschulen mit Ganztagsklassen angeboten. Dies kam dem Bedarf und den Wünschen der Eltern an ganztägiger Betreuung entgegen und entsprach eher den räumlichen Kapazitäten, die an Halbtagsschulen gerade noch vorhanden waren. Wenngleich dieses Vorgehen zum Erproben ganztägiger Schule und zur Beobachtung von Effekten einen vergleichsweise einfach umzusetzenden organisatorischen Rahmen bietet, so eignet er sich doch aus unserer Sicht nur begrenzt, um einen grundlegenden Lernkulturwandel an der gesamten Schule einzuleiten. APPEL weist nun auf zwei parallele Entwicklungen hin: In den aktuellen Vorgehensweisen werden einerseits Ganztagsklassen eingerichtet, an anderer Stelle länger erprobte Ganztagszüge eingestellt. APPEL führt die theoretische Begründungen und praktische Erfahrungen aus vierzig Jahren für und gegen die Ganztagszüge an Halbtagsschulen auf, die im Folgenden synoptisch gegenübergestellt werden:[18]

Pro Ganztagszug	Kontra Ganztagszug
Erweiterung des Bildungsangebotes, Konzentration des Bildungsangebotes an der Schule	Überproportionale Zunahme verhaltensauffälliger Kinder und Jugendlicher, durch Beaufsichtigungswünsche der Eltern, Jugendhilfeeinrichtungen, Ämter etc.
Wettbewerbsvorteil, um leistungsfähige Schüler/innen an der Schule zu halten	Bei Einzügigkeit reichen die Personalzuweisungen und Sachmittel nur bedingt aus
Kompromiss für Schulstandort, um weder reine Halb- noch gebundene Ganztagsschule zu sein	Der höhere Bedarf an Ganztagsplätzen durch „Begehrlichkeitsansprüche" führt zu einer maximalen Auslastung der Kontingente = große Klassen
Möglichkeit schulreformerische Ideen umzusetzen, ohne Bestehendes zu gefährden	Wünsche der Schüler/innen zur Teilnahme an interessanten Ganztagsangeboten stehen unzureichenden Kontingenten gegenüber
Innovationsschub an der gesamten Schule	Durch gebundene Form am Nachmittag weniger Kontakt der Halbtags- mit den Ganztags-Schülern führt zu Unmut bei den Schülern
Möglichkeit für Lehrer/innen, reformpädagogische Ideen im Ganztagsangebot umzusetzen	Spaltung des Kollegiums, auch in der Außendarstellung, in die Gruppe der engagierten Ganztags- und der „rückständigen" Halbtags-Lehrer/innen
Verbesserung der räumlichen und sächlichen Ausstattung	
Veränderungen sind auf administrativen Ebenen leichter zu erreichen	

Nach Analyse der Vor- und Nachteile kommt APPEL zu dem Schluss, dass nur unter besonderer Berücksichtigung der o.a. Umstände bei ausreichender personeller und sächlicher Ausstattung Ganztagszüge in Erwägung zu ziehen sind. Insbesondere die Auflösungsquote solcher Konzepte von 85 % spreche für sich. APPEL weist darauf hin, dass diese Form ganztägiger Schule ein ausgesprochen hohes Maß an Engagement von den Pädagoginnen und Pädagogen fordert.[19]

3. Wirkungen ganztägiger Bildungs- und Betreuungsangebote an Schulen

Bereits 1991 erhoben BARGEL und KLUTHE im Auftrag des damaligen Bundesministeriums für Bildung und Wissenschaft empirische Daten zur Einschätzung der Ganztagsschulen von Eltern und Lehrern. *Hierbei schnitten die Ganztagsschulen in fast allen untersuchten Merkmalen positiver ab als die Halbtagschulen.*[20]

In einer Evaluation schulischer Ganztagsangebote in Nordrhein-Westfalen hat HAENISCH die Ergebnisse der quantitativen und qualitativen Befragungen 2003 veröffentlicht. Hier finden sich viele Einsichten und Hinweise auf Bedingungen für ein Gelingen ganztägiger Angebote an Grund-, Haupt-, Realschulen und Gymnasien.

So wurden von HAENISCH zum Beispiel Zusammenhänge ganztägiger Bildungsangebote mit einer *Abnahme von Gewalt und Vandalismus* hergestellt. HAENISCH erklärt dieses positive Zusammenspiel mit einer positiven Bindung an die Schule, insbesondere durch eine vermehrte Zuneigung und Aufmerksamkeit der Lehrer/innen. Das *größere Gruppenzugehörigkeitsgefühl* erleben Schüler/innen im Ganztagsangebot dadurch, dass neue Freundschaften entstehen, was sich günstig auf die Befindlichkeit auswirkt und in der Folge die Kinder emotional stabilisieren kann.[21] Die Schüler/innen gaben an, durch die Ganztagsangebote neue Freundinnen und Freunde gewonnen zu haben und nun auch mit anderen zu sprechen. Diese Wirkung betrifft auch die Bearbeitung von Konflikten, die nun eher durch Miteinanderreden als durch tätliche Auseinandersetzungen gelöst würden.[22]

Die überwiegend positiven Bewertungen der Schulleitungen, Lehrer/innen, Eltern und Schüler/innen mag zum Teil daran liegen, dass die Auswahl der Schulen durch die Bezirksregierungen erfolgte, die gebeten worden waren, Schulen zu benennen, die aus ihrer Sicht erfolgreiche Ganztagsprojekte durchführen. Dennoch gibt es wertvolle Erkenntnisse und Interpretationen, die vermutete Effekte ganztägiger Bildungsangebote untermauern. [23]

Die *Hausaufgabenbetreuung* wird auch von den Kindern *durchgängig positiv beurteilt.* Vereinzelt wird beklagt, dass man zu wenig Zeit habe und zu Hause noch Aufgaben erledigen müsse, aber das System der Hausaufgabenbetreuung, insbesondere die Möglichkeit, bei Lehrern nachzufragen, begrüßen die Schüler/innen.[24]

HOLTAPPELS konstatiert, dass sich die *Elternwünsche* an eine Ganztagsschule überwiegend auf die *zeitliche Entlastung* und die *Entlastung von Hausaufgabenbetreuung* beziehen. Sozialpädagogische Themen wie das *Sozialklima der Schule* und die *Förderung freundschaftlicher Beziehungen* werden in der Ganztagsschule als vorteilhaft angesehen, im Vergleich zur Halbtagsschule. Auch wird von den Eltern das Spiel- und Freizeitangebot geschätzt. Dagegen werden die Hilfen bei der Erziehung nur von knapp 50 % als wichtig eingestuft. Die kompensatorische Funktion hinsichtlich erzieherischer Aufgaben wird also nicht in erster Linie von den Institutionen erwartet.[25]

Eine bislang einzigartige Untersuchung ganztägiger Schulorganisation wurde bereits 1981 von IPFLING vorgelegt und – mangels neuerer Forschungen – bis heute häufig, so auch von HOLTAPPELS, zitiert.[26]

Allerdings sind viele Einsichten für diejenigen, die sich in den letzten Jahren mit Fragen der Ganztagsbildung auseinander gesetzt haben, nicht gerade neu. So wurden umfangreiche *Schulversuche zu Ganztagsschulen vom DEUTSCHEN BILDUNGSRAT bereits 1968* empfohlen. Die Versuche wurden breit angelegt und wissenschaftlich ausgewertet; die Ganztagsschulversuche (34 Schulen) erstreckten sich auf städtische und ländliche Regionen und auf alle Schulformen in verschiedenen Bundesländern. Es wurde eine umfangreiche Auswertung vorgelegt, aus der hier *die wichtigsten Ergebnisse* vorgestellt werden:[27]

- Ganztagsschulen können in verschiedenen Betriebsgrößen geführt werden. Mehrbedarf für Schulräume und Außenanlagen, Sachkosten in Höhe von 20 bis 30 %. Der personelle Mehrbedarf beträgt 40 % für zusätzliches Lehrpersonal im unterrichtlichen und außerunterrichtlichen Bereich, wobei sozialpädagogisches Personal noch hinzuzurechnen ist.
- Für die Tagesorganisation ist angesichts des beträchtlichen Unterrichtskontingents der Zeitraum für zusätzliche ganztagsspezifische Aktivitäten oft zu knapp bemessen. Erholungspausen und Freizeitaktivitäten müssen in ausreichendem Maß Berücksichtigung finden. Fragen der zeitlichen Rhythmisierung und Platzierung unterschiedlicher Lern- und Freizeitaktivitäten sind noch nicht gelöst. Ein freier Nachmittag wird als zweckmäßig angesehen für Konferenzen, Konfirmandenunterricht etc.
- Die Abschaffung der Hausaufgaben hat sich im Allgemeinen nicht durchgesetzt, aber sie wurden reduziert und durch Übungsphasen aufgewogen.
- Schulleistung und Schulerfolg der Schüler/innen lassen sich nicht wesentlich unterscheiden von Halbtagsschulen.

- Außerunterrichtliche Aktivitäten haben positive Rückwirkungen auf den Unterricht, unter anderem auf eine verstärkte Leistungsbereitschaft im Pflichtbereich.
- Für Schüler/innen erweitert sich in Ganztagsschulen die Schule zu einem Lebensraum; neue soziale Erfahrungs- und Lernmöglichkeiten werden erschlossen; häusliche Aktivitäten können zum Teil in der Schule ausgeführt werden.
- Bei Disziplinproblemen und Schulangst unterscheiden sich Ganztagsschulen nicht von vergleichbaren Halbtagsschulen.
- Eltern, die auf schulische Betreuung angewiesen sind, zollen Ganztagsschulen eine hohe Akzeptanz. Skepsis und Ablehnung finden sich jedoch bei Eltern, die mehr Zeit für familiäre Erziehung wünschen.
- Die Zusammenarbeit mit Eltern wird von Ganztagsschulen intensiver und zeitlich umfangreicher intendiert, jedoch gerade durch die zeitlich begrenzten Möglichkeiten der Eltern eingeschränkt und damit erschwert.

Es zeigen sich in den Modellversuchsergebnissen für einzelne Schulen spezifische und über die zusammenfassende Gesamtauswertung hinausgehende *Positivbefunde* von Bedeutung:[28]

- Von der Lernorganisation der Ganztagsschule werden überwiegend positive Wirkungen bezüglich der unterrichtlichen und extracurricularen Effektivität, der Steigerung des Lernerfolgs und der formalen Abschlüsse berichtet.
- Individuelle Förderungsmöglichkeiten, intensive Übungsformen und überwiegend erfolgreiche Hausaufgabenintegration werden betont, die eine förderliche Wirkung für Lernerfolg und Bildungschancen hätten.
- Deutlich wird die Verbesserung des Sozialklimas und des Lehrer-Schüler-Verhältnisses, das Gemeinschaftsleben wird intensiver, es entwickeln sich Gemeinschaftsgeist, eine Erhöhung sozialer Kontakte und eine Verbesserung der Schulatmosphäre, des Sozialverhaltens und der Konfliktregelung.
- Vom Neigungsbereich gehen die Anregungen von Interessen aus, die Entwicklung von Freizeitbetätigung, eine höhere Lernmotivation, persönliche Kontakte und Beratung.
- Die Ganztagsschule erbringt insbesondere für Familien Entlastungen und Versorgungsleistungen, auch erzieherische Hilfen für problematische Familiensituationen.

Hinsichtlich der teilweise benannten *Negativbefunde und Problemfelder* zeigen sich vier grundlegende Aspekte ganztagsschulischer Organisation:

1. ungelöste Rhythmisierung der Tagesorganisation,
2. Gefahr der Verplanung und Verschulung der Lernenden,
3. ggf. höhere und andersartige Lehrerbelastung,
4. äußere Bedingungen und Einflussfaktoren, etwa baulich-räumliche Aspekte, die soziale Schülerzusammensetzung und die Konkurrenz außerschulischer Freizeitangebote.

Österreichische Evaluationen der Ganztags- und Tagesheimschulen bestätigen die deutschen Befunde.[29] Diese insgesamt positiven Befunde müssen jedoch mindestens in zwei Punkten relativiert werden:

Zum einen variiert die behauptete Qualitätsverbesserung natürlich von Schule zu Schule und hängt von der konkreten Situation vor Ort ab. Zum anderen lässt sich – jedenfalls aufgrund wissenschaftlicher Untersuchungen – zum derzeitigen Zeitpunkt nicht nachweisen, dass Ganztagsschulen erheblich bessere Schülerleistungen zur Folge haben. Trotz unserer grundsätzlichen Befürwortung des Systems der Ganztagsbildung erwähnen wir diese Einschränkung, weil es den neuen Ganztagsschulen schaden würde, wenn sie mit illusionären Erwartungen überhäuft würden. Allerdings muss man bedenken, dass wir erst am Beginn eines grundsätzlichen Neudenkens und Neugestaltens von Ganztagsbildung stehen. Insofern ermutigen die bisherigen Forschungsergebnisse in mehrfacher Hinsicht: Sie lassen aufscheinen, was möglich wäre, wenn wir Abschied nehmen würden von der überkommenen Unterrichts- und Belehrungsschule und mit Hilfe von Ganztagsbildung Schule in ein lebendiges kreatives Feld verwandelten.

V Beispiele ganztägiger Schulorganisation

Möglichkeiten der Organisation und inhaltlichen Ausgestaltung ganztägiger Bildung und Betreuung werden bereits seit Jahrzehnten in einigen deutschen Schulen erfolgreich praktiziert. Nachfolgende Beispiele sollen Anregungen geben – eingedenk der teilweise besonderen Rahmenbedingungen wie der Status Privatschule oder Versuchschule –, welche Elemente in gebundenen und offenen ganztags arbeitenden Schulen praktikabel sind. Auch ohne besondere finanzielle o.ä. Ausstattung sind viele dieser pädagogisch sinnvollen Stukturelemente umsetzbar.

1. Bodensee-Schule St. Martin

Schultyp: Katholische Freie Grund-, Haupt- und Werkrealschule; gebundene Ganztagsschule; Marchtaler-Plan-Schule

Anschrift: Bodensee-Schule St. Martin, Zeisigweg 1, 88045 Friedrichshafen, Tel. 07541/9216-0, mail@bodensee-schule.de, www.bodensee-schule.de

Schüler/innenanzahl: derzeit ca. 850 Schüler/innen

Zeitlicher Rahmen: Beginn 8.00 h (1.-2. Klasse 8.50 h)
Ende 15.40 h (12.20 h)
Mittwochnachmittag und Samstag ist unterrichtsfrei.
Es findet kein Unterricht im 45-Minuten-Takt statt.

Mitarbeiter/innen: Sozialpädagogen (Organisation und Leitung der Ganztagsbereiche)
Neben- und ehrenamtlich Tätige (hauptsächlich Betreuung in der Mittagsfreizeit)
Praktikanten/Studenten (Sozialpädagogen)
Hauswirtschafter
Zivildienstleistende

Personal: 62 Lehrer/innen
34 Pädagogische Mitarbeiterinnen und Mitarbeiter im Ganztagsbereich
40 Beschäftigte in Verwaltung, Reinigung, Küche

Mittagessen: Wird mit dem Klassenlehrer von 11.45 h bis 12.45 h gemeinsam eingenommen. Es ist eine eigene Küche vorhanden, die voll versorgt.

Besondere räumliche Bedingungen:
Großzügiges Außengelände, Wald, Biotop

Finanzierung: Durch das Land Baden-Württemberg und die Diözese Rottenburg-Stuttgart und Mitgliedsbeiträge für den Trägerverein. Außerdem wird ein geringes Schulgeld erhoben. Eltern bezahlen einen Anteil der Kosten für das Mittagessen und die Betreuung in der Mittagszeit.

Der Marchtaler Plan: Der Marchtaler Plan ist der Erziehungs- und Bildungsplan für die katholischen Freien Grund- und Hauptschulen in der Diözese Rottenburg-Stuttgart. Er dient der Verwirklichung der Zielsetzung katholischer Schule. Er stellt eine in sich geschlossene und durchgängige Konzeption von Erziehung und Bildung von Klasse 1 der Grundschule bis Klasse 10 der Hauptschule dar. Da die den Plan tragenden Prinzipien vorwiegend an der Kirchlichen Akademie der Lehrerfortbildung Obermarchtal entwickelt wurden, wurde ihm der Name „Marchtaler Plan“ gegeben. Die materielle Grundlage des Marchtaler Plans sind die Bildungspläne des Landes Baden-Württemberg für die Grund-, Haupt- und Realschule. Die Inhalte der genannten staatlichen Lehrpläne sind als Bildungsgut voll eingebracht und werden den Heranwachsenden im Sinnhorizont der christlichen Offenbarung und des Glaubens der Kirche und den daraus resultierenden Glaubens- und Wertvorstellungen über den Menschen, dessen Ziele und Aufgaben, dessen soziale und berufliche Verantwortung in Familie, Kirche und Gesellschaft erschlossen.

Angebotsstruktur: In der gebundenen Ganztagsform findet ein integriertes pädagogisches Konzept Anwendung. Ganztagsschulspezifische Strukturelemente sind z.B. Freizeitgruppen und Arbeitsgemeinschaften, Mittagsfreizeit, Freizeiterziehung, Handwerkserziehung und vernetzter Unterricht.

Mitarbeit der Schüler/innen: Schüler/innen arbeiten in vielfältiger Weise sowohl innerhalb als auch außerhalb der Schule mit (Kooperationen im Lebensumfeld).

Mitbestimmung der Eltern: Mitarbeit in den katholischen Schulwerken oder in den Schulvereinen. Veranstaltungen werden von und mit Eltern organisiert und durchgeführt. Eltern werden in wesentliche Entscheidungen und Diskussionen mit einbezogen.

Kooperationen: Freizeitgruppe Altenbetreuung
Kooperation Körperbehindertenzentrum
Philippinenhilfe: Schulgeldsammlung für Patenkinder auf den Philippinen.
Nachbarschaftshilfe
Einkaufsdienste
Veranstaltungen werden in der Öffentlichkeit angeboten.
Feierlichkeiten der Kommunen und Kirchengemeinden werden mitgestaltet.
Gegenseitige Reflexion und Weiterentwicklung der Ganztagsbereiche der katholischen freien Schulen.

Besondere pädagogische Settings: Morgenkreis/Abschlusskreis
Mittagsfreizeit (Mittagessen, offene Freizeit an Stützpunkten mit freizeitpädagogischem Angebot)
Familienklassen – Altersdurchmischung in drei Jahrgängen

Erweiterung des Unterrichts und neue Lernkultur:
Weitestgehender Verzicht auf die herkömmliche Gliederung der Unterrichtsstoffe nach Fächern.

Strukturelemente:

1. *Vernetzter Unterricht*:
Er überschreitet die herkömmliche Gliederung der Stoffe nach Fächern. Er stellt die Sachen, eben die zu behandelnden Inhalte, so dar, dass die ihnen innewohnenden Aspekte fächerübergreifend zum Tragen kommen und zu einer ganzheitlichen Größe vernetzt werden. Die dem Unterricht jeweils zugrunde liegende Sache, fachlich umschrieben und mit anderen wesentlichen Komponenten vernetzt, bildet die didaktische Basis der Unterrichtseinheiten.
Im Unterricht begegnen sich Kind und Sache und treten zueinander in Beziehung. Wissen und Können, Leistung und Leistungswillen, Sinnfindung und Vermittlung des Glaubens sollen die Anlagen und Fähigkeiten des jungen Menschen entfalten und fördern; sie dienen der Entwicklung seiner Persönlichkeit. Vernetzter Unterricht wendet sich immer an den ganzen Menschen.
Folgende Unterrichtsfächer sind im Marchtaler Plan vernetzt:
Grundschule: Religionslehre, Heimat- und Sachunterricht
Hauptschule: Religionslehre, Geschichte, Gemeinschaftskunde/Wirtschaftslehre, Erdkunde, Physik, Chemie, Biologie.
Die Inhalte des Faches Deutsch werden vom Lehrer grundsätzlich mit den Unterrichtseinheiten vernetzt.
Die Fächer Mathematik, Sport, Technik und Englisch sind nicht vernetzt und werden entsprechend ihrer Bedeutung unterrichtet. Falls diese Fächer jedoch einen „Vernetzungsbeitrag" leisten können, sollen sie verknüpft werden.
2. *Freie Stillarbeit*:
Der Lehrer führt das Kind mittels einer vorbereiteten Umgebung an das Bildungsgut heran. Dabei wird dem Heranwachsenden die Wahl des Arbeitsthemas, die Arbeits- und Zeiteinteilung in Freiheit zugetraut.
Die Schüler/innen sollen ihren Lernprozess zunehmend mitgestalten und verantworten, wobei sie unter Begleitung eines Lehrers z.B. ausgewählte Inhalte des Lehrplans oder sonstige komplexere Themen selbstständig erarbeiten.
Freiarbeit zielt auch nicht primär auf Wissenserwerb, sondern ist getragen von der Achtung vor der sich in ihr entfaltenden kindlichen Persönlichkeit.
3. *Freizeiterziehung*:
Es bestehen diverse Freizeitgruppen und Arbeitsgemeinschaften.
Sport, Spiel, Theater, Zirkus, Musik, Bildhaftes Gestalten, Textiles Werken, Musisches Werken, Technik, Neue Medien, Natur, Umwelt und Soziales.

Hausaufgaben:

Sind nur in den ersten beiden Klassen vorgesehen. Die Jahrgänge 3-10 sollen während der Hausaufgabenbetreuung am Nachmittag alle Arbeiten erledigen.

Die Jahresarbeit:

Die Jahresarbeit wird im Laufe des 9. Schuljahres angefertigt.
Das Thema der Arbeit wählen die Schüler nach Beratung mit einem Lehrer.
Die Themen bedürfen der Zustimmung durch die Schulleitung.

In der Jahresarbeit soll der Hauptschüler auf einem Spezialgebiet seinen eigenen Interessen, Neigungen, Begabungen und Fertigkeiten nachgehen. Die individuellen Interessen bekommen hier Raum. Die Stärken, nicht die Schwächen der Schüler sollen hier offenbart werden.

Die Jahresarbeit entspricht dem Fächerkanon der Hauptschule. Zum Beispiel sind Verknüpfungen von Technik, Gestalten, Hauswirtschaft, Geschichte, Wirtschaftslehre und Biologie möglich.

Arbeitsgemeinschaften (AGs):

Vier Themenbereiche:

- musische
- sportliche
- handwerkliche
- kreative

AGs werden verbindlich für einen bestimmten Zeitraum gewählt.

Obligatorische Teile des Ganztagsprogramms:

Die Ganztagsstruktur ist ab der 3. Klasse verpflichtend (Mittagessen, Mittagsfreizeit, Freizeitgruppen und Arbeitsgemeinschaften).
Jg. 3-4 zwei Blöcke Freizeitgruppen mit je 2,5 Unterrichtsstunden.
Jg. 5-7 je ein Block Freizeitgruppen und ein Block Handwerkserziehung.
Jg. 8 hat einen Block Freizeitgruppen mit Themenschwerpunkt im Bereich „Soziale Kompetenz“.
Innerhalb seiner Schullaufbahn soll jeder Schüler bis zu zehn verschiedene Angebote wahrnehmen.
Jg. 5-7 Handwerkserziehung
Arbeit mit Papier, Ton, Metall, Holz, Textilem, Natur, Drucken, Bauen, Buchbinden.

Freiwillige Teile des Ganztagsprogramms:

Für die Jahrgänge 1 und 2 bietet der Ganztagsbereich verschiedene Betreuungsangebote an.

Außerschulische/-unterrichtliche Veranstaltungen:

3. Schuljahr: Bewirtschaften eines eigenen Weizenfeldes
4. Schuljahr: mehrtägige Abschlussfahrt
5. Schuljahr: einwöchige Bodensee-Fahrrad-Rundfahrt
6. Schuljahr: einwöchiger Hüttenaufenthalt in den Bergen
7. Schuljahr: zweiwöchiger Schullandheim-Aufenthalt
8. Schuljahr: dreiwöchiges Betriebspraktikum und zweiwöchiger Landschulheim-Aufenthalt
9. Schuljahr: einwöchige Abschlussfahrt nach London, Aufenthalt in englischen Familien
10. Schuljahr: zweiwöchiges Sozialpraktikum und eine einwöchige Abschlussfahrt nach Rom

Wo immer es möglich ist, soll eine Originalbegegnung mit Lerngegenständen stattfinden.

Beispielwochenplan einer Hauptschulklasse der Bodensee-Schule St. Martin

Montag	**Dienstag**	**Mittwoch**	**Donnerstag**	**Freitag**
8.00 h Morgenkreis Freie Stillarbeit Fachunterricht Vernetzter integrierter Unterricht	Freie Stillarbeit Fachunterricht Vernetzter Integrierter Unterricht	Freie Stillarbeit Fachunterricht Vernetzter Integrierter Unterricht	Freie Stillarbeit Fachunterricht Vernetzter Integrierter Unterricht	Freie Stillarbeit Fachunterricht Vernetzter Integrierter Unterricht
Mittagsfreizeit	*Mittagsfreizeit*	unterrichtsfrei	*Mittagsfreizeit*	*Mittagsfreizeit*
Handwerkserziehung - 15.40 h	Vernetzter Integrierter Unterricht		Arbeitsgemeinschaften/Freizeitgruppen	Vernetzter Integrierter Unterricht Abschlusskreis

2. Georg-Christoph-Lichtenberg-Gesamtschule Göttingen Geismar

Schultyp: Integrierte Gesamtschule Sekundarstufe I und II; gebundene Ganztagsschule

Anschrift: Georg-Christoph-Lichtenberg-Gesamtschule, Schulweg 22, 37083 Göttingen, Tel. 0551/4005134, igs@goettingen.de, www.igs.goe.ni.schule.de

Schüler/innenanzahl: derzeit ca. 1400 Schüler/innen

Zeit: Unterrichtsbeginn: 07.50 h
Ende: 15.35 h, mittwochs: 13.15 h
(Die Fünftklässler werden langsam an die Ganztagsschule gewöhnt, sie haben bis zu den Herbstferien keine Schule am Nachmittag, danach kommen die Nachmittage gestaffelt hinzu).

Anzahl der Lehrer/innen: ca. 140 Lehrkräfte

Besondere räumliche Bedingungen: Entsprechend dem Reformansatz des Team-Kleingruppen-Modells wurde das Raumkonzept erarbeitet. Es gibt neben der Mensa, dem Freizeitbereich und Fachräumen in den darüber liegenden Etagen so genannte „Cluster“, das sind große Arbeitsflächen mit fest integrierten Sitzelementen, Tischen, Pflanzen und Regalen. Jedem Jahrgang ist ein Cluster zugeordnet, das über ein eigenes Treppenhaus erreichbar ist. Von den Clustern gehen die Klassenräume ab, pro Etage sechs „Stammgruppenräume“. In den Stammgruppen gibt es Tischgruppen (4-6 Schüler/innen), deren Zusammensetzung von Schülern und Lehrern gemeinsam entwickelt werden.

Kooperationen: Pro Familia, Suchtberatungsstelle der Diakonie, Kore (Frauenbildungswerk und Mädchentreff), Aids-Hilfe etc.
Vertraglich gesicherte Kooperationen mit Betrieben/Einrichtungen, die sich vorwiegend auf Praktika beziehen: Fachpraktikum für Leis-

tungskurs Physik bei der Fachhochschule für Physik-, Mess- und Feinwerktechnik in Göttingen, Holzminden und Hildesheim; Fa. Zeiss; Deutsches Theater Göttingen; Universität Göttingen, Fakultät Chemie; Stadtbibliothek; Deutscher Tonkünstlerverein Göttingen.

Nicht vertraglich gesicherte Kooperationen: Jugendzentrum Geismar, Sportvereine. Diese Partner bieten „Clubs“ an, ebenso wie Eltern und ältere Schüler/innen.

Mittagessen: Verpflichtend für alle Schüler/innen

Zeit zur freien Verfügung mit folgenden Angeboten:

Disco
Billardraum
Spielzentrale (Ausleihe von Büchern, Einrädern, Spielen, Bällen etc.)
Teeküche
Kickertische
Sportplatz
Trimm-dich-Pfad
Betreuung durch Sozialpädagogen (Schulsozialarbeit)

Unterricht: Fachstunden: 45 Min.
Pausen: 1 x 15 und 1 x 20 Min.
Mittagessen: 20 Min.
Mittagsfreizeit: 60 Min.

Differenzierung: Es können bei hohem Förderbedarf mehr A&Ü-Stunden angesetzt werden.

Besondere pädagogische Settings: Team-Kleingruppen-Modell (TKM)

Integrationsklassen: Es gibt vier Integrationsklassen mit 21 Schülerinnen und Schülern, davon drei bis vier Kinder mit sonderpädagogischem Förderbedarf. Das können Kinder mit geistigen, körperlichen Behinderungen, Lernbehinderungen oder emotionalen Störungen sein. Maximal zwei Drittel des Unterrichts wird doppelt gesteckt unterrichtet, d.h. mit einer Lehrer/in und einer Sozial- oder Sonderschulpädagogin. Die Integrationsklassen haben einen zusätzlichen Gruppenraum, der in der Regel mit kleiner Küche, Sofa oder Bett, Boxsack und Arbeitstisch ausgestattet ist. Hier kann in Phasen der Differenzierung gearbeitet werden. Ein Ruheort steht in den Pausen für alle Kinder zur Verfügung.

Sozialpädagogische Angebote:
Mädchen- und Jungenarbeit
Suchtprävention
Sexualpädagogik
Erlebnispädagogik
Streitschlichter/innen-Programm – Mediation in der Schule
Clubs

Außerhalb der Unterrichtszeit: „Zirkus – Halt die Luft an" mit ca. 50 Jugendlichen seit 1992 eine feste Institution an der IGS mit bisher 44 Auftritten, auch im Ausland.

Lehrer/innen: Pro Klasse gibt es eine Lehrerin und einen Lehrer (Tutoren).
Für jeden Jahrgang der Sek. I ist ein Lehrerteam zuständig. Es sind mindestens 12 Lehrer/innen in einem Team, das für sechs Stammgruppen verantwortlich ist. Dieses Team soll möglichst den gesamten Unterricht abdecken.
Stundepläne werden vom Jahrgangsteam für die einzelnen Stammgruppen entworfen.
Stundendeputat ist 24,5 h pro Woche. Hinzu kommen Teamsitzungen, Tischgruppenabende, Schreiben des Lernerfahrungsberichts, Vertretungen bei Krankheitsfällen etc. Insgesamt ist die Arbeitszeit höher als in einer Regelschule mit Halbtagsbetrieb.
Dennoch haben sich alle Lehrer/innen freiwillig für die Schule entschieden. Als Gründe werden genannt: Überzeugt vom Konzept der Schule, gute Atmosphäre im Kollegium und in der Schule allgemein.

Lehrerzimmer/Teamraum: Der Teamraum ist vom Cluster zu erreichen, es gibt dort sechs Tischgruppen für die Lehrer/innen der einzelnen Stammgruppen. Im Teamraum hat jeder Lehrer und jede Lehrerin einen eigenen Schreibtisch.

Elternarbeit: Tischgruppenabende: Eltern, Tutoren und Kinder treffen sich zwei bis dreimal pro Halbjahr.

Hausaufgaben: gibt es an der IGS erst ab Sekundarstufe II.

Beispielwochenplan für eine 6. Klasse

Montag	**Dienstag**	**Mittwoch**	**Donnerstag**	**Freitag**
G/R G/R	G/R G/R			
Pause	*Pause*	*Pause*	*Pause*	*Pause*
Englisch Deutsch	Sport Sport	Deutsch NW	Mathematik Mathematik	AWT AWT
Pause	*Pause*	*Pause*	*Pause*	*Pause*
Mathematik	Musik	G/R	NW	Englisch
Mittagsessen	*Mittagessen*	*Mittagessen*	*Mittagessen*	*Mittagessen*
Sport MFZ Kunst Kunst	Musik MFZ Club Club	A&Ü	NW MFZ Deutsch Deutsch	Mathematik MFZ Tut Tut

Legende:

G /R = Gesellschaftslehre und Religion

A/W/T = Arbeit, Wirtschaft, Technik; NW= Naturwissenschaft (Biologie, Physik, Chemie, werden fächerübergreifend unterrichtet)

A&Ü = Arbeits- und Übungsstunden (Wochenplanarbeit und Pflichtaufgaben. Stunden sind meist doppelt besetzt.)

Tut = Planung von Klassen oder Tischgruppenaktivitäten und Ausflügen/Exkursionen)

MFZ = Mittagsfreizeit von 13-14 Uhr

3. Offene Schule Kassel Waldau

Schultyp: Integrierte Gesamtschule, rhythmisierte Schule mit ganztägigem Angebot, Versuchsschule des Landes Hessen

Anschrift: Offene Schule Waldau, Stegerwaldstraße 45, 34123 Kassel,
Tel. 0561/95081-0, offene.schule@t-online.de, www.osw-online.de

Schüler/innenzahl: Ca. 850 Schüler/innen, nicht mehr als 25 Kinder pro Klasse.
Anzahl Lehrer/innen:
Es gibt ca. 80 Lehrer/innen auf 60 Stellen.

Zeit: Offener Beginn 7.30 h, Unterrichtsbeginn 8.45 h
Offenes Ende ab 14.40 h
Halbstündige Pause am Vormittag, einstündige Mittagspause.
Keine Schulglocke, kein 45-min-getakteter Unterricht.
Strukturierung des Ganztagsprogramms:
Obligatorischer Unterricht bis 14.40 h
inklusive Mittagessen, Hausaufgabenbetreuung
Freiwillige Zusatzangebote von 15.00 h bis 16.30 h

Mitarbeiterinnen: zwei Sozialpädagogen (je eine halbe Stelle), eine Psychologin (volle Stelle)

Mittagessen: Bio Catering Marbachshöhe, gemeinsames Mittagessen mit Lehrern und Mitarbeitern in der Mensa.

Kooperationen: Enge Zusammenarbeit mit Stadtteil, Jugendamt, Polizei, Kirche, Jugendzentrum, Ortsbeirat, Vereinen und weiteren öffentlichen und freien Trägern.

Besondere räumliche Bedingungen:
Einige Bereiche sind nur für ältere oder jüngere Schüler getrennt.
Die Klassentüren sind häufig offen, Sozial-, Gruppenflächen, Cafeteria und Bistro werden zum gemeinsamen Lernen genutzt.
Keine Lautsprecheranlage – keine Durchsagen.

Jede Jahrgangsgruppe von sechs Klassen „bewohnt“ für zwei Jahre ihren eigenen Bereich (Jahrgangsbereich), den sie verantwortlich gestaltet und pflegt. Es sind diverse Ruhezonen vorhanden.

Die Klassenräume werden bis auf die Grundmöblierung selbst eingerichtet und renoviert.

Es gibt einen Schulgarten, Mensakeller mit Verkleidungsfundus und eine Steinarena.

Mitarbeit der Schüler/innen: im Bistrobetrieb Jg. 9 und 10, dort kochen die Schüler selbst.

Jeder Schüler hat mindestens eines von über 20 Ämtern inne (Blumendienst, Waschbeckendienst, Mediendienst, Schrankdienst, Ordnerdienst, Energie-Sprecherin, ...)

Mitbestimmung Schüler/innen: Die Klassen geben sich ihre eigenen Regeln. Es findet ein wöchentlicher Klassenrat statt.

Mitbestimmungsrechte der Schüler sind zentrales Element des Schullebens.

Eltern: Weit reichende Information und Mitbestimmung der Eltern. Es gibt Elternvertreter für jeden Jahrgang (Team-Prinzip).

Der Förderverein verwirklicht Einzelprojekte, Ehemaligentreffen, kulturelle Veranstaltungen, verwaltet Finanzen, die das Kultusministerium zur Schulentwicklung bereitstellt.

Besondere pädagogische Settings: Teamunterricht: 11-13 Lehrkräfte bilden ein Team, begleiten die Schüler von Klasse 5-10, unterrichten fast ausschließlich in ihrer Jahrgangsstufe und haben in deren Räumen ihre Lehrerzimmer. Es sind ca. 150 Schüler in einem Jahrgang. Jeder Lehrer ist Klassenlehrer und gehört einem Team an.

Das Klassenlehrerpaar, meist Frau und Mann, besucht in der fünften Klasse alle Eltern und Kinder zu Hause. In den folgenden Schuljahren werden die Eltern in jedem Halbjahr einmal zum Gespräch in die Schule geladen.

Es werden Gutachten zum freien Lernen, Arbeits- und Sozialverhalten angefertigt.

Kein Schüler bleibt sitzen – Schwächen werden durch gezielte Förderung behoben (Förderpläne).
Jeden Morgen findet ein Morgenkreis statt.

Integrationsklassen: Es gibt je eine Integrationsklasse in drei Jahrgängen mit jeweils zwei lernbehinderten Schülern und einem Kind, das als praktisch bildbar gilt. Es werden Sonderpädagoginnen und ein Zivildienstleistender zur Betreuung und Unterstützung eingesetzt.

Sozialpädagogische Angebote:
Ferienbündnis – Angebote in den Ferien
Lebens- und Berufsplanung/-beratung
Mitbetreuung der Spielothek in den Mittagspausen
Interaktionsspiele, Klassentreff, sozialpädagogische Fördergruppe (Mädchen), Mädchenzeitung, Jungenarbeit (Projekte), Klassenfahrten

Lehrer/innen: Die Wochenarbeitspläne der Schüler werden am Freitag eingesammelt und bis Montag kommentiert – das heißt regelmäßige, geplante Arbeit am Wochenende für die Lehrer/innen.
Es wird im Jahrgangsteam vereinbart, wer welche Unterrichtseinheit vorbereitet – alle können dann auf die Materialien und eine konzipierte Klassenarbeit zurückgreifen.
Elterngespräche in jedem Halbjahr, Besuche der Eltern zu Hause.
Halbstündige Pause am Vormittag, einstündige Mittagspause.
Keine Fluktuation, kaum Frühpensionierungen, vergleichbar niedriger Krankenstand.

Lehrerzimmer/Teamraum: Es gibt kein gemeinsames Lehrerzimmer, sondern je ein Team-Lehrerzimmer mit Arbeitsplätzen/Handbibliothek/Material (selbst eingerichtet) in den einzelnen Jahrgangsbereichen.

Unterricht: Teilweise fächerübergreifend organisiert, Teamunterricht, Wochenstundenpläne (zeitweise aufgehoben durch Projekte).
Unterrichtsfach Freies Lernen: (selbstständiges Arbeiten an langfristigen Aufgaben, wesentlicher Inhalt: Lernen lernen, Schlüsselqualifikationen erlangen, interessengeleitet)

Freie Vorhaben, Klassenvorhaben, Vorhaben im Rahmen des Wochenplans die das Einüben von Lern-, Arbeitsmethoden, Selbstständigkeit, Selbstreflexion, Präsentationskompetenzen, Beteiligung an Schule und Stadtteil/Gemeinde sowie Selbststrukturierung, Zeitplanung usw. zum Ziel haben.

Differenzierung: Wochenplan, Förderunterricht für Schwächen und Stärken

Hausaufgaben: werden in der offenen Anfangszeit und in der Nachmittagsbetreuung angefertigt, nicht zu Hause.

Fördermaßnahmen: Förderunterricht für Schwächen und Stärken
Beratungsangebote durch Schüler, Lehrer, Eltern, Mitarbeiter/innen

Arbeitsgemeinschaften: Lange Lesenacht, Schreibwerkstatt, Selbstverteidigung, Theater, Sport(-turniere), Video/Film

Beispiel eines Schultages an der Offenen Schule Kassel Waldau

07.30 - 08.40 h	Offener Anfang Öffnung der Schul- und Stadtbücherei (in unmittelbarer Nähe) Öffnung der Cafeteria ab 08.00 h Angebote vor Schulbeginn: Hausaufgaben, Singen, Lesen. Lern- und Freizeitaktivitäten, Gespräche
08.45 - 10.15 h	Morgenkreis 1. Unterrichtsblock
10.45 - 12.15 h	2. Unterrichtsblock
12.15 - 13.15 h	Mittagspause Öffnung der Cafeteria (Snacks) Öffnung der Mensa (Bio-Essen) Öffnung des Bistros Jg. 9/10 (Schüler kochen für Schüler) Öffnung der Schul- und Stadtbücherei Öffnung der Sporthalle und des Sozialraums
13.15 - 14.40 h	3. Unterrichtsblock freitags: Klassenrat, Mediation
15.00 - 16.30 h	Freiwillige Zusatzangebote: z.B. Klassentreffen, Theater, Basketball, Fußball, Segeln, Töpfern, Tanzen, Videofilme drehen, Imkern, Streuobstwiese, Garten, Aquarellkurs, Schach, ...

4. Hegelsbergschule Kassel

Schultyp: Schulformbezogene Gesamtschule mit integrierter Förderstufe, offene Ganztagsschule

Anschrift: Schule Hegelsberg, Quellhofstr. 140, 34127 Kassel, Tel. 0561/85077, info@hegelsbergschule.de, www.hegelsbergschule.de

Zeit: Um 7.00 h Schulöffnung
ab 7.30 h Hausaufgabenbetreuung – ein Lehrer
(Zeit zur Hälfte angerechnet)
ab 8.00 h Unterricht, klassisch getaktet mit zwei großen Pausen
12.30 - 13.30 h Mittagessen
12.30 - 16.10 h offene Freizeit: Cafeteria geöffnet, Disco, Mehrzweckraum, Schulbibliothek, offene Angebote (z.B. Schminkstudio, Raketenbau), Sporthalle geöffnet, Computerangebote.
Die offene Freizeit wird durch Lehrer betreut (Zeit voll angerechnet).
Um 17.00 h schließt die Schule.

Schüleranzahl: Ca. 850 Kinder, davon etwa die Hälfte Hauptschüler, Klassengröße: 18-26 Schüler in 38 Klassen.

Anzahl Lehrer/innen: Ca. 60 Stellen, 75 Lehrer/innen

Organisationsstruktur: Die Ganztagsschule im offenen Modell bringt es mit sich, dass der Pflichtunterricht üblicher Art weitestgehend am Vormittag stattfindet. Nachmittags finden Wahlangebote (einschließlich gebundener Freizeit), Fördermaßnahmen, Hausaufgabenbetreuung, offene Freizeit und alle Sportunternehmungen statt.

Zur Grundstruktur im Vergleich zu „Halbtagsschulen mit Ganztagsangeboten“ gehört, dass die Schule täglich im Zehn-Stunden-Raster arbeitet, dass also an fünf Tagen in der Woche (auch Freitagnachmittag) alle Unternehmungen turnusmäßig stattfinden.

Somit ist festgelegt, dass an fünf Tagen das Angebot eines warmen Mittagessens besteht (drei Menüs zur Auswahl), Hausaufgabenbetreuung unter Lehreraufsicht als Angebot, Arbeitsgemeinschaften und

Projektgruppen, Fördermaßnahmen und Zusatzangebote, offene und gebundene Freizeit.

Es wird versucht, trotz einer offenen Ganztagsform ein integriertes pädagogisches Angebot zu ermöglichen.

Mit der offenen Konzeption werden Elternwünsche bedient. Die obligatorischen Stundenanteile liegen zwei bis vier Stunden höher als in der Halbtagsschule.

Angebotsstruktur:

Förderstufe:	Klassen 5 und 6
Hauptschulzweig:	Klassen 7-9, freiwilliges 10. Hauptschuljahr
Realschulzweig:	Klassen 7-10
Gymnasialzweig:	Klassen 7-10

Klassen 5-6: integrierte Klasse, Mathematik und Englisch differenziert in drei Niveaugruppen

Klassen 7-10: schulformbezogene Klassenverbände mit der Möglichkeit, in Mathematik, Deutsch oder Englisch am Unterricht des leistungsstärkeren Schulzweiges teilzunehmen, kein Kurssystem

Mitarbeit der Schüler/innen: Die Eingangsklassen 5 erhalten je eine Partnerklasse aus den Jahrgangsstufen 9 oder 10, die den Neuankömmlingen das Einleben in der Schule erleichtern helfen sollen. Partnerklassen haben benachbarte Klassenräume.

Aufgaben: Einführung der Schüler in das Schulgelände/-gebäude und in Schulstrukturen.

Gemeinsame Planung von Fahrten, Wandertagen, Festen, Spiel-, Bastel- und Backnachmittagen.

Daraus ergeben sich Partner-/Freundschaften, von denen die Schüler auch nach der Einführungsphase profitieren.

Alle Schüler/innen haben wöchentlich Aufgabenbereiche in unterschiedlichen Umwelt- oder Aufsichtszonen der Schule:

Außengelände der Schule

Umweltbereiche im Schulgebäude

Gemeinschaftsflächen

Jg. 9-10 unterstützt die Lehreraufsicht

AG Schülerbüro: Hilfsdienste, Botendienste, Kuvertieren, Buchausleihe Lehrmaterial und Lexika (eine Std. Organisation durch einen Lehrer wird pro Woche angerechnet).

Cafeteria: drei bis vier Schüler plus ein Lehrer/täglich von 12.30 bis 14.40 h geöffnet.

Mitbestimmung Schüler/innen: Einige Arbeitsgemeinschaften und Projektgruppen sind in Bereiche des Schullebens und der Schulorganisation eingebunden, um anliegende Aufgaben (Planung und Gestaltung von Veranstaltungen, Bewahrung und Gestaltung des Schulbereiches, Bereitstellung von Dienstleistungen für Schüler u.a.) mitzutragen.

Lehrer/innen: arbeiten im Freizeit- und Unterrichtsbereich und müssen mindestens an zwei Nachmittagen etwas anbieten (Zeit wird voll angerechnet). Eine genauere Festlegung war bis jetzt noch nicht nötig.

Unabhängig von den Lehrämtern werden alle Lehrkräfte in allen Schulzweigen eingesetzt. Die Klassenlehrer in den Förderstufen und Hauptschulklassen müssen mindestens zehn Stunden in der eigenen Klasse eingesetzt werden, in den Realschul- und Gymnasialklassen acht Stunden. Besonderer Wert wird auf die Geschlechterverteilung bei den Lehrkräften gelegt.

Die pädagogische Arbeitsgruppe (Vorbereitungsgruppe/Steuerungsgruppe) berät sich regelmäßig über den pädagogischen Konsens, die Verbesserung der pädagogischen Maßnahmen, Effizienzerhöhung des Unterrichts und Unternehmungen. Die Gruppe ist auch Ort des pädagogischen Gedankenaustauschs und der Reflexion von Erfahrungen und Meinungen. Die Mitglieder sind Lehrkräfte und die pädagogische Leiterin.

Mitarbeiter/innen: Mittel für Honorarkräfte werden vom Kultusministerium bereitgestellt (Geld im Umfang einer Lehrerstelle; Beschluss des Kollegiums).

Honorarkräfte sind Studenten (Nachmittagsangebote), Eltern (Cafeteria), Handwerker, Tanzlehrer, Judolehrer, Krankenschwester (Nachmittagsangebote) ..., eine Stelle Sozialarbeit

Mittagessen: Das Essen kommt von einer Cateringfirma aus Baunatal. Bis 9.00 h müssen die Schüler das Essen über einen Automaten in der Wandelhalle gemeldet und bezahlt haben.

Festpreis 2,15 Euro, drei Essen zur Wahl (mit Fleisch, vegetarisch, ohne Schweinefleisch), 100-160 Essen pro Tag werden ausgegeben, mehr Schüler nutzen das Angebot nicht. Ein Lehrer ist als Aufsichtsperson zugegen, außerdem isst der Klassenlehrer mindestens einmal in der Woche mit seiner Klasse gemeinsam in der vorhandenen Mensa.

Pädagogische Settings:

Partnerklassensystem
Liederstundengemeinschaft (zwei Klassen mit mehreren Lehrkräften zusammengefasst)
Umwelt- und Gemeinschaftsdienst
Selbsthilfe- und Gemeinschaftsgruppen

Räumliche Bedingungen: Die Jahrgänge werden im Gebäude gemischt verteilt. Verschiedene Jahrgänge und Schulstufen werden in einem Flur-Etagen-Bereich (Cluster) zusammengefasst.

Der Angebots-/Freizeitbereich ist, zur Unzufriedenheit der Lehrkräfte und der Schulleitung, angebaut und liegt nicht im Kern der Schule.

Erweiterung der Unterrichtsinhalte: In den Jahrgängen H8 und G9/R9 absolviert jede Schülerin/jeder Schüler in ihrer/seiner Schullaufbahn eine intensive Zeit in Biologie-Praktische Ökologie (Schulgartenunterricht).

Berufswahlunterricht-Arbeitslehre (als gesondertes Fach neben der üblichen Arbeitslehre) wird in den Jahrgängen H8, G/R/H9 und G/R10 von den Schüler/innen einstündig belegt.

Im 7. Jahrgang erhalten alle Schülern planmäßig Computerunterricht.

Hausaufgabenbetreuung: nachmittags, jahrgangsorientiert in Hausaufgabenräumen.

Neue Unterrichtsfächer: Gemeinschaftsunterricht (Sozialerziehung) und Spielerziehung (Sozialisationsunterricht) wird in den Förderstufenklassen 5 und 6 angeboten.

Der Förderstufenjahrgang 6 erhält zusätzlich eine Freizeit-Bibliothekstunde (Leseerziehung).

Methodentraining im Jahrgang 5, 6 und 7 je eine Stunde in der Woche mit einem Lehrer. Es werden neue Unterrichts- und Lernmethoden ausprobiert, die die Lehrer zuvor in Methodenschulungen (z.B. Klippert) erlernt haben.

Fördermaßnahmen: Förderunterricht in den Klassen der Jahrgänge 5, 6 und 7 (zusätzlicher Unterricht in Kernfächern wie Mathematik, Englisch und Deutsch) ist für solche Schüler/innen obligatorisch, deren Leistungen so weit abfallen, dass Hilfe/Unterstützung notwendig wird. Dieser Förderunterricht wird vom jeweiligen Fachlehrer erteilt, der auch die Teilnehmer und die Zeit der Förderung festlegt. Finanziert aus Ganztagszuschlägen vom Land.

Arbeitsgemeinschaften: Aus dem AG-Bereich „Soziales Engagement" muss jede Schülerin/jeder Schüler im Laufe der Schulzeit wenigstens einmal eine Arbeitsgemeinschaft mit Erfolg belegt haben. Dies soll gegenseitiges Verständnis, Rücksichtsnahme und Unterstützung der Schüler/innen untereinander fördern helfen.

Themen hierfür sind:

Schüler helfen Schülern bei Hausaufgaben
Streitschlichter/innen-Ausbildung für Schüler/innen
Verwaltung der Schulbücherei
Kiosk (Cafeteria) – Verkauf und Abrechnung
Schulgestaltung
Schülertheater
Reisebüro (Informationen für Klassenfahrten sammeln und auswerten)
Schülerbüro
Schulwerkstatt
Sozialarbeit Schülerbetreuung
Grünland Umweltpflege

Teestube im Freizeitbereich
Disko Management Team

Obligatorische Teile des Ganztagsschulprogramms:

Verstärkung des Pflichtunterrichtes im Klassenverband:

Jg. 8-10 eine Stunde Chemie und eine Stunde Englisch zusätzlich
Jg. 7 obligatorischer Computerunterricht
Hauptschuljahrgang 7-9 ein bis zwei Stunden Arbeitslehre

Erweiterung der Unterrichtsinhalte:

Jg. 8 und 9 eine Stunde Biologie-Praktische Ökologie (Schulgartenunterricht), eine Stunde Berufswahlunterricht

Neue Unterrichtsfächer:

Jg. 5-6 Gemeinschaftsunterricht (Sozialerziehung) einstündig, Spielerziehung (Sozialisationsunterricht) einstündig, Methodentraining einstündig, Freizeit-Bibliotheksstunde (Leseerziehung) Jg. 5, 6, 7 wenn notwendig Förderunterricht in Englisch, Mathe, Deutsch vom eigenen Fachlehrer.

Freiwillige Teile des Ganztagsprogramms:

Hobbygruppen, Projektvorhaben
Zusätzliche Arbeitsgemeinschaften
Betreuung bei den Hausaufgaben
Nutzung der Freizeitbereiche der Schule

Aus den angeführten Beispielen lassen sich Anregungen gewinnen für neue Unterrichtsfächer, Freizeitangebote, Strukturierung des Tages, nicht formelle und informelle Bildungssettings. Darüber hinaus sind vielfältige Möglichkeiten denkbar, die sich aus den im nachfolgenden Kapitel dargestellten Rahmenbedingungen ableiten lassen.

VI Rahmenbedingungen

1. Freizeitbedarf innerhalb ganztägiger Bildungskonzepte

Neben den oben bereits erwähnten verschiedenen Formen von Bildung müssen in der Konzeption ganztägiger Angebote die *Freizeitbedürfnisse* von Kindern und Jugendlichen adäquat berücksichtigt werden. Dies ist ebenso unstrittig wie die *ausgewogene Ernährung,* die im Ganztagsangebot zur Verfügung stehen muss. Was bedeutet dies in Bezug auf Freizeit?

Zentrale Hinweise für die Ausrichtung der ganztägigen Angebote gibt bereits OPASCHOWSKI in den frühen 70er Jahren, der Faktoren benennt, die in Schulorganisation, Unterrichtsstil und Lehrerverhalten einen maßgeblichen Einfluss auf die Entwicklung der Selbsttätigkeit nehmen. Er geht davon aus, dass in der Schule bestimmte Defizite bei den Schülerinnen und Schülern entstehen. Er beschreibt die Bedürfnisdefizite der Schüler/innen und deren Wirkungen:[1]

Defizitursachen	**Wirkung**
Stress, mangelnder Bewegungsspielraum, unzureichende Erholungspausen etc.	1. Reaktionsdefizit
Zu geringe Erfahrungs- und Erlebnisspielraum, mangelnde Beratung und Anleitung	2. Edukationsdefizit
Zu wenige informelle Kontaktmöglichkeiten	3. Kommunikationsdefizit
Unzureichende Mitbestimmung, dominant hierarchische Strukturen	4. Partizipationsdefizit

Einseitige Belastung, fehlender Ausgleich, wenig Abwechslung und Betreuung etc.	5. Kompensationsdefizit
Hektik, fehlende Rückzugsmöglichkeiten	6. Kontemplationsdefizit
Zu wenig Gruppenarbeit, Konkurrenz statt gegenseitige Unterstützung, keine Integrationsmöglichkeiten	7. Integrationsdefizit
Geringe Entfaltungsmöglichkeiten und Handlungsspielräume	8. Enkulturationsdefizit

Aus den Defiziten lassen sich die Bedürfnisse ableiten, denen Kinder und Jugendliche entsprechend ihren individuellen Bedürfnissen in ihrer Freizeit nachgehen.

Diese Bedürfnisse lassen sich, in Anlehnung an OPASCHOWSKI, wie folgt präzisieren:[2]

1. **Rekreation: Erholung, Entspannung**
   Kräfte sammeln, gesundheitsbetonte Erholung, Körpergefühl, sexuelle Bedürfnisse, frei fühlen von Ansprüchen, Wohlbefinden
2. **Kompensation: Ausgleich, Vergnügen**
   Abschalten von Belastungen, Zwanglosigkeit, Sorglosigkeit, Spaß, Vergnügen, Lebensgenuss
3. **Edukation: Kennenlernen, Welterlernen**
   Neugier, Probehandeln, Rollenwechsel, auf sich selbst gestellt sein, Lernbedürfnis entwickeln
4. **Kontemplation: Selbsterfahrung, Selbstfindung**
   Selbstreflexion, sich selbst kennen und verstehen, Identitätsfindung, Abstand von sich selbst
5. **Kommunikation: Mitteilung, Geselligkeit, Sozialkontrolle**
   Gespräch, Unterhaltung, Kontaktsuche, vielfältige soziale Beziehungen, Sensibilisierung für Gefühle anderer

6. **Integration: Gruppenbezug, Sozialorientierung, gemeinsames Lernen**
   Zugehörigkeit, Zuwendung, Geborgenheit, Stabilität, Gemeinschaftserleben, positive Sozialverpflichtung
7. **Partizipation: Engagement, Mitbestimmung**
   Eigeninitiative, Selbstdarstellung, Mitverantwortung, Mitgestaltung, Kooperation, Solidarität, Gestaltung der Lebenswelt
8. **Enkulturation: Kreativität, kulturelle Aktivität, Produktivität**
   Freie Entfaltung persönlicher Fähigkeiten, schöpferische Tätigkeit, ästhetisches Empfinden, Einfallsreichtum erweitern, selbstbestimmtes Erleben, Durchsetzung eigener Vorstellungen

Für diese Bereiche ließen sich nun ein Reihe von Beispielen finden, die sich auch in den Beispielen der Schulen wiederfinden. APPEL weist zu Recht darauf hin, dass diese Bedürfnisse recht umfangreich erscheinen, jedoch einzeln genommen nachvollziehbar sind. *Grundlage für die Konzeption eines ganztägigen Angebotes ist das Wissen um die Bedürfnisse der Kinder und Jugendlichen,* die natürlich in den oben benannten Bereichen weder statisch noch flächendeckend in gleichem Maße vorhanden sind. Für die Konzeption empfiehlt sich daher eine partizipative Bedarfsanalyse zur ausgewogenen Planung eines ganztägigen Angebotes.

Grundsätzlich sind Ganztagsangebote im *Grade der Freiwilligkeit* zu unterscheiden. Hier nennt HOLTAPPELS als Angebote mit hohem Freiwilligkeitsgrad die offenen Freizeitangebote, die sowohl der Entspannung, Erholung und Ruhe als auch der Bewegung, praktischen Betätigung, der Zerstreuung oder dem Rückzug dienen. Es sollen explizit Freiräume berücksichtigt werden, bei denen *selbstbestimmte und selbst gestaltete, weitgehend nicht pädagogisierte und kontrollierte Freiräume* zur Verfügung stehen. Dies sind gleichsam Freiräume für informelle Bildungsvorgänge. Sie stellen ein in ganztägig geführten Schulen wichtiges Element dar, wider die Verschulung des gesamten Tages, die lediglich ein Mehr der Vormittagsschule darstellen würde.[3]

Einen stärkeren sozialkommunikativen Schwerpunkt haben Angebote wie Schüler/innen- und Stadtteilcafé oder Disko, ein Raum, in dem Jugendliche unbeaufsichtigt Musik hören können.

Ein höheres Maß an Verbindlichkeit stellen Arbeitsgemeinschaften, Kurse, oder Workshops dar. Ein ganztägiges Angebot sollte, wie oben schon erwähnt, beide Bereiche abdecken. Bei der Planung und Ausgestaltung der Angebote sind die

Interessen und Neigungen der Schüler/innen zu berücksichtigen. Insbesondere sollen Erfahrungsbereiche im gestalterischen, handwerklichen, musischen und sportlichen Bereich zur Verfügung gestellt werden, damit den individuellen Fähigkeiten der Schüler/innen entsprechende Fördermöglichkeiten zur Verfügung stehen.[4]

Elemente der entwicklungsfördernden Spiel- und Freizeitpädagogik und Medienerziehung können im ganztägigen Angebot den Kindern und Jugendlichen Anregungen geben und so, vor allem in Stadtteilen mit einer defizitären Infrastruktur an Bildungs-, Kultur- und Freizeiteinrichtungen, ein *Beitrag zur Aufwertung der Lebenswelt und des Wohnumfelds von Kindern und Jugendlichen* leisten.[5] APPEL betont den Anspruch einer ganztägigen Konzeption, die nicht nur aus den „zufälligen Hobbyfähigkeiten der Lehrkräfte" AG-Angebote schneidern könne.[6]

Die Vorsitzende des Bundeselternbeirats Renate Hendricks gibt zum Beispiel als Maßstab an, dass Kinder in der Ganztagsschule „... das, was sie ohnehin gerne machen würden – Theater, Ballett, Trompete, Klavier, Malen und Zeichnen, Computer –, in der Ganztagsschule gebündelt und bequem an einem Ort wahrnehmen können."[7]

Bisher besteht, wie HOLTAPPELS formuliert, „ein unverbundenes und unkoordiniertes Nebeneinander verschiedener Bildungs-, Kultur- und Freizeitangebote und sozialer Unterstützungsformen von unterschiedlichen Trägern und Einrichtungen."

Um Ganztagsangebote zu konzipieren und durchzuführen ist die *institutionenübergreifende Kooperation und Koordination der Jugend-, Sozial-, Kultur- und Bildungsarbeit* eine Voraussetzung.

> „Statt Angebotskonkurrenz wird in erzieherischer, zeitlicher, räumlicher und personeller Hinsicht regionale Koordination und Vernetzung in der Erziehungsversorgung zum Primat. Gemeinsam entwickelte Erziehungskonzeptionen, zeitlich verlässliche Regelungen sowie eine gewisse räumliche und personelle Kontinuität sind jedoch ebenso Voraussetzung wie entsprechende Koordinationsstellen."[8]

Die Angebote von Schulen und außerschulischen Einrichtungen, vor allem im Freizeitbereich, sollten nicht in Konkurrenz zueinander stehen. Die außerschulischen Einrichtungen können mit einer sozialpädagogischen Angebotstruktur zu einer Entlastung der Schule beitragen, jedoch nicht als Lückenbüßer, sondern in einer gemeinsamen, aufeinander abgestimmten Konzeption des ganztägigen Angebotes.[9]

> „Der klassische Bereich der Freizeit als angestammte Domäne der Jugendarbeit bildet ein originäres Feld für die sozialpädagogische Arbeit und damit auch für Partner der Schule aus Jugend- und Kulturarbeit. Für die Schule verheißen nicht nur die von Jugend-, Freizeit- und Kulturpädagogen/innen eingebrachten inhaltlichen Kenntnisse und methodischen Kompetenzen Attraktivität; eine Angebotskooperation könnte sich auch als pädagogisch elaboriertere Alternative zu den mächtigen Angeboten von Medien und kommerziellen Anbietern entwickeln."[10]

Allerdings ist diese Zielvorstellung eine nicht immer leicht umzusetzende Herausforderung.

Abgestimmte Konzepte und ein Angebotsnetz können zu einer pädagogisch effektiveren Nutzung personeller und räumlicher, materieller Ressourcen führen. Die Kooperationen können z.B. über Stadtteilkonferenzen oder Ganztags-Arbeitskreise zur festen Einrichtung werden.

2. Raumbedarf und Sachausstattung ganztägiger Schulen

Der Raumbedarf unterscheidet sich von üblichen Halbtagsschulen, das ist unumstritten. In der Praxis ist die Umstellung von Halbtags- auf Ganztagsschule problematisch, da die Freizeitflächen knapp bemessen, Rückzugsräume nicht vorhanden und Lebensqualität, auch für Lehrer/innen, häufig nicht eingeplant sind. Wird die Schule nun zur Lebensschule, müssen umfangreiche Gestaltungskriterien beachtet werden.

Um Freizeitmöglichkeiten und unterrichtliche Voraussetzungen für Kinder und Jugendliche im Ganztag zu schaffen, beschreibt das Land Brandenburg in den Qualitätskriterien für Ganztagsschulen spezielle Funktionsmöglichkeiten der Flure und anderer Bereiche sowie des Schulgeländes. Als notwendige Raumkonstellation an Ganztagsschulen unterscheidet das Kultusministerium Brandenburg wie folgt:[11]

Funktionsbereiche	Beispiele für Ganztagsschulen im Land Brandenburg
Lernbereich	Stammraum für eine Klasse, Fachräume für Naturwissenschaften, Technik, Kunst, Theaterraum, Keramikwerkstatt, Bastelraum, Videostudio, Schülerzeitung, Lesezimmer, Freizeitbibliothek, Computerraum, Hausaufgabenraum, Einzelarbeitsplätze, Fachbibliothek, Lernwerkstatt, Außenanlagen (z.B. Klassenraum im Grünen, Schulgarten/Schulteich/Zoo)
Verpflegungsbereich	Mensa/Speiseraum, ggf. Cafeteria
Spiel- und Erholungsbereich	Spielothek, Theaterraum, Räume oder Flächen für Tischtennis, Billard, Tischfußball, Badminton, Sporthalle, Fitnessraum, Außenanlagen (z.B. Lauf- und Freispielflächen, Bänke/Sitzgruppen, Sportplatz, Schulgarten/Schulteich/Schulzoo)
Begegnungs- und Sozialerfahrungsbereich	Schülercafé, Schülerclub, Disko, Erfrischungsbar, ausgestaltete Pausenflure, Raum für Vertretungen von Schülern
Rückzugsbereich	Sitzecken für Kleingruppen, Nischen zum Alleinsein, Hausaufgabenraum, Einzelarbeitsplätze, Fachbibliothek, Außenanlagen (z.B. Bänke/Sitzgruppe, Schulgarten)

OPASCHOWSKI nennt dazu die folgenden Bereiche, die auf entsprechende Bedürfnisse der Kinder, Jugendlichen und Erwachsenen abgestimmt sind:[12]

Bedürfnis	**Funktionsbereich**
(1) Rekreation	Erholungsbereich
(2) Edukation	Lernbereich
(3) Kommunikation	Begegnungsbereich
(4) Partizipation	Aktionsbereich
(5) Kompensation	Zerstreuungsbereich
(6) Kontemplation	Individualbereich
(7) Integration	Sozialerfahrungsbereich
(8) Enkulturation	Orientierungsbereich

Die umfangreiche Berücksichtigung der Bedürfnisse in räumlicher Hinsicht kann zur *Entwicklung eines positiven Schulklimas* und zur Unterstützung der Lernfähigkeit der Kinder und Jugendlichen beitragen. Auch für Lehrer/innen spielt die angenehme räumliche Umgebung eine wichtige Rolle für die *Arbeitszufriedenheit.*

APPEL weist darauf hin, dass pädagogische Intentionen, die mit der Ganztagsbildung erreicht werden sollen, nur in entsprechenden Räumlichkeiten verwirklicht werden können. Natürlich darf diese Einschränkung nicht als Entschuldigung für halbherzige Konzepterstellungen oder Umsetzungen dienen.

Vornehmlich aus US-amerikanischen Schulen sind *persönliche Schließfächer* für die Schüler/innen bekannt. APPEL berichtet von der beständigen Forderung der Kinder und Jugendlichen, einen Ort für ihre persönlichen Gegenstände im Schulalltag zu haben, und weist gleichzeitig auf die „derartige unerfreuliche" Optik der Schließfachwände in Schulen hin. Darüber hinaus ist die Gefahr des Diebstahls und des Erweckens von Begehrlichkeiten zu verzeichnen, aber auch die Hygiene kann zum Problem werden, etwa wenn Essensreste unhinnehmbare Zustände der Fächer verursachen. Er empfiehlt daher die *Abschaffung anonymer Schließanlagen* und stattdessen die Einrichtung kostengünstigerer, halb offener Schränke in Klassen- oder Stammgruppenräumen, um der Anonymität entgegenzuwirken und gemeinsam kontrollierte Zonen zu schaffen, die Diebstähle und Vandalismus verhindern.[13]

Einzelarbeitsplätze für Schüler/innen und Lehrer/innen sind häufig geforderte Einrichtungen, wenn der schulische Tag verlängert werden soll. APPEL berichtet, dass großzügig eingerichtete Arbeitsplätze in einer Art *Großraumbüro* für Lehrer/innen und Arbeitskabinen für die Schüler/innen *kaum Akzeptanz* fanden, trotz o.a. Forderungen. Aufgrund dieser Erfahrungen der letzten Jahre empfiehlt APPEL, statt der Einrichtung eines Großraumbüros die *Integration einzelner Arbeitsstationen in übrige Funktionsbereiche* (Bibliothek, Klassenräume, Treppenpodeste etc.) Als Kalkulationsgröße für die Anzahl der Arbeitsstationen nennt er bei Schulen bis 25 Kindern 6 %, bei mittleren bis 600 Kinder etwa 4 % und bei größeren Schulen 3 % (jeweils bezogen auf die Gesamtschüler/-innenzahl).[14]

Die Erfahrung lehrt, dass in vielen Halbtagsschulen *Raumreserven* stecken, die durch Nutzungsänderungen für den Ganztagsbetrieb zu gewinnen sind (Religionsräume, Zeichensäle, Musikräume, Bibliotheken, Lehrmittelsammlungen usw.). Auch Doppelnutzungen sind in einigen Räumen denkbar (z.B. Aula mit Bewegungsspielen, Speiseraum mit Spielothek, Freizeitbibliothek mit Rückzugsbereich).[15]

Für APPEL gibt es eine Vielzahl von Räumen, die für die ganztägige Nutzung strukturell unerlässlich sind. Es handelt sich dabei insbesondere um: [16]

- *Unterrichtsbereich:* Für jede Klasse einen eigenen Klassenraum (keine Wanderklassen)
- *Werkstätten und Fachräume:* Werkstätten für Holz, Metall, Kunststoff und Textil
Lehrküche
- *Verpflegungsbereich:* Gemeinschafts-/Zubereitungsküche; Speiseraum
- *Spiel und Zerstreuungsbereich:* Spielothek (Tischspiele)
- *Begegnungsbereich:* Cafeteria/Teestube
Clubraum (Diskothek)
- *Rückzugsbereich:* Sitzecken für Kleingruppen
Nischen zum Alleinsein
- *Medienbereich:* Freizeitbibliothek
Computerstation (Internet)
- *Bewegungsbereich:* Räume oder Flächen für Tischtennis, Billard, Tischfußball usw.
- *Sportlicher Erholungsbereich:* Sporthalle
- *Lern- und Vorbereitungsbereich:* Hausaufgabenraum
Einzelarbeitsplätze für Schüler/-innen und Lehrkräfte
- *Sozialerfahrungsbereich:* Raum für Schüler/innenvertretung
- *Außenanlagen:* Lauf- und Freispielflächen
Bänke/Sitzgruppen

Sieht man sich die Architektur von neu erbauten Ganztagsschulen und von zur Ganztagsschule erweiterten Halbtagsschulen an, fällt auf, dass das *Element Licht* stark betont wird. Die ausführenden Architekten legen viel Wert darauf, Tageslicht in den Schulalltag zu bringen, beispielsweise durch großzügig verglaste Fassadenabschnitte oder Sichtverbindungen zum Außenraum, die zum einen die Orientierung erleichtern, zum anderen Licht spenden und dem Gebäude den monumentalen, verschlossenen Charakter nehmen.[17]

Wichtig ist auch, dass Vertreter/innen aller Gruppen in der Schule am Planungsprozess beteiligt sind und die Planer/innen jederzeit zu gern gesehenen Diskussionspartnern der von ihnen gestalteten Schulen werden, um in zeitlichen Etappen das bauliche und nutzungsspezifische Konzept zu beobachten und gegebenenfalls zu verändern oder weiterzuentwickeln.[18]

Das Investitionsprogramm der Bundesregierung wird eine Vielzahl von Umbaumaßnahmen auslösen. Da es in absehbarer Zeit keine vergleichbare Chance zur Entwicklung attraktiver Schulgestaltungen geben wird, ist es hier besonders wichtig, nicht in den alten Fehler zu verfallen und vermeintlichen Experten das Feld zu überlassen, die nur selten in der Lage sind, den pädagogischen Erfordernissen und den Bedürfnissen von Schülerinnen und Schülern und Lehrerinnen und Lehrern, aber auch den Erkenntnissen der Lehr-/Lernforschung über förderliche Umgebungen, angemessen Rechnung zu tragen. SCHULZE-BERGMANN und VORTMANN stellen Grundsätze und Entscheidungsaspekte für das Vorgehen wie folgt dar:[19]

- Bevor eine Umbaumaßnahme geplant wird, sollte unbedingt die Schulstandortentwicklung mittelfristig bedacht sein. Hierbei sind zunächst die demographischen Entwicklungsdaten der Kommune und womöglich der lokalen Entwicklung heranzuziehen und bis etwa 2015 zu prognostizieren. Nicht selten wird deutlich werden, dass bestimmte Altersgruppen in diesem Zeitraum deutlichen Schwankungen unterliegen werden, so dass mit frei fallendem Raumanteil zu rechnen ist.
- *Die Ganztagsschule benötigt mehr Fläche pro Kind.* Derzeit sind meistens 2,5 Quadratmeter pro Kind im Klassenraum vorhanden, es sollten im Ganztagsbereich bis zu 4 Quadratmeter sein.
- Erweitert sich eine Schule nur teilweise zur Ganztagsschule, so sollte dieser Schulbauteil einen ins sich geschlossenen Teil darstellen. Das heißt, dass die Flächen, Räume und Sozialräume neu gruppiert und unter anderer Flächennutzung zusammengefasst werden.
- *Die Ganztagsschule benötigt mehr Flächen für die Gestaltung schulischer Öffentlichkeit.* Die Präsentation von Arbeitsergebnissen, Diskussion und Lernen in Gruppen verweisen auf eine andere Nutzung der Flurbereiche, der Klassenräume und der Außenanlagen. Ein Lernraum öffnet sich idealerweise nach außen, zu den benachbarten Lernräumen, zum gemeinsamen Flur und hat engen Anschluss an Garderobe und WC-Bereich.
- Die aktuelle Auffassung von selbsttätigem Lernen, von Binnendifferenzierung, altersübergreifenden Gruppen und offenem Unterricht verlangt nach *Mobiliar, das ohne große Schwierigkeiten als Einzel- oder Gruppenarbeitsplatz verwendet werden kann.* Der klassische schwere Schultisch erfüllt diese Aufgabe nicht.
- Die Ganztagsschule benötigt neben einem Lernraum auch Raumangebote, die eine gewisse private Atmosphäre ermöglichen. Dazu gehören – in alters-

gemäßer Form – Ruhezonen, Freizeitbereiche und Bewegungs-, Spiel- und Sportangebote.

- Die *akustischen Verhältnisse im Lernraum* sind derzeit Gegenstand von wissenschaftlichen Untersuchungen. Die Ergebnisse deuten darauf hin, dass die technischen Möglichkeiten zur Optimierung nicht ausgeschöpft werden. Andererseits wird auf den Zusammenhang von schlechter Akustik und unzureichendem Spracherwerb besonders für Kinder mit Migrationshintergrund verwiesen.
- Die gesundheitsfördernden Zielvorstellungen verlangen *unbedenkliche Baustoffe.*
- Die Ansprüche an *Energieeinsparung* verlangen entsprechende Materialauswahl und Entscheidungen für bestimmte Systeme der Energiegewinnung.
- Ökologisches Lernen verlangt nach der pädagogischen Gestaltung bestimmter Wirkungszusammenhänge, wie z.B. Nutzungsformen der Gebäude und Energieverbrauch, Recycling etc.
- Der *Anspruch nach Partizipation für Schüler muss Gestaltungsmöglichkeiten zulassen,* wozu auch Aufbau und Abriss oder Veränderungen auf den vitalen Prozess deuten, in dem eine Ganztagsschule sich befindet. Variable Wände und Flächen sind hier erste Wahl.
- Die Ganztagsschule ist nicht nur Haus des Lernens, sondern auch Begegnungsstätte im Stadtteil. Entsprechende Bedarfe sollten öffentlich ermittelt und mit politischer Unterstützung umgesetzt werden. Ein mehrfach nutzbarer, möglichst kreisförmiger *Großgruppenraum* (nicht die frontal bestuhlte klassische Aula!) für Versammlungen, Aufführungen etc. ist vorzusehen.
- Die Ganztagsschule steht häufig in der Tradition der Reformpädagogik. Diese fand ihre pädagogischen Ziele nicht selten im Kontrast zu sozialen Entwicklungen, die am städtischen Leben kritisiert wurden. Heute gibt es weitere soziale Aufgaben, die die Ganztagsschule übernehmen soll. Deshalb sind der Schulbau und das Schulgrundstück so zu gestalten, dass möglichst viele exemplarische Erfahrungsbereiche alters- und entwicklungsgemäß angeboten werden.
- Die Ganztagsschule kann nicht unverändert alt werden. Vielmehr muss ein Verfahren zur Tradition werden, das geeignet ist, die gesamte Funktion der Schulanlage und ihre Wirkung auf die Schulgemeinschaft und den Stadtteil qualitativ zu ermitteln und mit den gewünschten „Sollwerten“ ins Verhältnis zu setzen.

Wir vertreten hier – aus unserer Erfahrung mit solchen Projekten –, dass der Planungsprozess nicht den Architekten und/oder Verwaltungen überlassen werden darf. Ein gemeinsamer Planungsprozess unter Einbeziehung aller beteiligten Gruppen (Schüler, Lehrer, Eltern, Kooperationspartner, Verwaltungspersonal, Schulaufsicht, wissenschaftliche Begleitung, Architekten etc.) ist eine wichtige Voraussetzung dafür, dass nicht – auf Jahre hinaus irreversibel – am Bedarf vorbeigeplant wird. In Kapitel IX (Strategien der Umsetzung) werden wir auf Verfahren hinweisen, die geeignet sind, einen solchen Beteiligungsprozess erfolgreich zu moderieren.

VII Internationale Modelle ganztägiger Bildung und Betreuung

Im Zuge der Debatte, die durch den internationalen Schülerleistungsvergleich PISA ausgelöst wurde, fand vielfach der Blick über die Staatsgrenzen in Schulen anderer Länder statt. In der Hoffnung, Tipps und Hinweise für eine Verbesserung der deutschen Schulen zu finden, wurde nach Erfolgsfaktoren der europäischen Nachbarn für das weitaus bessere Abschneiden bei PISA gesucht. Dabei ist die Grundannahme, wie sie auch SMOLKA formuliert, „dass die in Deutschland lebenden Kinder sicher nicht lernschwächer oder lernunwilliger als finnische, schwedische oder kanadische Schüler/innen sind.“[1]

Die offensichtliche Frage lautete also: *Warum schneiden vergleichbare Länder wesentlich besser ab? Welche Erfolgsfaktoren gibt es?*

Die grundlegende Schwierigkeit bei einem internationalen Vergleich der PISA-Ergebnisse besteht darin, dass dort nicht Konzepte einzelner Schulen verglichen wurden, sondern die Ergebnisse der jeweiligen nationalen Systeme bezogen auf die Abfrage spezifisch definierter Kompetenzen. Insgesamt ist die Frage, welche Konsequenzen aus PISA abzuleiten sind, auch innerhalb der Fachwelt völlig umstritten. Das Bundesministerium für Bildung und Forschung hat dennoch aus dem Vergleich Ziele für eine zukünftige deutsche Bildung formuliert:[2]

> „Das Ziel ist klar: In zehn Jahren soll Deutschland zu den fünf führenden Bildungsnationen gehören. Deshalb muss unser Schulsystem mehr Kinder und Jugendliche zu höheren Bildungsabschlüssen, einem höheren Leistungsniveau und sozialer Kompetenz führen. Genau das gelingt Ländern wie Finnland und Kanada. Diese Staaten müssen deshalb unsere Messlatte sein“.[3]

Es werden also Vergleiche angestellt, Studienfahrten nach Skandinavien organisiert und festgestellt: Dort ist vieles anders. PISA lieferte einen Anstoß für einen internationalen Ländervergleich und eine detaillierte Auswertung von Materialien zu Bildungssystem und Schulorganisation.

Derzeit wird in Deutschland die Hoffnung auf die Verbesserung der Bildungsniveaus hauptsächlich an die Ganztagsschule geknüpft. Dies ist umso erstaunlicher, als in einigen der Länder, die bei PISA gut abgeschnitten haben, diese Schulform gar nicht ausschlaggebend ist. Entscheidender sind anscheinend andere Faktoren, wie OELKERS feststellt:

> „Träfe das zu, dann wäre über die Einrichtung einer einheitlichen Gesamtschule zu diskutieren, denn die Erfolge von Finnland und Kanada erklären sich vor dem Hintergrund eines nicht-selektiven Systems mit schulgünstigen Umweltbedingungen, einschließlich der Integration von fremdsprachigen Kindern. Das Bundesministerium erwähnt nicht, dass die deutsche Schulstruktur gar nicht erlaubt, Finnland oder Kanada als „Messlatte" anzusehen."[4]

Die *Schwierigkeiten der Vergleichbarkeit* liegen in der kulturellen und institutionellen Unterschiedlichkeit der Staaten, so dass nur sehr eingeschränkt Anregungen übernommen werden können. Die grobe Unterscheidung der sozialpolitischen Strukturen, wie ESPING-ANDERSEN oder GALLIE und PAUGAM sie vorlegen, machen deutlich, dass sich im internationalen Vergleich lediglich eine Suche nach vereinzelten „Best practice"-Beispielen anstellen lässt, die zwar in bildungspolitischer Hinsicht Orientierung geben können, jedoch für die Entwicklung ganztägiger Konzepte von Bildung an Einzelschulen in Deutschland nur begrenzt übertragbar sind.[5]

Die Suche nach „Best practice"-Modellen im internationalen Vergleich veranlasst OELKERS zu der Feststellung, dass man die besten Systeme nicht einfach kopieren kann. Fremde Bildungssysteme, und seien sie noch so erfolgreich, stellen zudem immer Außenansichten dar.[6]

Bezug nehmend auf die Erwartung, mit Hilfe eines ganztägigen Schulsystems bessere Schülerleistungen zu erzielen, entgegnet SCHMOLL, dass es im Umkehrschluss hieße, dass alle europäischen Länder mit Ganztagsschulen unter den PISA-Siegern seien. Das ist jedoch nicht der Fall, wie man am Abschneiden von Frankreich, das europäische Land mit langer Ganztagsschultradition, sehen konnte.

Nicht erst das schlechte Abschneiden deutscher Schüler/innen in der PISA-Studie, auch weitere Gründe signalisieren laut GOTTSCHALL und HAGEMANN, dass Deutschlands Schulsystem insgesamt im Vergleich zu anderen Ländern einen *Modernisierungsrückstand* hat.[7]

Was die Konsequenz nach PISA anbelangt, die Ganztagsschule zur Verbesserung schulischer Leistungen einzuführen, kommen KLIEME und RADISCH in der Bilanzierung der Forschungslage zur Wirkung ganztägiger Schulorganisation zu dem Schluss, dass weder Schweden noch Finnland über eine ganztägige Schulorganisation verfügen, wie sie in der Diskussion von Deutschland aus oft dargestellt wird. Allerdings seien dort *Schule und außerschulische Betreuungsformen eng miteinander verzahnt.*[8]

In der Diskussion um notwendige Veränderungen im deutschen Bildungssystem erscheint die ganztägige Bildung und Betreuung als ein gangbarer Weg, der verschiedenste sozial- und bildungspolitische Forderungen umzusetzen verspricht. Die breite öffentliche Diskussion und das Interesse an Ganztagsschulen lassen auch APPEL darauf schließen, dass „von der Ganztagsschule eine besondere Leistungsfähigkeit hinsichtlich der Lösung pädagogischer und sozialer Probleme erwartet wird“.[9] Die ideologische und politische Belastung der Ganztagsschule scheint seit den 80er Jahren in der Bundesrepublik jedenfalls deutlich nachgelassen zu haben.[10]

Bei einem Blick in die Schulen der Länder, die kulturell mit der Bundesrepublik vergleichbar sind und hinsichtlich der gemessenen Schülerleistungen über dem OECD-Schnitt liegen, wird schnell deutlich, dass die Erfolgsfaktoren nicht allein auf das Mehr an Zeit zurückzuführen sind. Strukturelle, organisatorische und pädagogische Unterschiede, die im Schulsystem bestehen, spielen unter Umständen eine größere Rolle für die besseren Schülerleistungen als die teilweise vorhandenen ganztägigen Bildungs- oder Betreuungsangebote. So konstatieren auch die Autoren des finnischen PISA-Konsortiums, VÄLIJÄVI und LINNAKYLÄ, für das erfolgreiche Abschneiden bei der PISA-Studie „Rather, Finland's successful performance seems to be attributable to a constellation of interrelated factors.“[11]

ALIX unterstreicht die strukturell bedingten Schwierigkeiten, von den PISA-Gewinnern lernen zu wollen:

> „*Die skandinavischen Gesellschaften sind egalitäre Gesellschaften, Frankreich und Deutschland sind elitäre Gesellschaften.* Wir werden am meisten lernen, wenn wir versuchen gemeinsam diesen elitären Touch herunterzufahren. Der kulturelle Sprung zu Finnland oder Schweden hingegen ist zu groß.“[12]

Nach umfassender Literaturrecherche, unter Einbeziehung von Fachvorträgen und der Analyse vielfältiger Informationen, sind wir der Auffassung, dass sich in unserem Begründungszusammenhang kein übertragbares Ganztagsmodell der Bildung im Ausland finden lässt, das ohne weiteres auf deutsche Schule allgemein und Frankfurter Schulen speziell zu übertragen wäre. Es gibt jedoch einzelne Hinweise auf Aspekte der Schulkultur, Formen des Unterrichts, die Rolle der Lehrer/innen und der Personalstruktur insgesamt sowie der Kooperationsformen, die für die ganzheitliche Konzeption ganztägiger Angebote hilfreich sein können.

Unter Berücksichtigung dieser Einschränkungen kann ein zusammenfassender Überblick über die Situation der Ganztagsschule in benachbarten Ländern hilfreich sein und Anregungen geben, die auf die besondere Situation jeweils übertragen und modifiziert werden müssen. Finnland stellen wir ausführlicher dar, da – in Übereinstimmung mit Fachkollegen – im Land der PISA-Überraschungssieger Innovationspotential und Anregungen zu finden sind, deren Charakter weiterführende Hinweise für bundesrepublikanische Schulen im Allgemeinen und Frankfurter Schulen im Speziellen geben können.[13]

1. Ganztagsangebote europäischer Länder

Die in Deutschland übliche Organisationsform der Halbtagsschule ist im internationalen Vergleich eher unüblich. Wenn es in anderen europäischen Sprachen kein Wort für Ganztagsschule gibt, so liegt dies daran, dass *in der überwiegenden Zahl der europäischen Länder die ganztägige Schule selbstverständlich ist.* Auf den zweiten Blick gibt es eine *große Vielfalt an „Ganztagsschulen"*, denen keine einheitliche Definition zugrunde liegt.[14]

In Belgien, Spanien, den Niederlanden und teilweise in Italien endet die Schule erst am Nachmittag. In Irland und Dänemark gibt es zum Beispiel nur partiell ausgebaute ganztägige schulische Betreuung im Grundschulbereich. Der Versorgungsgrad mit ganztägigen Schulen ist jedoch weitaus höher und die halbtägig geführten Schulformen werden in diesen Ländern nicht in dem Maße favorisiert wie es in Deutschland, Österreich und der Schweiz derzeit der Fall ist.[15] Bei allen Ganztagsangeboten ist jedoch festzustellen, dass sie sich in der Regel aus außerschulischen und schulischen Bildungs- und Betreuungskonzepten zusammensetzen. Institutionen und Professionen nicht formeller und formeller Art sind in unterschiedlichem Maße daran beteiligt.[16]

So sind dies in Frankreich der Foyer socio-educatif, die Union Nationale des Sports Scolaires et Universitaires sowie die Kirchen. In Finnland hauptsächlich kommunale Einrichtungen der Kinder- und Jugendarbeit wie Jugendzentren und Horte, aber auch Vereine. In den Niederlanden gibt es ein breites Spektrum an Trägern der Bildungs- und Betreuungsangebote, allein 70 % der Schulen sind in privater Trägerschaft durch Vereine, Stiftungen, Kirchen etc.[17]

Im Primarbereich ist ganztägige Betreuung häufiger der Regelfall. Dieser Umstand findet auch Ausdruck darin, dass über ganztägige Betreuungsformen weder öffentlich diskutiert wird noch dieses Thema in der pädagogischen, politischen und medialen Öffentlichkeit zum Gegenstand kontroverser Diskussionen wird, wie dies derzeit in Deutschland der Fall ist.[18]

Eine Parallelstruktur von Halb- und Ganztagsschulen gibt es zum Beispiel in Italien und Portugal: Das italienische Grundschulgesetz ermöglicht vielfältige Varianten von schulischer Zeiteinteilung. Ganztagsschulen gibt es als offene Angebote, die Teilnahme am Nachmittagsprogramm ist fakultativ.

Am Beispiel *Frankreichs* lassen sich Begründungslinien für den Ausbau und Erhalt ganztägiger Schule nachzeichnen: Die Ganztagsschule war zunächst kein pädagogisches, sondern ein politisches Konzept. Mit ganztägiger Schule war intendiert, den Einfluss der katholischen Kirche zurückzudrängen. Neben der Unterrichtsfunktion gibt es die Aufsichts- und die Verwaltungsfunktion. Es gibt die Schulleitung, die Wirtschaftsleitung und die Aufsichts- und Betreuungsleitung, das Lehr- und Aufsichtspersonal. ALIX stellt fest, dass die Funktion der Schule in Frankreich eine andere als in Deutschland ist: Die französische Schule soll aus Kindern Staatsbürger machen. Die deutsche Schule vermittle im Gegensatz dazu vorrangig Bildung und überlasse die Erziehung der Familie.[19] Die Ganztagsschule in Frankreich ist größtenteils mit der Stundenschule zu vergleichen, es besteht in den meisten Fällen, trotz gebundenen Modells, keine Rhythmisierung des Schultags. ALIX stellt fest, dass der Alltag der Kinder in Frankreich sehr von Schule geprägt ist. Die Schulzeit dauert in der Regel von 9.00 bis 16.00 Uhr in der Sekundarstufe. Die 1,5 Stunden Mittagszeit werden entweder in pädagogischer Mittagsbetreuung verbracht oder beim Essen zu Hause, alternativ in der Mensa der Schule. Abends sind Hausaufgaben in der Regel von mindestens einer Stunde zu erledigen.[20]

Ein weiterer Unterschied zu deutschen Schulen: In Frankreich ist die Schulöffnung häufig bereits Wirklichkeit. Zum Beispiel arbeiten französische

Schulen mit Tänzern, Theater- und Musikpädagogen zusammen und es gibt eine Stadtteilanbindung der Schule. Schulen kooperieren mit allen möglichen Institutionen – und somit auch mit Personen, die keine Lehrer sind. Die enge Zusammenarbeit von Lehrern und Nicht-Lehrern hat, so ALIX, einen großen Einfluss auf die pädagogische Arbeit. Der Umgang eines Tänzers mit Schülern im schulischen Kontext ist ein anderer als der eines Lehrers.[21]

In *Großbritannien* (mit Ausnahme Schottlands) wird vor- und nachmittags unterrichtet. Da die Schulen ein hohes Maß an Freiheit bei der zeitlichen und inhaltlichen Ausgestaltung haben, gibt es – anders als in Frankreich – eine Fülle außerunterrichtlicher Aktivitäten. Ein Gesetz darüber, wie viele Stunden zu unterrichten sind, gibt es nicht, lediglich die Empfehlung. Jede Schule entscheidet Art und Umfang des Unterrichts nach den Bedürfnissen ihrer Schüler. Erfüllt werden müssen nur die nationalen Lernziele. *Die Steuerung schulischer Leistungen erfolgt über nationale Standards, Rankings und freie Schulwahl.* So entsteht eine, teilweise belebende, *Konkurrenz unter den Einzelschulen.*

In den *Niederlanden* ermöglichen die nationalen Rahmenvorgaben den Schulen vielfältige, auf die Bedürfnisse von Schülern und Eltern zugeschnittene Lösungen. In den Niederlanden gibt es seit 1995 die Entwicklung der „Brede School", frei übersetzt: Offene Schule, denn die Grundschulen öffnen sich nach außen. Mitarbeiter außerschulischer Partner wie Vereine, Jugendgruppen, Musikschulen, Umweltverbände, außerschulische Betreuungseinrichtungen sowie Jugend- und Familiensozialarbeiter engagieren sich in der Offenen Schule. Den Gedanken der Vernetzung unterstreicht VAN VUGT und berichtet, dass außer den Schulen selbst die Einrichtungen für Kinderbetreuung für 0 bis 4 Jahre (Tagesbetreuung) und für 4 bis 12 Jahre (Betreuung vor, zwischen und nach der Schulzeit), Sportvereine, Musikschulen, Bibliotheken, pädagogische Institute, ärztliche Versorgung, kulturelle Einrichtungen wie Museen, an der ganztägigen Betreuung beteiligt sind. Für die brede schole ist kennzeichnend, dass sie sehr eng mit anderen Einrichtungen zusammenarbeitet: „*Zusammenarbeit ist das Kennzeichen für Ganztagsschulen in den Niederlanden. Es sind keine Einzeleinrichtungen.*"[22]

Die Angebote sind ausgerichtet an den Bedürfnissen des Stadtteils. VERSCHUREN berichtet u.a. von einem Angebot für Eltern im Rahmen des Ganztagsschulkonzeptes, zum Beispiel regelmäßige Erziehungsberatung, Sprachkurse und ein Elternzimmer, in dem Eltern sich treffen können. Im Sekundarbereich entstehen in den letzten Jahren auch Offene Schulen, deren außerschulisches Angebot richtet sich eher defizitorientiert an Themen aus, wie z.B. Sicherheit und Schulversäumnis.[23]

In den *skandinavischen Ländern* existiert im Grunde genommen eine Halb- oder Dreivierteltagsschule mit Unterricht, der sich teils in den frühen Nachmittag hinein erstreckt. Für den Nachmittagsbereich gibt es ein vielfältiges Betreuungsangebot, das die Schulen in Zusammenarbeit mit Trägern der Jugendhilfe entwickeln.

Aus unserer Übersichtsskizze wird deutlich, dass kein einheitliches Modell der Ganztagsschule existiert, sondern eine *große Vielfalt an nationalen bzw. schulspezifischen Lösungen.* Hingegen werden derzeit in allen Ländern ohne ganztägiges Unterrichts- oder Betreuungsangebot Bemühungen unternommen, ganztägige Angebote bereitzustellen. So gibt es in *Österreich* seit den siebziger Jahren Initiativen, wieder Ganztagsschulen zu etablieren. 1993 wurde die Ganztagsschule gesetzlich verankert.[24]

Zuletzt ein Blick nach *Griechenland,* wo man bereits etwas länger als in Deutschland, nämlich seit 1997, die Wiedereinführung von Ganztagsschulen vorantreibt und wo es im vergangenen Schuljahr rund 100 Pilotschulen gab. Ganz ähnlich wie hierzulande will man auch in Griechenland mit den Ganztagsschulen unter anderem eine bessere Vereinbarkeit von Beruf und Familie erreichen sowie gleichberechtigte Bildungsmöglichkeiten garantieren. Ziel der Ganztagsschule ist die Entwicklung lebendiger kultureller und sozialer Zentren im Stadtteil. Eine gute materielle Ausstattung mit Computern und Räumen für Theater, Musik und Kunst, Bibliotheken, Sofaecken etc. erhöht die Bildungsqualität des Stadtteils und schafft die Voraussetzungen für lebendiges Lernen. Eine Zwischenevaluation des Programms bestätigte im Jahr 2000, dass die Mehrzahl der Eltern, Schüler/innen und Lehrer/innen mit den neuen Schulen zufrieden ist. Als Mangel jedoch wird empfunden, dass im Unterschied zu anderen europäischen Ländern keine Personen anderer Berufsgruppen wie Sozialpädagogen, Psychologen oder Pädagogen in die schulische Arbeit eingebunden sind. Auch seien die Lehrkräfte nicht in genügendem Maße auf das Unterrichten an der Ganztagsschule vorbereitet Das Fehlen dieser Fachkräfte in

Griechenland liege, laut CHANIOTAKIS und THOIDIS, an der mangelnden Aufklärung und Vorbereitung der zukünftigen Lehrkräfte an den pädagogischen Hochschulen bezüglich der Funktion der Ganztagsschule. Es entstehen viele Probleme der Ganztagsschule in Griechenland aufgrund der mangelnden Weiterbildung des Lehrpersonals.[25]

2. Schule in Finnland

Nach den Ergebnissen der PISA-Studie wurde häufig das Ganztagssystem in den skandinavischen Ländern als leuchtendes Vorbild zitiert. Daher werden die aktuelle Diskussion und ein Modellprojekt zu ganztägiger Bildung und Betreuung im Folgenden ausführlicher dargestellt.

2.1 Ganztagsschule in Finnland

In Finnland gibt es Gesamtschulen, aber keine Ganztagsschulen, wie RADISCH und KLIEME im Literaturbericht zur Wirkung ganztägiger Schulorganisation 2003 feststellen:

> „Interessanterweise verfügen Schweden und Finnland gar nicht über eine ganztägige Schulorganisation im engeren Sinne, wie sie in der Diskussion von Deutschland aus oft dargestellt wird. *Schule und außerschulische Betreuungsformen sind vielmehr eng miteinander verzahnt.*"[26]

OELKERS bestätigt, dass Finnland, wie alle anderen skandinavischen Länder, eine Gesamtschule, jedoch keine Ganztagsschule hat.[27] Die Betreuung endet in der Regel nach dem Mittagessen. Finnland hat demnach eher eine „Drei-Viertel-Schule: Schule mit Unterrichtsstunden bis hinein in den Nachmittag, mit einem kostenlosen warmen Mittagessen und vergleichsweise geringen Hausaufgaben.

Finnland ist ein ehemals stark argrarisch geprägtes Land, in dem die Kinder nachmittags auf dem Feld ihren Pflichten nachgehen mussten, daher hat sich eine Halbtagsschule etabliert. Die Eltern arbeiten heutzutage in der Regel beide, so dass die Schüler/innen im Durchschnitt 20-30 Stunden pro Woche alleine zu Hause verbringen. 40 % der Erstklässler kommen nach der Schule nach Hause, ohne dass ein Elternteil anwesend ist.[28] Derzeit ist, wie HALONEN berichtet, ein Gesetz in Vorbereitung, mit dem sich die Kommunen für eine Nachmittagsbetreuung der Erst- und Zweitklässler verpflichten.[29]

Diese *fehlende Betreuung* wurde in den letzten Jahren in Finnland *kontrovers diskutiert:* Einerseits spricht man den Kindern eine *hohe Selbstständigkeit und Selbstorganisationskompetenz* zu, andererseits werden negative Konsequenzen für die Entwicklung der Kinder befürchtet, wenn sie viele Stunden am Tag alleine verbringen. Angestoßen wurde die Debatte durch Ergebnisse einer wissenschaftlichen Untersuchung von PULKKINEN, die feststellt, dass eine bis zu vierstündige Betreuungslücke junger Schüler/innen aus pädagogischen und psychologischen Gründen unzumutbar sei, denn das moderne soziale Umfeld habe sich inzwischen auch in Finnland rasch gewandelt, und biete immer weniger Geborgenheit.[30]

Kritisch möchten wir hier anmerken, dass in der Debatte über Ganztagssysteme viel zu wenig auf die Bedeutung informellen Lernens eingegangen wurde. Zwar ist unklar, worauf der finnische Erfolg im Detail zurückzuführen ist. Doch sollte es zu denken geben, dass dieser Erfolg mit einer Halbtagsschule möglich wurde. *Aus unserer Sicht ist dies ein schlagendes Argument gegen die kurzsichtigen Versuche, den Nachmittag zu verschulen. Vielmehr spricht dies dafür, im Sinne der Entwicklung von Kreativen Feldern, den Zeitgewinn der Ganztagsschule vor allem für eine Rhythmisierung der Angebote und für die Schaffung von freien Räumen zur Selbstgestaltung der Schüler/innen zu nutzen – unter Bereitstellung von „Facilitatoren" bzw. Abrufexperten, die die Schüler anfordern können, wenn sie sie zur Bewältigung von zum Teil selbst gestellten Aufgaben benötigen. Eine eindimensionale Pädagogisierung unter dem Primat von Lehrern halten wir für problematisch.* Doch nun zurück zu Finnland.

In den 90er Jahren verschärfte sich die Situation aufgrund der wirtschaftlichen Krise, da die außerschulische Betreuung in kommunaler Trägerschaft drastisch reduziert wurde. Seit 1999 gibt es einen Beschluss, der landesweit die Betreuungsangebote am Nachmittag fördern soll. Im Vorschulalter allerdings gibt es ein Recht auf nachmittägliche Betreuung. Momentan ist eine Zunahme an Angeboten am Nachmittag für Schüler/innen zu verzeichnen, die jedoch ohne konzeptionelle Diskussionen offeriert werden. Vorhanden sind vor allem additive Angebote zum Schulvormittag, die der Aufgabenbetreuung dienen.

Generell wird von den Kindern in Finnland im Alter von sieben Jahren bereits ein hohes Maß an Selbstständigkeit erwartet – eine Anforderung, die in der jetzigen Debatte besonders kritisch hinterfragt wird. Die *„Nachmittagslücke"* ist seit einigen Jahren Gegenstand starker öffentlicher Debatten. Allerdings geht es in dieser Diskussion nicht primär um die Berufstätigkeit der Eltern – die wird nicht im Frage gestellt –, sondern darum, ob und wie der in den 90er Jahren erfolgte Abbau der kommunalen Nachmittagsbetreuung zu kompensieren ist. Darüber hinaus ist die Skepsis gegenüber den medialen Babysittern stark gestiegen (Fernseher, Videos, Internet, Computerspiele usw.). Das Interesse an stärkerer nachmittäglicher Betreuung, wie HALONEN feststellt, manifestiert sich in der *Sorge über zunehmende Entwicklungsprobleme der Kinder und Jugendlichen,* da man festgestellt hat, „dass das Risiko der Vernachlässigung und Asozialität der Kinder und Jugendlichen in unserem Land drohend ist und immer akuter wird."[31]

2.2 „MUKAVA" – Modellprojekt Ganztagsschulen

Vor diesen Entwicklungen wird zurzeit das Thema Ganztagsschule in Finnland diskutiert und wird als ein eher kritischer Punkt des finnischen Bildungswesens gesehen. Momentan wird an vielfältigen Lösungen gearbeitet. Finnland hat keine Ganztagsschule mit festen Öffnungszeiten in dem Sinne, wie sie in Deutschland verstanden wird.

Um die nachmittägliche Betreuungslücke zu schließen, ist das Modellprojekt „MUKAVA" unter Federführung der Psychologin Prof. Lea Pulkkinen, Universität Jyväskylä, ins Leben gerufen worden. Das MUKAVA-Projekt begann 2002 mit sieben teilnehmenden Schulen, davon vier in den Klassen 1-6, und drei mit den Klassen 7-9. HALKONEN beschreibt die Schulen als einheitliche allgemein bildende Gesamtschulen.[32] Ziele des MUKAVA-Projektes bestehen darin, Kinder zu beschützen und in der Förderung der psychologischen und sozio-emotionalen Entwicklung. Außerdem wird explizit die Steigerung des sozialen Kapitals der Schule und der einzelnen Schüler/innen als Ziel definiert.[33]

Das MUKAVA- Modell vom integrierten Schultag entspricht einer rhythmisierten Form der offenen Ganztagsschule, da die Kernzeit von 9-15 Uhr verbindlich, aber sowohl die Zeiten von 08.00 bis 09.00 Uhr als auch von 15.00 bis 16.00 Uhr fakultativ sind.

Das MUKAVA- Projekt besteht aus sieben Elementen:

1. Vorschule (Esiopetus):
   Hier soll den Kindern mit einer Ergänzung des bisherigen Curriculums eine spezielle Unterstützung gegeben werden um ihre sozialen Fähigkeiten zu entwickeln. Spezielle Förderung ist vorgesehen für Kinder mit besonderem Bedarf in den Bereichen Lernen, Verhalten und emotionale Entwicklung.

2. Gesundheitserziehung (Terveystieto)
   Gesundheitserziehung ist ein neuer Bereich im finnischen Schulcurriculum, der die physische und psychische Gesundheit der Kinder verbessern soll. Das Lehren und Lernen soll einen aktiven Beitrag leisten, mit Hilfe der Methoden und des Materials die sozio-emotionale Entwicklung, das soziale Bewusstsein, soziale Fähigkeiten und das Selbstbewusstsein auszubilden.
3. Integrierter Schultag (Kokonaiskoulupäivä)
   Größere zeitliche und inhaltliche Flexibilität ist Ziel dieses modellhaften Schultags. Vor der Schule, in der Mittagspause und nach der verbindlichen Schulzeit ist eine Betreuung durch Lehrer/innen oder anderes pädagogisches Personal gewährleistet, die vor allem Freizeitangebote offerieren. *Ziel ist es, die Schule in ein vernetztes Aktivitätszentrum zu verwandeln um Freizeit und Lernen stärker zu verzahnen.* Dazu sind Jugendarbeiter/innen, verschiedene Einrichtungen, Clubs etc. einbezogen. Im folgenden Schaubild werden die bisherigen Situation (linke Spalte) und die Empfehlung für den integrierten Schultag dargestellt.

	Current Situation		**Recommendation**
	1. day	2. day	Same rythm every day
8-9	Lesson		Supervised activity, if needed
9-10	Lesson		Lesson
10-11	Lesson	Lesson	Lesson
11-12	Lesson	Lesson	Siesta & supervised activity
12-13	Lesson		Club activity
13-14			Lesson
14-15			Supervised activity, if needed
15-16			

4. Lehrer/innenfortbildung (Opettajankoulutus)
   Lehrer/innen sollen zum einen verstärkt die sozio-emotionale Entwicklung der Kinder fördern können, zum anderen eng mit den Eltern kooperieren. In der Aus- und Weiterbildung der Lehrer/innen werden daher verstärkt folgende Themen angeboten: Absprachen über die Ausbildungsverantwortung für die Kinder; Kontinuität in Beziehungen durch die verschiedenen Stufen der Erziehung; Verstehen der Lebenswelt der Kinder; sozio-emotionale Entwicklung

und Wachstum in Curricula; Unterstützung der Kinder und ihrer Eltern bei der Lösung sozialer Probleme.

5. Einführung in die Arbeitswelt (Työelämään Tutustuminen Maailmaan)
   Von der siebten bis neunten Klasse arbeiten die Schüler/innen außerhalb der Schule in verschiedenen Betrieben. Hier lernen die Jugendlichen soziale Fähigkeiten für eine gut funktionierende Gemeinschaft. Die Benutzung von Informationstechnologien wird hier nachdrücklich gestärkt, um Arbeit und Schule zu koordinieren.
6. Ehrenamtliche Arbeit (Vapaaehtoistoiminta)
   Das MUKAVA-Projekt geht davon aus, dass es für die sozio-emotionale Entwicklung der Jugendlichen einen Vorteil bringt, sie zu solidarischem und verantwortlichem Handeln durch ehrenamtliche Tätigkeiten zu erziehen. Die Tätigkeiten können in kirchlichen Sozialeinrichtungen, Krankenhäusern, Altenheimen etc. ausgeübt werden. Jugendliche können auch in der eigenen Schule vielfältige Aktivitäten für ihre Mitschüler und das gemeinsame Schulleben organisieren.[34] Hier gibt es deutliche Bezüge zum oben erwähnten *Service Learning*.
7. Kooperation zwischen Schule und Elternhaus (Kodin ja koulun yhteistyö)
   Ein grundlegendes Element des MUKAVA-Projektes ist die klassenbezogene Elternkooperation. Dazu wird moderne Informations- und Kommunikationstechnologie verwendet. Eltern und Lehrerinnen/Lehrern kommunizieren per Mobiltelefon und Internet.

Der Informationsfluss ist durch ein spezielles Kommunikationssystem gewährleistet. Im Zentrum dieses Systems befindet sich eine Datenbank, die mit Informationen von den Lehrer/innen gefüttert werden und von den Eltern per Handy, Internet oder Papier abgerufen werden kann.

Eine Schule, die am MUKAVA-Projekt teilnimmt, ist die Männisto Schule in Kuopio, Ostfinnland. Das Profil der Schule stellt sich wie folgt dar: Die Schule hat 360 Schüler, 13 Gruppen von finnischen Schülern, vier Gruppen von ausländischen Schülern, insgesamt 13 verschiedene Nationalitäten, zehn verschiedene Fremdsprachen werden unterrichtet, 20 Firmen sind als Sponsoren aktiv und es werden 123 Stunden sonstige Aktivitäten und Klubs in der Woche angeboten.[35]

HALONEN berichtet einen Zwischenstand über die obligatorische Evaluation des MUKAVA-Projekts. Eine Fragestellung war dabei, wie viele und welche Schüler/innen mit den angebotenen Aktivitäten erreicht wurden.

Nach der Untersuchung an allen teilnehmenden Schulen nahmen 14 % der Schüler weder an Klubs, AGs noch an anderen organisierten Freizeitaktivitäten teil. Zu dieser Gruppe gehörten auch Schüler/innen, die von Lehrerinnen oder Lehrern als „Risikoschüler“ eingestuft wurden, insofern, als sie als eine Verwahrlosungstendenz aufzuweisen schienen. Um das gewünschte Ziel des MUKAVA-Projektes zu erreichen, greift man in den Projektschulen zu Maßnahmen, um speziell diese Schüler und Schülerinnen zu aktivieren.

> „Im persönlichen Kontakt mit dem Schüler informiert sich der Lehrer oder der Sozialberater, wie es dem Schüler geht und an welchen Aktivitäten er mitmachen möchte. Es kann sein, dass ein Kind schon im Sportverein oder anderswo aktiv ist. Natürlich nimmt man auch Kontakt mit der Familie des Kindes auf. In einigen Schulen veranstalten die Schulassistentinnen/-assistenten gezielte AGs für Sondergruppen.“[36]

Das MUKAVA-Projekt hat in einigen Bereichen große *Vorteile* gegenüber der bisherigen Schulform in Finnland als auch gegenüber den deutschen additiven Ganztagsangeboten oder Halbtagsschulen: Das Programm beginnt bereits in der Vorschule und ermöglicht die spielerische Hinführung auf bildende Prozesse, die in geringem Umfang curricular bereits dort verankert sind. Die Ausbildungsvereinbarung zwischen Eltern und Lehrern bezogen auf die Kinder ermöglichen eine enge Abstimmung, mehr Mitbestimmung der Eltern bei ganztägigen Bildungsangeboten und eine gezielte Förderung der Kinder auch außerhalb der Schule. Das wird gezielt ermöglicht durch die kurzen Kommunikationswege über das Kivahko-System.

Das Projekt ist durch psychologische Konzepte geprägt, wobei es für die thematischen Unterrichtsbereiche kein detailliertes Curriculum gibt. Es fehlen detailliertere Angaben über Einzelheiten des Projektes, da sie bisher nur in finnischer Sprache vorliegen.

Die *multiprofessionellen Teams* an den Schulen stellen eine Entlastung der Lehrer/innen dar, sowohl bei spezifischen Problemlagen mit einzelnen Kindern als auch Binnendifferenzierung im Unterricht.

Für die Ganztagsschulentwicklung bilanziert HALONEN mit Fokus auf die Entwicklung der informations- und kommunikationstechnologischen Fortschritte der Schulen, dass ein Arbeitstag von 8 bis 16 Uhr

„den Schulleitern bessere Voraussetzungen dafür gibt als die heutige Situation, wo die Lehrer nach ihrem Unterricht die Schule so schnell wie möglich verlassen. Unabhängig davon, was die Lehrer darüber meinen, kann man behaupten, dass die Ganztagsschule ein unentbehrlicher Bestandteil der Reform ist, wenn man von der traditionellen Schule zu der Schule der digitalen Ära übergeht."[37]

2.3 Aufbau des Schulsystems

In Finnland beginnt die Schulpflicht im Alter von sieben Jahren. Vor der Einschulung gibt es die Möglichkeit einer vorschulischen Betreuung, die entweder in Vorklassen an den Schulen oder in Kindertagesstätten stattfindet. Diese Betreuungsplätze sind von den kommunalen Trägern für jedes Kind bereitzustellen. Die Beteiligung im Vorschulbereich liegt bei 93 %.[33]

Neun Schuljahre sind verbindlich. Bis zur 9. Klasse besuchen alle Kinder gemeinsam die Gesamtschule. In der Primarstufe (Klassen 1-6) unterrichtet der/die Klassenlehrer/in fast alle Fächer. Ab der Sekundarstufe I führen Fachlehrer/innen den Unterricht durch. Der Umfang des Unterrichts darf täglich in den ersten beiden Klassen pro Tag fünf Stunden nicht überschreiten, in den übrigen Klassen bis zum Ende der Klasse 9 höchstens sieben Stunden betragen. Der Unterrichtsbeginn ist zwischen 8.00 und 9.00 Uhr und endet für die ersten beiden Klassen zwischen 12.00 und 13.00 Uhr; in den übrigen Klassen kann er bis 15.00 Uhr dauern. In den Schultag integriert sind Schulmahlzeiten.

Nach dem neunten Schuljahr gibt es zwei Möglichkeiten: Man kann eine allgemein bildende oder eine berufsbildende Ausbildung fortzusetzen. Das allgemein bildende „Lukio" ist der übliche Weg zu einer Universitäts- oder Hochschulausbildung. 55 % der Schüler wählen diese Ausbildungsform. Die berufsbildende Sekundarstufe II dauert drei Jahre und integriert ein halbjähriges Praktikum. Dies entspricht einer schulischen Berufsausbildung. Eine Ausbildung als Lehrling nehmen, laut Angaben des Deutschen Instituts für Internationale pädagogische Forschung, in Finnland nur 10 %. wahr. [39]

Integration von lernschwachen Kindern

Wann immer ein Kind Leistungsschwächen zeigt, die sein Mitkommen gefährden könnten, wird der/die *Speziallehrer/in* eingeschaltet. Es gibt an jeder Schule mindestens eine/n, an größeren mehrere. Sie/er hat außer der normalen Klassenlehrerausbildung ein Jahr Spezialstudium hinter sich und verfügt u.a. über lerndiagnostische und -therapeutische Kompetenz. Sie/er gibt jedem Kind, das im Klassenunterricht „untergeht", so viel Einzelunterricht, wie es braucht. Pro Jahr kommen nach Aussage des Zentralamts für Unterrichtswesen etwa 16-17 % aller Schüler/innen für kürzere oder längere Zeit in den Genuss solcher Hilfe.[40]

Das *Unterstützungsnetz* wird durch verschiedene Professionen, die in der Schule als Ansprechpartner zur Verfügung stehen, unterstützt, wie z.B. durch die Schulpsychologen.

Rahmenbedingungen

Schulträger sind in der Regel die Gemeinden. Die Schulen haben eine sehr weitgehende Autonomie, sogar in Bezug auf den Lehrplan. Lehrkräfte sind nicht Beamte, sie werden zu einem großen Teil nach Bedarf eingestellt und entlassen. 40 % aller finnischen Schulen haben weniger als 50 Schüler, 60 % haben weniger als sieben Lehrkräfte. Dies deutet allerdings auf ein sehr gutes Betreuungsverhältnis und einen intensiven persönlichen Kontakt hin – aus Sicht der Gestaltpädagogik zentrale Faktoren für eine optimale Persönlichkeitsentwicklung und gute Schulleistungen. Der Mitbegründer der Gestaltpädagogik und starke Schulkritiker Paul GOODMAN forderte schon in den 60er Jahren aufgrund seiner Kritik amerikanischer Massenschulen die Einrichtung von überschaubaren „Minischulen". Das finnische Beispiel scheint anzudeuten, dass auch bei der Einrichtung von Ganztagsschulen darauf zu achten ist, dass eine vertretbare Größe eingehalten wird. Die Anzahl der Schüler liegt jedenfalls in Finnland zwischen 10 und 600 an den einzelnen Schulen. Über 500 Schüler haben ganze 3 % aller Schulen. Ganz im Sinne unserer Argumentation aus Sicht des personenzentrierten Ansatzes der Gestaltpädagogik führt FREYMANN den finnischen PISA-Erfolg zu einem guten Teil darauf zurück, *dass gerade die lernschwächeren Kinder in einer intimen Lernumwelt weit besser als in einer anonymeren lernen können.*[41] Wenngleich diese Einsicht als pädagogische Binsenweisheit gelten kann, so ist sie doch wichtig, findet sie doch in Deutschland trotz ihrer schlagenden Evidenz bislang keinerlei Berücksichtigung. So ist die Klassenstärke in Finnland entsprechend geringer. Zum Vergleich: Die durchschnittliche Klassenfrequenz beträgt in Finnland 19,5 – in Deutschland 24,1.[42] Es sei allerdings nicht verschwiegen, dass der Einfluss der Klassenstärke in der wissenschaftlichen Diskussion kontrovers diskutiert wird. Unstrittig dürfte aber die Bedeutung der Schulgröße sein.

Finnische Lehrer/innen werden zwar erheblich schlechter als deutsche bezahlt, dafür ist ihr Ansehen in der Gesellschaft aber unvergleichlich höher. Die Bezahlung der Lehrer/innen, Erzieher/innen und Sozialpädagoginnen und -pädagogen ist sehr ähnlich. Von besonderer Bedeutung für unseren Zusammenhang ist allerdings, dass alle über eine akademische Ausbildung verfügen. Hier besitzt Deutschland insbesondere im Bereich der nicht vorhandenen oder schlecht ausgebauten Frühförderung einen entscheidenden Nachteil. Eine einheitliche akademische Ausbildung aller an der Ganztagsbildung Beteiligten könnte auch dafür sorgen, dass ein berufsgruppenübergreifender Teamgedanke entsteht, der bei der Lösung der schwierigen Herausforderungen anstelle des verbreiteten Kompetenz- und Konkurrenzgerangels hilfreich wäre.

In Finnland erhalten alle die gleiche Grundausbildung. Mit einer *einheitlichen Gesamtschule* werden allen Kindern und Jugendlichen die gleichen Lernmöglichkeiten geboten, so soll *soziale Ausgrenzung vermieden* werden. In Finnland legt ein landesweiter Lehrplan die Lernziele für den gesamten Unterricht fest, daher sind die Lerninhalte in allen Schulen zum großen Teil gleich. Für den Unterricht gelten eindeutige Rahmenbedingungen, innerhalb derer die Schulen allerdings *Spielraum für eigene Lehrpläne* haben. Die Schulen sollen *eigene Ideen* verwirklichen und *eigene Schwerpunkte* setzen.[43]

In Finnland gibt es laut FREYMANN keinen nennenswerten Unterrichtsausfall. Dies wird durch die Vertretungsreserve ermöglicht, die jeder Schulträger vorhält:

> „Voll ausgebildete Lehrkräfte, die sofort einspringen, wenn eine Lehrkraft erkrankt. Dies schlägt besonders in Bezug auf die schwächeren Schüler zu Buche, denn sie sind es ja, die durch Unterrichtsausfall besonders benachteiligt werden."[44]

Der Besuch finnischer Schulen ist kostenlos. Die Schüler/innen bekommen zusätzlich eine kostenlose Verpflegung und medizinische Versorgung.[45]

Unterstützung von anderen Professionen

Zum Personal einer jeden Schule gehören nicht nur Schulleitung, Klassenlehrer/innen sowie Fachlehrkräfte. Hier liegt, nach den Berichten von HALONEN und FREYMANN, auch der wesentliche Unterschied zu deutschen Schulen. *Die finnische Schule versteht sich nicht als Unterrichtsschule, sondern als umfassender Lern- und Arbeitsraum.* Dazu gehören außerhalb des Unterrichts Angebote, die fester Bestandteil des Schulalltags sind: Die medizinische Betreuung, psychologische Beratung sowie sozialpädagogische Dienste. Für diese Angebote sind nicht die Lehrer/innen zuständig, sondern entsprechende Experten. Die nachstehend Genannten müssen mindestens einen Tag wöchentlich in der Schule präsent sein, in großen Schulen sind sie es täglich.

1. **Schulschwester**
   Sie ist ihrer Grundausbildung nach Krankenschwester und hat eine Zusatzausbildung für vorbeugende Gesundheitsarbeit. Das Berufsbild ist in Deutschland unbekannt.
2. **Kurator/in**
   Sie hat eine sozialpädagogische Ausbildung und ist für alle Probleme zuständig, die „sozialer" Natur sind. Gibt es z.B. in einer Klasse Konflikte zwischen zwei Cliquen, ist es nicht Sache des Klassenlehrers oder der -lehrerin, sich damit zu befassen. Ihre Kompetenzen sind u.a. gruppentherapeutische Methoden.[46] Auch bei Problemen, die man in Kooperation mit dem Elternhaus bearbeitet – z.B. Schuleschwänzen –, ist die Kuratorin zuständig. Das Aufgabengebiet ist ähnlich der derzeitigen Praxis von Schulsozialarbeit.
3. **Psycholog/in**
   Der Schulpsychologe kommt einmal wöchentlich in kleinere Schulen, in größeren Schulen sind sie täglich anwesend. Die Kinder suchen von sich aus die Schulpsychologin auf, nicht aufgrund einer Weisung des Klassenlehrers. FREYMANN bewertet diese Unterstützung durch einen unter Schweigepflicht stehenden Erwachsenen, der Zuwendung, Beratungs- und Problemlösekompetenz einbringt, für viele Kinder und Jugendliche als sehr hilfreich. Die Klassenlehrerin/der Klassenlehrer hat nicht die Zeit, die ein „Klient" braucht, außerdem nicht die Qualifikation, z.B. in klientenzentrierter Gesprächsführung.
4. **Speziallehrer/in**
   Er/sie ist ausgebildeter Lehrer/ausgebildete Lehrerin, hat mindestens zwei Jahre Schulpraxis nach beendeter Ausbildung, ein Jahr an der Universität mit einem intensiven Lehrplan, der von den physiologischen Grundlagen über diagnostische Kompetenz bis hin zu einer differenzierten Methodenpalette vermittelt, was für die spezielle Förderung der lernschwachen Kinder und Jugendlichen notwendig ist. Wenn ein Kind im Klassenunterricht nicht mitkommt, wird der/die Speziallehrer/in zur Unterstützung gerufen. Sie beobachten Lernsettings und beraten die Klassenlehrer. Ggf. übernimmt sie/er dann das Kind für bestimmte Stunden und gibt gezielten Einzel- oder Klein-

gruppenunterricht in den Inhalten bzw. Verfahren, die nicht bewältigt wurden. Ziel ist es, den Anschluss an die Klasse wieder herzustellen. Das ursprüngliche Organisationsmodell sah für je drei Klassen einen Speziallehrer/eine -lehrerin vor. Heute ist die Wirklichkeit davon recht weit entfernt, hauptsächlich, weil es an Lehrern mit Spezialausbildung mangelt, aber z.T. auch aus finanziellen Gründen.

5. **Assistent/in**
   In Schulen mit größeren Lerngruppen gibt es eine unbestimmte Anzahl von Assistenten, die keine Ausbildung haben und auf Stundenbasis arbeiten. Das können z.B. Abiturienten sein, die auf einen Studienplatz warten, oder Hausfrauen, die ihren Beruf nicht ausüben. Sie arbeiten nicht eigenverantwortlich und sind kein Ersatz für eine fehlende Speziallehrerin, dennoch aber eine große Entlastung für die Klassen- oder Fachlehrer. Wenn die Schule große Klassen hat – d.h. in Finnland solche mit mehr als 18 bis 20 Schülern –, stellt sie Assistenten auf Stundenbasis ein. Sie können sich z.B. neben eine Störerin/einen Störer setzen und mit ihr/ihm arbeiten oder mit einer kleinen Gruppe in einen anderen Raum gehen. Die Lehrkraft soll von ihrer Aufgabe, der ganzen Klasse etwas beizubringen, nicht abgelenkt werden.
6. **Küchenpersonal**
   In jeder Schule gibt es Küche und Speisesaal. Die Kinder bekommen täglich eine volle Mahlzeit, die kostenlos ist.

Das *Ziel des Einsatzes unterschiedlicher Professionen an den Schulen ist die Entlastung der Lehrer/innen,* so dass sie sich auf die Kernaufgabe, den Unterricht, konzentrieren können. SCHMOLL sieht in diesem Unterschied einen Grund für die guten Ergebnisse Finnlands bei der PISA-Studie:

> „Finnland hat nicht aufgrund seiner Ganztagsschulen Spitzenergebnisse erzielt, sondern *aufgrund der individuellen Förderung jedes einzelnen Schülers,* aufgrund der Unterrichtsqualität. Die Finnen haben ihre Lehrer von allen sozialpädagogischen Aufgaben entlastet. Dafür gibt es Schulpsychologen und Sonderschullehrer, sie können sich *allein auf die Konzeption des Unterrichts* konzentrieren.“[47]

Die Botschaft von Finnland in Berlin berichtet über die Vorteile des finnischen Schulsystems, die sich von deutschen Rahmenbedingungen in vielerlei Hinsicht unterscheiden: Die Kommunen sind Schulträger und sind verantwortlich für die

Einstellung und Entlassung der Lehrer/innen, die in Finnland (und auch in Schweden) nicht verbeamtet sind. Die Trägerschaft ist überwiegend kommunal, von den 4 022 Gesamtschulen Finnlands befinden sich 58 in privater, 30 in staatlicher und der Rest in kommunaler Trägerschaft. Die Botschaft berichtet außerdem, dass der Beruf des Lehrers in Finnland hohes Ansehen genieße.[48] Weitere Einschätzungen s.u. im Interview mit Raili Tähtivyö.

2.4 Der PISA-Erfolg Finnlands

Unter den teilnehmenden Staaten haben Finnlands Schüler/innen das höchste Interesse am Lesen und den dritten Platz bezüglich der Lesekompetenz. Als Gründe für dieses ausgeprägte Interesse der 15-Jährigen führen VALIJÄRVI und LINNAKYLÄ vom finnischen PISA-Konsortium in der Studie „The finnish success in PISA and some reasons behind it“[49] die *Bemühungen* an, *alle Schüler/ -innen unterschiedlicher Leistungsniveaus in den Unterricht einzubinden.* Die Verbindung mit der Förderung durch Assistenten/Assistentinnen und Speziallehrer/innen ergäben weitere Gründe für das hohe durchschnittliche Leistungsniveau. Der hohe Integrationsgrad in den normalen Unterricht ist selbstverständlich: „A student's right to special education is stipulated in the Finnish school laws.“[50] So besuchen nur zwei Prozent der finnischen Kinder eine Schule für Lernbehinderte.

Die Lesekompetenz wird auch dadurch geschult, dass im finnischen Fernsehen englischsprachige Filme mit Untertiteln versehen sind, die zu einem raschen Leseverstehen führen. Außerdem beschreibt FREYMANN, dass es besonders leicht ist, finnisch zu lesen:

> „Die phonetische Struktur der finnischen Sprache erlaubt eine praktisch lautsprachliche Orthographie. Die Decodierleistung, die man beim Lesen von Sprachen wie Deutsch oder Englisch aufbringen muss, entfällt. Finnische Kinder werden Mitte August eingeschult und können normalerweise zu Weihnachten fließend lesen – nicht, weil im Unterricht das methodische Ei des Kolumbus zelebriert würde, sondern schlicht, weil es so leicht ist, Finnisch zu lesen.“[51]

Die Schüler/innen bleiben nicht sitzen, daher ist die Motivation für Lehrkräfte, die Schüler/innen zu befähigen, adäquate Leistungen zu erbringen, deutlich höher. Schüler/innen mit Problemen in bestimmten Fächern erhalten die Möglichkeit, ein bis zweimal pro Woche in Kleingruppen von zwei bis fünf Schülern mit Speziallehrern zu arbeiten.

Im übrigen Europa ist es gar nicht selbstverständlich, dass alle die gleiche Grundausbildung erhalten. *Mit einer einheitlichen Gesamtschule werden allen die gleichen Lernmöglichkeiten geboten und soziale Ausgrenzung vermieden.* In Finnland legt ein landesweiter Lehrplan die Lernziele für den gesamten Unterricht fest, daher sind die Lerninhalte in allen Schulen zum großen Teil gleich. *Für den Unterricht gelten also eindeutige Rahmenbedingungen, aber innerhalb dieser haben die Schulen noch Spielraum für eigene Lehrpläne.* Hierbei können die Schulen eigene Ideen verwirklichen und eigene Schwerpunkte setzen. Durch vielseitige Unterrichtsmethoden wird ein günstiges Lernklima geschaffen. Allerdings gibt es auch Berichte von Besuchern finnischer Schulen, die die Unterrichtsmethodik als wenig innovativ empfanden. *Entscheidender als spezielle Unterrichtsdidaktiken scheinen das gute Eltern-Lehrer-Schüler-Verhältnis und die Grundorientierung auf Förderung statt Selektion zu sein.* Die Lesebereitschaft finnischer Schüler ist überdurchschnittlich hoch. In Finnland hat Lesen eine starke Tradition, und überall gibt es ein gutes Angebot an Bibliotheken. Auch werden Fremdsprachen und deren frühzeitiges Erlernen als wichtig angesehen, was für ein kleines Land überlebensnotwendig ist. In der für alle Schüler gemeinsamen Gesamtschule muss jeder mindestens zwei Fremdsprachen erlernen, in den meisten Schulen sind das Englisch und – je nach Muttersprache – Schwedisch bzw. Finnisch. Der Unterricht in der ersten Fremdsprache beginnt im 3. Schuljahr, in der zweiten im 7. Schuljahr. Außerdem kann jeder Schüler im 5. und im 8. Schuljahr noch eine weitere Fremdsprache als Wahlsprache hinzunehmen: meistens Deutsch, Französisch, Russisch oder Spanisch.

FREYMANN stellt fest, dass trotz der langen gemeinsamen Schulzeit der Kinder die formal angelegten gleichen Bildungschancen so nicht vorhanden sind. Die Schulwahl erfolgt durch die Eltern, das bedeutet z.B. für die Großstadt Helsinki, dass allen Eltern von Zweitklässlern vor Weihnachten eine Vielzahl an Schulprospekten zugesandt wird, damit sie entscheiden können, auf welche Schule ihr Kind ab Klasse 3 gehen soll.

> „Nicht alle Eltern werden die gesammelten Prospekte überhaupt durchstudieren, viele geben ihr Kind einfach auf die Schule, die der Wohnung am nächsten liegt. Insbesondere gilt dies, wenn den Eltern ein spezielles Angebot für ihr Kind nicht wichtig ist, sondern am Ende der Pflichtschulabschluss genügen soll.“[52]

In Finnland gibt es verschiedene *Schulprofile* die sich zum einen aus der Reihenfolge der zu erlernenden Sprachen ergeben. Zum anderen gibt es Schulen mit Schwerpunkten Musik, einem sportlichen Schwerpunkt Eishockey, mathematisch-naturwissenschaftlichen Schwerpunkten.

> „Dies sind nur Beispiele. Letztere allerdings ganz offiziell existierende: Von Nokia hängt Finnlands Exportquote ab, und Eishockey ist nicht die schönste Nebensache der Welt, sondern die Hauptsache. Wenigstens für die männliche Hälfte der finnischen Bevölkerung. Da darf es sogar Eliteschulen geben.“[53]

Solche Formen des „public private partnership“ sind in Deutschland bisher nur in geringem Umfang vorhanden.[54]

VIII Leitlinien zukunftsfähiger Ganztagsbildung

Leitlinien zukunftsfähiger Ganztagsbildung beschreiben in knapper Form die Quintessenz unserer bisher vorgestellten Recherchen. Sie bilden gleichzeitig den Hintergrund für die praktische Ausgestaltung des Weges zur neuen Ganztagsschule, der auf eine Überwindung des verengten Bildes von Schule als Unterrichtsanstalt hin zu einem erweiterten Bild von Schule als *Kreatives Feld* abzielt. Mit unserem evaluierten Konzept *Evolutionärer Personal- und Organisations- bzw. Schulentwicklung* (*EPOS*)[1] zeigen wir, wie der Arbeitsplatz und die Schule zu einem kreativen Feld werden können, dessen Antriebskräfte die Freisetzung bislang unerschlossener kreativer Potentiale von Schülern und Lehrern sind, sowie neue Inhalte, Methoden und Organisationsformen, die die Kräfte des Feldes nutzen und durch intelligente Kooperationen zur *Qualitätssteigerung bei gleichzeitiger Arbeitserleichterung* beitragen. Zunächst jedoch werden die Leitlinien in Form von sechs Thesen vorgestellt, die mit kurzen Erläuterungen versehen sind. Wir beginnen dieses Kapitel mit einer bildungspolitisch pointierten Darstellung allgemeiner Einsichten, die sich aus unseren Recherchen für die Einrichtung von Ganztagsschulen, unseren langjährigen Forschungen und Erfahrungen in der Beratung von Schulen ableiten lassen.

Allgemeine Einsichten

Die Auseinandersetzung mit wissenschaftlichen Untersuchungen zur Wirkung von Ganztagsschulen, mit in- und ausländischen Modellen der Ganztagsbildung sowie die Analyse gegenwärtiger und historischer Erfahrungen zeigt, dass es zwar durchaus viel versprechende Anregungen gibt, wir aber insgesamt über *kein wissenschaftlich fundiertes Modell verfügen, das es erlaubt eine allgemein verbindliche Empfehlung auszusprechen.* Außer der aus Befragungen gewonnenen Erkenntnis, dass bis zu 75 % der Eltern eine Ganztagsschule befürworten – vor allem, weil sie sich damit die Lösung ihres Betreuungsproblems erhoffen – und der aus Frankreich stammenden Erkenntnis, dass die flächendeckende Einrichtung ganztägiger Kinderbetreuung – allerdings von der Kinderkrippe an – das demographische Problem dramatisch entschärfen kann –, gibt es zwar Hinweise auf positive Wirkungen in einzelnen Bereichen, insgesamt aber *kaum allgemein gültige Aussagen über die Wirkungen von Ganztagsschulen.*

Allerdings deutet sich bezogen auf den grundlegenden Organisationsrahmen von Schule aus den internationalen Vergleichsstudien an, dass das deutsche Schulsystem mit seinem Beharren auf der Dreigliedrigkeit, der frühen Trennung der Schüler/innen nach vermeintlichen Leistungsstufen und der frühen Benotung entscheidende Misserfolgsfaktoren favorisiert, die die Entwicklung vieler Schüler/innen negativ beeinflussen und z.T. eine Erklärung für das relativ schlechte Abschneiden deutscher Schulen sein könnte.

So legen Untersuchungsergebnisse nahe, dass Schulsysteme, die alle Schüler möglichst lange gemeinsam unterrichten (etwa bis zur 8. oder 9. Klasse) und dabei auf Benotung mit Ziffernzensuren und Sitzenbleiben verzichten, zum überwiegenden Teil erheblich bessere Ergebnisse zeigen.

Hinzu kommt, dass die Behauptung, durch die frühe Trennung nach Leistungsstufen würden Schüler/innen individuell gefördert, nicht haltbar ist. Wie zuletzt auch die IGLU-Studie über die Leistungen von Grundschulen gezeigt hat, sind bis zu 50 % der Übergangsempfehlungen von Grundschullehrerinnen oder -lehrern fehlerhaft, da sie weniger nach Schülerleistung, sondern stärker nach sozialer Herkunft urteilen. So hat sich zum Beispiel gezeigt, dass das Kind einer türkischen Putzfrau bei gleicher Leistung in Baden-Württemberg eine 4,6-mal geringere Chance hat eine Gymnasialempfehlung zu erhalten als das deutsche Mittelschichtkind.

Offenbar führt das gegliederte Schulsystem zusammen mit der traditionell verankerten Auslesepraxis dazu, *dass die deutsche Schule eher als Selektions-, denn als Förderschule zu begreifen ist,* was sich auch darin zeigt, dass bis zu einem Drittel aller fünfzehnjährigen Schüler in Deutschland durch Sitzenbleiben oder Zurückstellen ein Schuljahr verloren hat – ein weltweit einmaliger Spitzenwert.

Dieser bedenkliche Rekord erklärt sich auch aus dem Selbstverständnis und der Haltung vieler Lehrer/innen, die die mangelnden Leistungsergebnisse vielfach auf eine zu inhomogene Schülerschaft zurückführen und dies – obwohl es in Europa kein Schulsystem gibt, das seine Schüler/innen zu einem so frühen Zeitpunkt derart sortiert.

Mögen auch historische Traditionen, kulturelle Besonderheiten und aktuelle gesellschaftliche Haltungen eine wichtige Rolle bei den relativ bescheidenen Leistungen spielen, so lässt sich doch für die Gestaltung einer zukunftsfähigen Ganztagsschule aus diesen Befunden die Schlussfolgerung ziehen, dass – aufbauend auf einer individualisierten Frühförderung beginnend im Kindergarten – eine *veränderte Akzentsetzung weg von der Selektion hin auf die Förderung in leistungsgemischten Gruppen*, die sich in kreativer Konkurrenz gegenseitig herausfordern, gesetzt werden sollte. Dies erfordert allerdings neue Lehr- und Lernkonzepte und veränderte Kompetenzen der Lehrer/innen, die es lernen müssen, mit inhomogenen Gruppen zu arbeiten, etwa über Konzepte der Binnendifferenzierung, des Team-Kleingruppenmodells oder Verfahren stärker selbstgesteuerten Lernens.

In der aktuellen Diskussion wird die Einrichtung von Ganztagsschulen mit unterschiedlichen Erwartungen besetzt. Während Hoffnungen der Befürworter – die allerdings nur zum geringsten Teil durch wissenschaftliche Erkenntnisse gestützt sind – darauf abzielen, mit der Einrichtung von Ganztagsschulen die Scharte der negativen PISA-Ergebnisse auswetzen zu können, zeichnen Mahner Schreckgebilde einer totalitären Staatspädagogik an die Wand, die Kindern und Jugendlichen ebenso wie Familien aufgrund der Ganztagesbetreuung kaum noch Raum für eigenständige Entwicklung lässt.

Die nähere Befassung mit der Problematik zeigt – was kaum überraschen dürfte –, dass die Faktoren, von denen der Erfolg eines Schulmodells und damit auch individueller Schülerkarrieren abhängt, zu vielfältig und regional zu unterschiedlich sind, als dass es möglich wäre, pauschal zu sagen, Ganztagsschulen seien besser als Halbtagsschulen, oder gar *das* erfolgversprechende Modell *der* Ganztagsbildung mit eindeutig berechenbaren Vor- und Nachteilen vorzustellen.

Der *internationale Kongress „Ganztagsbildung in der Wissensgesellschaft“* in Bielefeld (9.-11.10.2003), an dem führende Erziehungs- und Sozialwissenschaftler der westlichen Welt teilnahmen, hat die hier ausgeführten Argumente in überzeugender Weise bestätigt und gezeigt, dass sich aufgrund der vorliegenden Forschungslage und der unterschiedlichen Erfahrungen in westlichen Ländern kaum allgemein verbindliche Konsequenzen ableiten lassen.

So verfügt – um an unsere Darstellung im letzten Kapitel anzuknüpfen – ausgerechnet *Finnland*, als eines der immer wieder als Vorbild angepriesenen Spitzenreiter der PISA-Studie, lediglich über eine Halbtagsschule – auch wenn es aus verschiedenen Gründen nunmehr die Entwicklung einer Ganztagsschule anstrebt. Gerade das Beispiel Finnland zeigt, dass simplifizierende technokratische Vorstellungen einer grundlegenden Reform allein durch die Veränderung schulorganisatorischer Rahmenbedingungen in die Irre führen, nicht zuletzt weil sie der bereits in den 70er Jahren gescheiterten *Steuerungsillusion* unterliegen und die Komplexität der beteiligten Faktoren vernachlässigen.

Es gilt die Einsicht: *Komplexe Systeme wie Schul- und Bildungssysteme lassen sich nicht top-down-mäßig durch Vorschriften und Erlasse im gewünschten Sinne steuern.*

Diese auch aus der professionellen Organisationsentwicklung im Bereich der Wirtschaft vielfach belegte Erkenntnis von der *Eigendynamik komplexer sozialer Systeme*, die sich externen Eingriffen widersetzen, scheint noch nicht zu den Spitzen in Politik und Verwaltung vorgedrungen zu sein, die im Gefolge von PISA mit weitgehend ungeeigneten und überdies konzeptionslos widersprüchlichen Schnellschußmaßnahmen (z.B. Abschaffung der Orientierungsstufe, Verschärfung des Notendrucks, weitere Verregelung, externe Evaluation etc.) Qualitätsverbesserungen erreichen möchten, ohne die Betroffenen selbst entsprechend zu qualifizieren und ihnen Freiräume zur Gestaltung innovativer Schulkonzepte zu lassen. Die *Tendenz zur Überregulierung* ist zweifellos eine deutsche Spezifität, deren Überwindung im Bildungsbereich innovatives Potential freisetzen könnte – insbesondere im Bereicht der Ganztagsbildung, weil hier neue Konzepte notwendig sind, die ohne höchstes Engagement der Beteiligten weder entwickel-, noch umsetzbar sind.

Kulturelle Besonderheiten und regionale Bedingungen, historisch gewachsene Traditionen und Mentalitäten sowie Einflüsse politischer Interessen lassen sich also nicht durch Eingriffe von außen aufheben; ganz im Gegenteil bewirken solche Fremdeingriffe häufig eher die Stärkung *„institutioneller Abwehrroutinen"* und damit ein Beharren auf dem Status quo, wie der Organisationsentwicklungsexperte Chris ARGYRIS[2] in zahlreichen Studien nachgewiesen hat.

Damit ist aus unserer Sicht klar, dass die Entwicklung zukunftsfähiger Ganztagsschulen zunächst ein individueller Such- und Gestaltungsprozess ist, den die *einzelne Schule als elementare Handlungseinheit in eigener Verantwortung selbst gestalten muss.*

Mit anderen Worten: Wenn Ganztagsbildung zu einem Erfolgsmodell werden soll, in dem Sinne, dass sie nicht nur einige der in der PISA-Studie beklagten Mängel öffentlicher Schulbildung in Deutschland überwindet und hilft das beklagte Betreuungsproblem zu lösen, sondern darüber hinaus im Sinne der Nachhaltigkeit zu einem zeitgemäßen Bildungsverständnis für die Wissensgesellschaft beiträgt, dann muss die einzelne Schule selbst einen *grundlegenden Lernkulturwandel* weg von der Unterrichtsanstalt im traditionellen Sinn hin zu einer lernenden Organisation (vgl. SENGE 1996) bzw. zu einem „Kreativen Feld“ (vgl. BUROW & HINZ 2005) anzielen. Sie muss sich öffnen für die stärkere Berücksichtigung der Lern- und Lebensprobleme ihrer Schüler/innen, aber auch gegenüber ihrem sozialen und kulturellen Umfeld. Sie muss zu einem Ort gemeinsamen Forschens und Lernens werden, *zu einem Ort der gemeinsamen Suche,* nach derjenigen Konzeption, die nationale Besonderheiten berücksichtigt, auf die spezifische Situation in der Region und die spezifisch zusammengesetzte Schülerschaft eingeht unter Beachtung des besonderen Profils des jeweiligen Kollegiums.

Personal- und Schul- bzw. Organisationsentwicklung müssen dabei Hand in Hand gehen, denn die Schule als Lernende Organisation benötigt Lehrer, Schüler, Eltern und eine Schulverwaltung, die sich selbst als Lernende, als „learning community“ begreifen. *Damit steht der Übergang von der verregelten Verwaltungsschule zur offenen Gestaltungsschule an.*

Selbstreflexion, Teamentwicklung, Profilbildung, Partizipation, neue Führungskultur und Öffnung von Schule sind die Schlüsselwörter dieses grundlegenden Wandels, der nur über einen längerfristig angelegten Entwicklungsprozess möglich ist. Hierzu bedarf es eines in Eigenverantwortung auszufüllenden offenen Gestaltungs- bzw. Möglichkeitsraumes, der von Politik und Verwaltung unterstützt und gefördert werden muss.

In der notwendig werdenden Überwindung der tradierten Form der Unterrichtsschule liegt allerdings auch die entscheidende Chance: Die veränderten Anforderungen der globalisierten Wissensgesellschaft und die sich abzeichnende Einrichtung von Ganztagsschulen machen es nötig, Schule und öffentliche Bildung insgesamt neu zu denken. In einer ersten These könnte man unsere Einsicht so ausdrücken:

These 1: Zukunftsfähige Ganztagsbildung bedarf der Autonomie von Schule
Zukunftsfähige Ganztagsbildung kann nicht von oben verordnet werden, sondern muss, von der Schulgemeinde (i.e. Lehrer, Eltern, Schüler, sonstiges Personal, außerschulische Kooperationspartner und ggf. Berater, Schulaufsicht etc.) auf die spezifischen soziokulturellen, personalen und lokalen Bedingungen zugeschnitten, selbst entwickelt werden. Voraussetzung ist daher die Autonomie von Schule.

Angesichts der Enttraditionalisierung von Lebensläufen und Berufskarrieren in einer sich immer schneller wandelnden globalisierten Marktgesellschaft verliert

Schule – worauf OERTER hingewiesen hat – ihr Sinnzentrum bezüglich der Gewährleistung von Berufserfolg. Wo aber kann unter den gewandelten Bedingungen ein tragfähiges Sinnzentrum für die Ganztagsschule in der Wissensgesellschaft liegen?

Im Anschluss an KOHBERGS Studien sieht OERTER *die Schule als Keimzelle der Demokratie im Stadtteil* und zeigt hier eine Nähe zu entsprechenden Vorstellungen Hartmut VON HENTIGS, der ja bekanntlich die Schule nicht nur als *„Lebens- und Erfahrungsraum"*, sondern auch als *„polis"*, als *einen Ort des Lernens und Erfahrens von Demokratie,* sieht. Insofern muss aus unserer Sicht die Autonomie von Schule erweitert werden, um eine *altersgemäße Autonomie der Schüler/innen.*

Bei der Entwicklung von Ganztagskonzepten geht es insbesondere um eine *Neubestimmung des Verhältnisses von formeller zu informeller Bildung,* wobei die Bedeutung letzterer bislang dramatisch unterschätzt wird. Laut LIVINGSTONE, der in Studien belegt zu haben meint, dass bis zu 70 % der Bildung informell stattfinden, könne PISA keine relevanten Aussagen über die Leistungen von Schulsystemen treffen, da ja ein Großteil des abgefragten Wissens bzw. der Fähigkeiten nicht in den Schulen, sondern in außerschulischen Zusammenhängen erworben wurde. Dies wäre ein *Hinweis auf die zentrale Bedeutung kultureller und gesellschaftlicher Rahmenbedingungen* und könnte gleichzeitig die bisherige curriculare Struktur der Bildung radikal in Frage stellen.

Bezogen auf den PISA-Sieger Finnland mit seiner Halbtagsschule, scheint – so meinen viele Expertinnen und Experten – auch weniger die konkrete Schulform als ein *besonderer soziokultureller Kontext* entscheidend zu sein, in dem ein kleines Land etwa gezwungen ist, jeden mitzunehmen und Bildung im Bewusstsein aller Kreise der Bevölkerung einen sehr hohen Stellenwert hat. Auf jeden Fall verdankt Finnland seinen Erfolg nicht einer – mit Deutschland von vielen favorisierten – Ausweitung des traditionellen Schulunterrichts auf den Nachmittag.

Unsere eigenen Untersuchungen zu den Leistungen kreativer Gruppen kommen zu ähnlichen Schlussfolgerungen: Nicht die konkrete Gestalt der Schule ist demnach entscheidend für das Hervorbringen überragender kreativer Leistungen, sondern spezifisch aufgebaute soziale und kulturelle Umfelder, wie z.B. eine besondere soziale Zusammensetzung der Gruppe, lokale kulturelle Einflüsse, die Rolle der Peergroups etc.[3]

Aus dieser Perspektive geht es bei der Entwicklung zukunftsfähiger Konzepte der Ganztagsbildung eher darum, dass die überkommene Unterrichtsschule sich für die informellen Lernprozesse der Schüler/innen, aber auch der Lehrer/innen öffnet und entsprechend Unterstützungsräume schafft, aus denen lokale kreative Anregungs- und Gestaltungsfelder entstehen können.

Wie dem auch sei: Schule – das zeigen die Untersuchungen – unterschätzt auf jeden Fall bislang *die Selbststrukturierungsleistungen von Kindern und Jugendlichen*, aber auch die Fähigkeiten des Kollegiums Schule gemeinsam zu entwickeln, die immer dann zum Tragen kommen, wenn geeignete Lern-, Handlungs- und Gestaltungsräume zur Verfügung stehen. Ganztagsschulen werden deshalb nur dann einen Fortschritt darstellen, wenn sie nicht den Fehler machen, den Schulvormittag in traditioneller Weise auf den Nachmittag auszudehnen – also eine verlängerte Vormittagsschule mit Suppenausgabe und Hausaufgabenbetreuung anbieten –, sondern stattdessen Schule und Bildung grundlegend neu denken und insbesondere auch Räume für neue Formen informellen Lernens in unterschiedlichen Lernumgebungen bereitstellen, die der Entfaltung der Selbststrukturierungspotentiale und Bedeutungsrelevanzsetzungen von Kindern und Jugendlichen einen ausreichenden Spielraum lassen.

Politik und Bildungsverwaltung müssen der Schule, d.h. der Schulleitung, dem Kollegium, den Eltern und den Schülern, die nötige Autonomie gewähren, um die – z.B. über Bildungsstandards – vorgegebenen Ziele in eigener Verantwortung auf selbst gewählten Wegen zu erzielen.

Wenn in der Ganztagsschule mit zukunftsfähiger Bildung ernst gemacht werden soll, dann müssen insbesondere *neue Formen der Partizipation bzw. der Selbststeuerung von Lehr-/Lernprozessen*, aber auch der *Gestaltung des Schullebens* – entwickelt werden. Auf einen Nenner gebracht steht nicht nur der Abschied von der selektierenden, lehrergesteuerten Unterrichtsschule, sondern auch von der top-down gesteuerten Verwaltungschule an. Wie wir gezeigt haben, können im Rahmen eines solchen erweiterten Verständnisses von Autonomie nicht nur Schulleitung und Lehrer/innen, sondern auch die Schüler/innen selbst zu Motoren der Schulentwicklung werden.[4]

Daher unsere These 2:

These 2: Zukunftsfähige Ganztagsbildung bedarf der (altersgemäßen) Autonomie der Schüler/innen

Zukunftsfähige Ganztagsbildung erfordert den Abschied von der Unterrichtsschule hin zu einer Lernenden Organisation, die sich in ihrem regionalen Umfeld verortet und kreative Potentiale ihrer Schüler/innen sowie deren Selbststrukturierungsfähig-

keiten in umfassendem Sinne freisetzt, so dass sie zu aktiven Mitgestaltern ihres Lebens- und Erfahrungsraumes bzw. ihres Umfeldes werden. Dies erfordert eine (altersgemäß) zu entwickelnde umfassende Autonomie von Schülerinnen und Schülern, die zu Mitgestaltern der Lerninhalte und Lernumgebungen werden. Diese veränderte Auffassung der Aufgaben und Formen von Schule spiegelt sich auch in einem erweiterten Bildungsbegriff wider, der auf die Einheit von Wissen, Können und Sein setzt.

Um diese These zu veranschaulichen ein Beispiel: In den Kommunalverfassungen mehrerer Bundesländer ist seit einiger Zeit verankert, dass Kinder und Jugendliche an kommunalen Planungsprozessen zu beteiligen sind. Das deutsche Kinderhilfswerk hat mit seinem von Waldemar Stange entwickelten Modell „Planen mit Phantasie" in vielen Beteiligungsprojekten gezeigt, wie dieses abstrakte Beteiligungsgebot mithilfe von Zukunftswerkstatt und Planungszirkel in den kommunalen Alltag Eingang finden kann. Wir selbst und unsere Mitarbeiter/innen haben in zahlreichen Zukunftswerkstätten in Grundschulen und weiterführenden Schulen gezeigt, welches innovative Potential und welche Bereitschaft zum Engagement Schüler/innen entwickeln, wenn ihnen echte Gestaltungsräume eröffnet werden.[5] Es ist umfassend diagnostiziert worden, dass die Kluft zwischen Alltagswirklichkeit und schulisch vermittelten Unterrichtsinhalten besteht. Der erweiterte Bildungsbegriff und die erweiterte Autonomie von Schule und Schülern bieten hier viele neue Chancen, diese Lücke zu schließen.

Mit den ersten beiden Thesen haben wir zunächst die Verantwortung für die Entwicklung zukunftsfähiger Ganztagskonzepte in die Hände von Schulen, Schülern und der Schulgemeinde gelegt – und es gibt – worauf wir bereits in der Erörterung des Bildungsauftrags von Schule hingewiesen haben – durchaus Befürchtungen, dass sich Schule mit diesem Anspruch selbst überfordern könnte. GIESECKE etwa plädiert – wie wir oben gezeigt haben – vehement für eine Begrenzung der Schule auf ihren Unterrichtsauftrag und die Zurückweisung umfassender Erziehungsansprüche an die Eltern.[6] So einleuchtend dieses Plädoyer aus dem Blickwinkel vieler sich überfordert fühlender Lehrer/innen sein mag, so geht es doch an den gegenwärtig vorzufindenden und zukünftig zu erwartenden gesellschaftlichen Realitäten vorbei: In der arbeitsteilig organisierten Wissensgesellschaft mit mobilen, individualisierten, flexibilisierten Lebensverläufen und Arbeitsverhältnissen muss Schule einen umfassenden Bildungs- und Erziehungsauftrag wahrnehmen, da er von den Eltern allein nicht geleistet werden kann.[7]

Wo aber bleiben bei dieser Herausforderung die Beiträge von Wissenschaft und Politik? Genauer: Welche Rolle können Wissenschaft und Politik im Prozess der Entwicklung zukunftsfähiger Bildungsmodelle überhaupt noch spielen, wenn erstere nicht in der Lage sind, allgemein verbindliche Regeln aufzustellen und letztere mit technokratischer Steuerung von außen zwangsläufig scheitern?

Wenngleich Wissenschaft nicht in der Lage ist, ein allgemein verbindliches Erfolgsmodell vorzustellen, so kann sie doch – auf dem Stand der gegenwärtigen Forschungslage – eine Reihe *von Leitlinien zukunftsfähiger Ganztagsbildung* benennen – deren Berücksichtigung es wahrscheinlicher macht, dass eine verbesserte Lernkultur und bessere Ergebnisse erzielt werden. Diese Leitlinien können den Trägern der Schulentwicklung Anregungen für die Gestaltung ihres eigenen Modells geben, das zu den jeweiligen Bedingungen vor Ort passt. Weiter kann Wissenschaft mit *Modellen Evolutionärer Schulentwicklung* (vgl. BUROW & HINZ 2004) der Politik Instrumente an die Hand geben, die es – bei Vorliegen einer entsprechenden Akzeptanz und Kompetenz vor Ort – wahrscheinlicher machen, dass ein *selbstgesteuerter Prozess der Entwicklung personengemäßer und gesellschaftsgemäßer Bildungsmodelle* angestoßen wird.

Hieraus ergeben sich These 3 *Leitlinienthese* und These 4 *Steuerungsthese.* Die nachfolgende Leitlinienthese, in der aus unserer Sicht essentielle Erfolgsbedingungen für die Entwicklung zukunftsfähiger Konzepte der Ganztagsbildung benannt werden, bündelt eine Reihe von Einzelthesen, die sich aus unseren Ausführungen in den vorangegangenen Kapiteln ableiten.

These 3: Es lassen sich allgemeine Leitlinien zukunftsfähiger Ganztagsbildung bestimmen, deren Beachtung nicht nur die Wahrscheinlichkeit einer optimierten Qualität von Schule erhöhen, sondern die auch zu einer Verbesserung des Schulklimas und einer Arbeitserleichterung durch Kooperation beitragen.

Im Einzelnen sehen wir die Beachtung folgender Leitlinien als zentral an:

3.1 Ganztagsbildung bedarf eines erweiterten Bildungsbegriffes, der auf der gleichrangigen Beachtung von Wissen, Können und Sein basiert.

Wenn Schüler/innen nicht mehr als zu belehrende Mängelwesen betrachtet werden, sondern als kompetente Träger eines Entwicklungsprozesses der Schule bzw. des Gemeinwesens, deren Mitglieder sie ja sind und dessen Zukunft sie direkt betrifft, dann geht es in Schule nicht mehr nur um die Vermittlung von Wissen, sondern auch um Können und Sein. Wenn Schule Lebens- und Erfahrungsraum ist und einen großen Teil des zur Verfügung stehenden Zeitbudgets der Schüler/innen einnimmt, dann muss auch Raum für alle die Lebensbedürfnisse sein, die Schule – wie OPASCHOWSKI schon in den 70er Jahren gezeigt hat – immer noch vernachlässigt.

Die Schwerpunktsetzung auf die Vermittlung von Wissen muss erweitert werden, um Formen und Inhalte fächerübergreifenden und den engen Schulrahmen überwindenden Lehrens und Lernens, die von der Förderung individueller Begabungen, Neigungen, Fähigkeiten etc. über die Arbeit in längerfristig angelegten Projekten bis hin zur Gründung von Schülerfirmen, Orchestern, Kulturprojekten etc., aber auch der Berücksichtigung von Sinnfindungs-, Identitätsfindungs-, Rekreations- und Freizeitbedürfnissen reichen sollten. Dies bedeutet, dass das Basiscurriculum der für alle obligatorischen Standards so weit begrenzt werden muss, dass genügend Raum für die Förderung individueller Begabungen und Neigungen bleibt. Wie wir anhand der Nachzeichnung von Lebensläufen überragender kreativer Persönlichkeiten gezeigt haben, sind der schulische Rahmen und insbesondere die Benotungspraxis zu eng, als dass sie den spezifischen Anforderungen besonderer Begabungen gerecht werden könnten.[8] Angesichts dieser Forderungen nach einem völlig veränderten Modell von Schule, wird mancher den Eindruck einer unrealistischen Überfrachtung von Schule haben. In der Tat würde dieser breite Katalog von Ansprüchen im traditionellen Unterrichts- und Belehrungsmodus von Schule eine unhaltbare Überforderung darstellen.

Unter den Bedingungen eines erweiterten Bildungsbegriffs der offenen Ganztagsbildung können diese neuen Herausforderungen aber zum Teil durch die Bildung entsprechender Anregungs- und Neigungsfelder zum Teil mit außerschulischen Kooperationspartnern in kreativer Selbstorganisation geleistet werden. Hier stellt sich zwangsläufig die Frage nach einem veränderten Curriculum.

3.2 Der erweiterte Bildungsbegriff erfordert eine Neubestimmung des schulischen Curriculums in Richtung von Partizipation

Dieter WUNDER hat – wie wir oben gesehen haben – zu Recht das gegenwärtige schulische Curriculum in Frage gestellt und angesichts gewandelter Anforderungen gefordert, dass verstärkt *lebensweltliche Themen von Kindern und Jugendlichen* in den Blick genommen werden müssten. In einer autonomen Schule, deren Ziel es ist, die Autonomie der Schüler/innen altersgemäß zu erweitern und die Entfaltung ihrer kreativen Potentiale zu fördern, wird neben einem Basiscurriculum (Grundwissen, Verfügungswissen und Orientierungswissen) und Techniken ein freier Bereich entstehen, den Lehrer *und* Schüler in eigener Verantwortung aufgrund eigener Interessen gestalten.

Abgesehen von *allgemein verbindlichen Basiscurricula* werden Ganztagsschulen daher sehr unterschiedliche Inhalte sowie Lehr-/Lernstrukturen entwickeln. Die Schulen werden personal und regional geprägt sein und somit *individuelle Profile* entwickeln. Der erweiterte Bildungsbegriff zeichnet sich ja gerade durch den Abschied vom festgelegten Curriculum, von begrenzten Methoden und Lernorten hin zu einer *Öffnung zur Pädagogik der Vielfalt* (vgl. PREUSS-LAUSITZ 1992) aus.

3.3 Von der Stundenschule zu rhythmisierten Lern-, Handlungs- und Gestaltungsfeldern

Ganztagsbildung, die die lebensweltlichen Erfahrungen und Bedürfnisse der Schüler/innen ins Zentrum setzt, muss sich von der Stundenschule traditionellen Typs verabschieden und zu neuen Formen rhythmisierter Lern-, Handlungs- und Gestaltungsfelder kommen, die die Eigenzeiten (vgl. GEISSLER) von Lehrern und Schülern berücksichtigt. In reformpädagogischen Konzepten, wie sie beispielsweise in weite Bereiche der Grundschulpädagogik Eingang gefunden haben (z.B. Wochenplanunterricht, Konzepte der Montessori- und Freinetpädagogik, aber auch der community education etc.), findet man bereits viele Beispiele veränderter Gestaltungen des Schulalltags.

Unter den Bedingungen der Ganztagsschule deutet sich aufgrund neuerer Forschungsergebnisse ein Abschied vom Unterricht alter Prägung an, denn hier muss man verstärkt auch entwicklungspsychologischen, sozialpsychologischen und neurophysiologischen Einsichten (z.B. SPITZER 2002) förderlicher und hier insbesondere „situierter" Lernumgebungen (vgl. MANDL 2000) berücksichtigen.

In einer Schule der Demokratie, die die Einheit von Wissen, Können und Sein anzielt, müssen Schüler/innen gemäß dem Autonomiepostulat sowohl an der Curriculumentwicklung beteiligt werden wie auch – in altergemäßer Abstufung – die Unterrichtsführung (z.B. über altersgruppenübergreifende Tutorensysteme) mitgestalten.

Diese neue Struktur trägt übrigens – auch angesichts beklagter medialer Überflutung – dazu bei, die *Eigenaktivität der Schüler, Orientierungs- und Problemlösekompetenzen* zu fördern bzw. das auszubilden, was der Jugendforscher Artur Fischer als *„subjektive Zukunftskompetenz“* bezeichnet.

3.4 Von der Pflicht zur Freiheit

Zukunftsfähige Ganztagsbildung muss – altersgemäß – in wachsendem Maß auf das *Prinzip der Freiwilligkeit* setzen. Die Kehrseite von rhythmisierten ganzheitlich konzipierten Bildungsangeboten, die den ganzen Tag mit einbeziehen, ist der Totalitätsanspruch, gegen den sich insbesondere Eltern aus bildungsnahen Schichten mit Recht wehren. Ganztagsbildung wird nur in dem Maß gesellschaftliche Akzeptanz finden, in dem das erweiterte Bildungsangebot weitgehend freiwillig ist, also als *offene Angebotsstruktur* konzipiert ist.

Hierdurch entsteht der – im Sinne der Qualitätsentwicklung – hilfreiche Zwang, die Angebote so attraktiv zu gestalten, dass sie auch ohne äußerlichen Druck wahrgenommen werden, weil sie als anziehend und sinnhaft erlebt werden. Schule befindet sich hier in Konkurrenz zu vielfältigen medialen Konsumangeboten der Spaßgesellschaft. Mit der Öffnung von Schule zu ihrem Umfeld, zu den persönlich bedeutsamen Themen von Lehrern und Schülern sowie mit dem Einbezug vielfältiger Kooperationspartner aus unterschiedlichen Feldern erhält sie aber – im Gegensatz zur traditionellen Unterrichtsschule – die Chance sich in dieser Konkurrenz zu behaupten.

Es ist jedoch bisher ein ungelöstes Problem, den vielfachen Wunsch nach Rhythmisierung des Tages ohne obligatorische Zeiten für alle Schüler/innen herzustellen. Einen innovativen Weg geht – wie wir oben gezeigt haben – die rhythmisierte Offene Schule Waldau in Kassel.

3.5 Durch Öffnung zur Lebenswelt/zum Gemeinwesen erhält die Schule ein zukunftsfähiges Sinnzentrum

OERTER, FISCHER, VON HENTIG, HERZ, um nur einige Autoren zu nennen, sehen in der Öffnung der Schule zu den lebensweltlichen Themen der Schüler/innen, aber auch zur lokalen Mitgestaltung des Gemeinwesens, die Chance, dass Schule ein neues, tragfähiges Sinnzentrum erhält.[9] Lernen ist dann nicht mehr die Vorbereitung auf eine prognostizierte Zukunft, die möglicherweise so nicht eintritt, sondern Erwerb von Wissen, Können und Entwicklung von Sein, um im Hier und Jetzt einen wichtigen Beitrag zur Lösung von konkret fassbaren Herausforderungen zu leisten.

Hier erhält die Kooperation mit Trägern außerschulischer Bildungsarbeit einen entscheidenden Stellenwert. Schulen sollten prüfen, inwieweit sie – vor dem Hintergrund des erweiterten Bildungsbegriffs und in Bezug zu ihrem spezifischen Profil – eine veränderte, vielfältigere Zusammensetzung ihres Personals brauchen (neben Lehrerinnen und Lehrern auch Künstler, Handwerker, Theaterpädagogen etc.).

3.6 Ganztagsbildung erfordert ein verändertes Rollenverständnis, eine veränderte Haltung und spezialisierte Kompetenzen von Schulleitung und Lehrerinnen udn Lehrern

Wie zahlreiche Untersuchungen zeigen (z.B. FEND 1998), sind die *Haltung der Schulleitung* und die *Gestaltung des Schulklimas* die entscheidenden Faktoren für erfolgreiche Schulentwicklungsprozesse. So hat FEND in Detailstudien gezeigt, dass Schulen bei gleichen Rahmenbedingungen sehr unterschiedliche Qualitätsprofile aufweisen können, zumal wenn eine engagierte Schulleitung, ein engagiertes Kollegium und eine aktive Schulgemeinde gemeinsam an der Qualitätsentwicklung arbeiten und mit vielfältigen außerschulischen Aktivitäten das Schulleben bereichern.

Ganztagsbildung erfordert insofern den Abschied vom Bild des Lehrers als eines Unterrichtsbeamten. Vielmehr rückt neben den Lehraufgaben *die Fähigkeit zur Gestaltung eines vielfältigen und anregenden Schullebens* in das Zentrum. Um diesen neuen Anforderungen gerecht zu werden ist es notwendig, dass Lehrer/innen *Synergieteams* bilden, in denen sich die Kollegen und Kolleginnen in ihren spezialisierten Fähigkeitsprofilen gegenseitig ergänzen. Im Sinne der Autonomie von Schule obliegt es dem Kollegium selbst, die geeigneten Mitglieder des „Bildungskörpers“ auszuwählen, denn wie wir (BUROW 1999, 2000) gezeigt haben, funktioniert effektive Teamarbeit dauerhaft nur aufgrund positiver Selbstselektion. Insofern müssen Schulen das Recht erhalten, sich ihr Personal in Eigenverantwortung auswählen zu können.

Schulleiter/innen benötigen vor allem *Management- und Kommunikationsfähigkeiten*, um Prozesse evolutionärer Schulentwicklung anstoßen zu können. Hierzu bedarf es *veränderter Auswahlverfahren* und entsprechender *Ausbildung von Führungskompetenzen.*[10]

Das neue Lehrerbild bzw. Bild des „Bildners“ kann nicht von oben verordnet werden, sondern muss von den Beteiligten selbst, als Ergebnis des gemeinsamen

Entwicklungsprozesses individuell bestimmt werden. Hieraus entsteht eine veränderte Haltung: Schulehalten ist kein Job, sondern wird zum Prozess gemeinsamer Entwicklung im lokalen gesellschaftlichen und kulturellen Umfeld.

3.7 Ganztagsbildung erfordert eine Neubestimmung der Schule im Verhältnis zu ihrem soziokulturellen Umfeld

Modelle der Ganztagsbildung werden in dem Maß ihre selbst gesetzten Ziele erreichen, in dem es ihnen gelingt, eine Neubestimmung ihres Verhältnisses zu ihrem sozio-kulturellen Umfeld zu entwickeln. Vor dem Hintergrund des erweiterten Bildungsbegriffes verliert der traditionelle Unterricht mit seinem lehrgangsmäßigen Vorgehen seine zentrale Stellung, wiewohl er zur Sicherung der Basiskompetenzen wichtig bleibt.

Im Sinne der bekannten Konzepte einer Öffnung der Schule (vgl. HERZ) ist Unterricht im Klassenraum mit einer festen Lerngruppe aber nur *eine* Möglichkeit des Lernens, zu der sich vielfältige Neigungsgruppen unter Anleitung kompetenter Schüler/innen, Lehrer/innen, Künstler/innen, Handwerker/innen bzw. sonstiger Personen mit spezifischen Fähigkeiten gesellen. Aber auch selbst organisierte Projektgruppen und das Lernen im Stadtteil bzw. an vielfältigen interessanten Lernorten („Stadt als Schule“) erhalten einen wichtigen Stellenwert. *Dies bedeutet, dass sich Unterrichtsinhalte, Methoden, Organisationsformen, Lernorte etc. ändern sowie dass die Schule zu einem Begegnungs- und Kulturzentrum in der Gemeinde bzw. im Stadtteil wird.*

In einer Gesellschaft radikalen demographischen Wandels werden auch *Konzepte generationenübergeifenden Lernens* durch Einbezug von Senioren, die über wichtige Kompetenzen verfügen und sich engagieren möchten, an Bedeutung gewinnen.

Abschließend sei nur angemerkt, dass eine aufschlussreiche Untersuchung des ehemaligen Shell-Managers Arie de Geus mit dem programmatischen Titel „Jenseits der Ökonomie“ (1998) gezeigt hat, dass die Mehrzahl von Unternehmen und Organisationen innerhalb von 20 bis 30 Jahren untergehen. De Geus stellt sich die Frage, was langlebige Unternehmen bzw. Organisationen auszeichnet? Was ist ihr Erfolgsgeheimnis? Zwei Faktoren sind für ihre Überlebensfähigkeit entscheidend: Der enge Kontakt zu ihrem sozialen und kulturellen Umfeld sowie die Fähigkeit zu permanentem Lernen, die sich in einer kontinuierlichen Weiterbildung des Personals sowie einem kontinuierlichen Wandel der Organisationsstrukturen ausdrückt.

These 4: Modelle zukunftsfähiger Ganztagsbildung können nicht von Politik, Verwaltung oder Wissenschaft verordnet, sondern nur von der Einzelschule mit kompetenter Schulleitung, engagiertem Kollegium und beteiligter Schulgemeinde – sowie soweit nötig mit Unterstützung externer Beratung – als gemeinsamer Such- und Lernprozess entwickelt werden. Schulentwicklung als evolutionärer Prozess ist Kernaufgabe jeder Schule und Bestandteil der regulären Arbeitszeit und muss von Politik und Verwaltung durch entsprechende Förder- bzw. Anreizsysteme unterstützt werden.

Wie der norwegische Schulentwicklungsexperte Peer Dalin gezeigt hat, ändern sich Schulen langsamer als Kirchen. Von oben angeordnete Schulreformmaßnahmen zeigten häufig auch noch nach zehn Jahren fortwährender Implementationsbemühungen an der Basis keine messbare Auswirkung. PISA stützt aus unserer Sicht die Vermutung, dass der Ende der sechziger Jahre mit hoher Emphase gestartete Prozess der Bildungsreform – wenn man mal von herausragenden Einzelschulen (Laborschule Bielefeld, Helene Lange Schule Wiesbaden etc.) und manchen Grundschulen absieht – nicht im Entferntesten zu den erwünschten Resultaten geführt hat.

Vergleiche mit Schulentwicklungsprozessen, wie z.B. dem Durham Board of Education in Kanada, in denen es – zumindest teilweise – offenbar gelang, ineffektive Systeme auf den Weg der Qualitätsverbesserung zu bringen, legen nahe, dass es einer *Mischung aus offenen Gestaltungsräumen (Autonomie von Schule), selbstgesetzten Zielvereinbarungen, der Selbstevaluation (ergänzt durch die Beobachtungen eines kritischen Freundes von außen – vgl. Schratz u.a. 2001) und spezifischen Anreizsystemen (in Finnland: öffentliche Wertschätzung von Schule, Lehrern und Bildung) bedarf.*

Wie wir aus Beispielen aus dem Profit-Bereich wissen, besteht ein weiterer wirksamer Faktor in der Schaffung von Rahmenbedingungen, die zu *kreativer Konkurrenz* ermutigen. So erwies sich – um ein Erfolgsbeispiel aus dem Bereich der Wirtschaft zu geben – in den achtziger und neunziger Jahren als effektivste Maßnahme, um die Produktivität von traditionell arbeitenden Automobilfabriken zu erhöhen, die Ansiedlung einer Fabrik, die nach modernen japanischen Organisationsprinzipien arbeitete, in unmittelbarer Nachbarschaft. Die Konkurrenz führte zu einem gegenseitigen Lern- und Anregungsprozess und zu einer nachhaltig wirksamen Leistungssteigerung aller Beteiligten.

Übertragen auf den Bereich der Ganztagsschulentwicklung ginge es demnach zunächst darum, engagierte Einzelschulen zu fördern, deren Erfolge zu veröffentlichen und so ein *kompetierendes Umfeld* zu schaffen, in dem Schulen anhand attraktiver Beispiele gelungener Modelle von Ganztagsbildung voneinander lernen. Es muss allerdings dafür Sorge getragen werden, dass die Förderung einzelner „Leuchtturmschulen" nicht zur Vernachlässigung der übrigen Bildungszentren führt.

Wie wir anhand eines mehrjährigen, evaluierten Schulentwicklungsprojektes (vgl. BUROW & HINZ 2004) gezeigt haben, ist erfolgreiche Schulentwicklung nicht als simpler Implementierungsprozess des Transfers von entwickelten Modellen leistbar, sondern als ergebnisoffener, evolutionärer Prozess.

Wesentliche Schritte erfolgreicher Personal- und Schulentwicklung sind demnach: Der zum Wandel bereiten Einzelschule soll die Möglichkeit eröffnet werden, ihre bisherige Praxis selbstreflexiv zu betrachten und Stärken, Schwächen, aber auch unerfüllte Wünsche herauszuarbeiten. In einem zweiten Schritt kann es dann dazu kommen, eine gemeinsam geteilte Vision bzw. ein Entwicklungsziel zu definieren. In einem dritten Schritt geht es schließlich darum, sich gemeinsam mit der gesamten Schulgemeinde auf den Weg gemeinsamen Lernens, Suchens und Erprobens zu begeben. Reflexions- und Methodenworkshops können hier zu einer Erhöhung der Varianz beitragen, so dass die Beteiligten schrittweise überholte Routinen überwinden und mit neuen Konzepten Erfahrungen sammeln. Die alltägliche Praxis muss dann zeigen, welche der neuen Verfahren, Regelungen, Konzepte etc. sich als tragfähig erweisen und durchsetzen. Dieser evolutionäre Prozess der Herausbildung neuer Formen, Strukturen und Inhalte zukunftsfähiger Ganztagsbildung wird aber nur dann erfolgreich sein, wenn die nötige Unterstützung durch Politik und Verwaltung gegeben ist und entsprechende Anreize geschaffen werden.

These 5: Da Ganztagsbildung unterschiedliche Startchancen aufgrund gesellschaftlicher Ungleichheit nicht allen Erwartungen entsprechend ausgleichen kann, muss sie mögliche Leistungen und Anforderungen klar definieren, um falsche Erwartungen zu vermeiden.

Die bisherigen Ausführungen, in deren Zentrum die Autonomie von Schule, die Autonomie von Schülern sowie ein erweiterter Bildungsbegriff standen, könnten zu einer illusionären Überschätzung der Möglichkeiten von Ganztagsbildung führen. So hat die Erziehungswissenschaftlerin ANDRESEN auf die Gefahr hingewiesen, dass übertriebene Erwartungen an den Ausbau von Ganztagsschulen zu einer Verschleierung der eindrucksvoll empirisch belegten Tatsache beitragen könnten, das der Bildungserfolg weiterhin vor allem von der sozialen Herkunft abhängt.

Die internationalen Erfahrungen deuten allerdings darauf hin, dass die soziale Selektivität durch Ganztagssysteme immerhin um einige Grade vermindert werden kann und insbesondere Schüler/innen aus benachteiligten Schichten graduell bessere Bildungschancen erhalten. Deshalb ist es wichtig, dass Ganztagsschulen nicht mit unrealistischen Erwartungen überfrachtet werden, sondern ihre Möglichkeiten realistisch darstellen und insbesondere auch auf die erhöhten Anforderungen hinweisen.

So ist beispielsweise eine *verstärkte institutionelle Einbindung der Eltern notwendig,* weil sonst der Erziehungsauftrag allein auf die Schule abgewälzt wird – eine Überforderung, die sie zurückweisen muss. *Die Einrichtung von Ganztagsschulen ist gemeinsame Aufgabe der gesamten Schulgemeinde.* Wenn das notwendige Engagement im Feld nicht gegeben ist, dann sollte man auf die Einrichtung verzichten. Individuelle Leistungsvereinbarungen zwischen allen Akteuren (Kindern, Eltern, Schule und Kooperationspartnern) können eine Grundlage für realistische Erwartungshaltungen schaffen und gleichzeitig eine Entwicklungskontrolle ermöglichen. Hierin können spezielle Forder- und Förderbereiche der Kinder festgelegt, Unterstützungsleistungen der Eltern und Aufgaben der Kooperationspartner/innen fixiert und so eine Transparenz erzielt werden, die ein kooperatives Miteinander zum Wohle des Kindes ermöglicht. Regelmäßige Überprüfungen der vereinbarten Bildungs- und Erziehungsziele gewährleisten die Berücksichtigung der Entwicklung des Kindes und die Wirksamkeit der einzelnen Maßnahmen.

Die Ganztagsschule muss – bezogen auf ihre spezifischen Bedingungen – klar machen, was sie leisten kann, wo ihre Grenzen sind, welcher Unterstützungssysteme es bedarf, welche zusätzlichen Anforderungen auf Lehrer/innen, Eltern, Kooperationspartner, Politik und Verwaltung zukommen.

These 6: Ganztagsbildung muss gegenüber den Anforderungen aus Politik und Wirtschaft ihren eigenständigen Bildungsanspruch behaupten, der auf die umfassende Entwicklung von Wissen, Können und Sein der Schüler/innen abzielt.

Der Ausbau von öffentlich finanzierten Ganztagsschulen hängt eng mit der ökonomischen Entwicklung der westlichen Welt und insbesondere mit den geänderten Wettbewerbsverhältnissen im Angesicht von neoliberaler Wende und Globalisierung zusammen. Ganztagsbildung steht dabei in der Gefahr, bloßer Erfüllungsgehilfe von außen gesetzter Interessen zu werden. Demgegenüber muss sie – verankert auch im Autonomiegebot – auf ihrem eigenständigen Bildungsanspruch der umfassenden Entwicklung des Wissens, Könnens und Seins ihrer Schüler/innen beharren.

Unternehmensfixierte Bildungspolitik – wie z.B. in den USA – oder die einseitige Funktionalisierung der Schule unter dem Diktat des „Steigerungsspiels", der Politik des Wetteiferns, der Kommerzialisierung einer entfesselten globalisierten Marktwirtschaft bzw. des Wissenskapitalismus[11] sind kritisch zu hinterfragen und auf Alternativen zu überprüfen.

Ganztagsbildung steht hier – auch angesichts der Tendenz zum globalen Edutainment und der Kommerzialisierung von Bildung – vor einer schwierigen Herausforderung, denn einerseits muss sie – auch im Interesse der Sicherung der Beschäftigungsfähigkeit ihrer Schüler/innen – den rasanten Entwicklungen Rechnung tragen und dennoch ihre relative Eigenständigkeit – im Interesse der Förderung von Autonomie und Emanzipation – bewahren. Hier geht es vor allem darum, eigene Kompetenzen zu erkennen, zu entwickeln und zu nutzen.

Japan, um ein Beispiel zu geben, das über ein durchgeplantes Ganztagssystem verfügt, sucht aufgrund problematischer Erfahrungen nicht von ungefähr jetzt nach Wegen, wie angesichts einer akademisch-kognitiven Überfrachtung und zeitlichen Verplanung des Alltags von Schülern nun auch für die emotionale Bildung mehr Raum geschaffen werden kann.

Auch der Trend zur Entwicklung von Bildungsstandards, die regelmäßig abgeprüft werden, weist darauf hin, dass es notwendig ist „standardfreie Zonen" zu behaupten, in denen tendenziell eher ungeplante, freie Entfaltung möglich ist. *Überhaupt zeigt der internationale Vergleich, dass Ganztagsbildung der Freiräume bedarf, soll sie nicht zu einem technokratischen Konzept der bürokratisch verplanten Lebenszeit von Kindern und Jugendlichen verkommen.*

Albert Scherr hat darauf hingewiesen, dass ein erweiterter Bildungsbegriff, in dessen Zentrum „soziale Bildung" steht, die sozio-kulturelle Perspektive (zentrale Rolle der sozialen Herkunft und der sozialen Praktiken), die sozial-strukturelle Perspektive (habituelle Disposition, soziale Konstellation) mit der interaktiven Perspektive (positive Leistungen von Peergroups, Identitätsbildung, Normen, Werte etc.) verbinden muss.

Subjektbildung kann nicht normativ gesteuert werden, sondern ist immer Eigenleistung. Ganztagsbildung muss in diesem Sinn *Räume für die Entwicklung eines reflexiven Selbst- und Weltbilds* bereitstellen; Bildung ist in diesem Sinne Entwicklung von Reflexionsfähigkeit.

Ein weiterer wichtiger Ansatzpunkt in diesem Bereich besteht in einer *Akzentsetzung auf Formen und Inhalte biographischen Lernens von Lehrern und Schülern*[12] und der Bearbeitung der Fragestellung, wie man erreichen kann, dass Lehrer und Schüler in Auseinandersetzung mit ihrer Lernbiographie eine Haltung lebenslangen Lernens entwickeln können. In diesem Sinne besteht eine vorrangige Aufgabe von Ganztagsbildung darin, *Entwicklunsorte* zur Verfügung zu stellen, um so auch einer kompletten Regulierung der Biographie unter ökonomistischen und technokratischen Vorgaben (vgl. SENNETT) zu entgehen.

Wenn Ganztagsbildung den gesellschaftlichen Kontext übersieht und lediglich das tradierte schulische Modell in Wahrnehmung einseitiger ökonomischer und sonstiger Interessen verlängert, steht sie durch diese unzulässige Funktionalisierung in der Gefahr, eher Bildungszerstörung zu befördern, als der Emanzipation von Schülerinnen/Schülern und Lehrerinnen/Lehrern zu dienen.

IX Strategien der Umsetzung

Partizipation als Schlüssel

Wie unsere Analyse wissenschaftlicher Literatur, pädagogischer Modelle und Programme sowie empirischer Studien gezeigt hat, fehlt es der Erziehungswissenschaft nicht an *allgemeinen Einsichten und Empfehlungen*, um die Qualität von Schule nachhaltig zu steigern und – bezogen auf unsere Fragestellung – leistungsfähige Systeme der Ganztagsbildung zu entwickeln. Offensichtlich hat sie aber ein *Umsetzungsdefizit.* Allen Studien und Einsichten zum Trotz zeigt die öffentliche Schule – mit Ausnahme einiger weniger Reformschulen – eine erstaunliche Reformresistenz und nicht erst die Ergebnisse von PISA bestätigen unseren – nun auch empirisch belegbaren – Eindruck, dass jahrzehntelange Reformbemühungen – in weiten Bereichen – kaum mehr als eine veränderte Bildungsrhetorik erzeugt haben.

Mentalitätswandel der Politik

Dies ist umso erstaunlicher, als wir aufgrund langjähriger Erfahrungen mit Personal- und Organisationsentwicklungsprozessen im Bildungsbereich wissen, dass es wirkungsvolle Möglichkeiten gibt, den notwendigen Wandel zu organisieren. Entscheidend ist dabei – gemäß unseren Leitlinien zukunftsfähiger Ganztagsbildung – *alle* Beteiligten dazu zu befähigen, ihre Ausgangssituation selbst zu analysieren, Bilder einer wünschenswerten Schule der Zukunft zu entwickeln und entsprechende Umsetzungswege zu entwerfen. Dies setzt allerdings einen *grundlegenden Mentalitätswandel* auf der Ebene der Kultusministerien und der nachgeordneten Bildungsbürokratie voraus. So zeigt sich immer wieder: Staatliche Vorgaben und von oben verordnete „Reformmaßnahmen“ ohne konzeptionelle Einbeziehung aller Beteiligten schwächen eher die Problemlösekompetenz vor Ort und zeitigen kontraproduktive Wirkungen. Wer eine zukunftsfähige Ganztagsschule will, muss der Autonomie der an Schule beteiligten Schlüsselpersonen einen herausragenden Stellenwert einräumen und einen intelligenten Rahmen mit entsprechendem Freiraum schaffen, der die Entfaltung von Selbststrukturierungs- und Selbstorganisierungsfähigkeiten der Beteiligten ermöglicht.

Wir brauchen also an erster Stelle eine *Partizipationsoffensive,* die alle Bereiche der Gesellschaft erreichen muss. Partizipation, verstanden als die verantwortliche

Beteiligung der Bürger/innen an der Gestaltung ihres Gemeinwesens und der Institutionen, muss nicht nur in Politik und Parteien stattfinden, sondern in allen Bereichen der Gesellschaft.[1] Fehlende Partizipation ist kein Spezialproblem des Bildungsbereichs. Die *Krise der repräsentativen Demokratie,* die sich in zunehmender Staatsferne einer wachsenden Zahl von Bürgern/innen zeigt, schlägt sich auch nieder in einer zunehmenden *Distanzierung gegenüber einer sich verselbstständigenden Bürokratie,* deren oft undurchdachter Regelungswut kaum noch jemand folgen kann und will. (Nach neueren Untersuchungen sprechen derzeit zwei Drittel aller Bürgerinnen und Bürgern den großen politischen Parteien die Kompetenz zur Lösung der Zukunftsherausforderungen ab und sagen, dass es keine echte Wahlalternative gebe.)

Aus dieser Schwächung der Selbsthilfefähigkeiten der Bürger/innen durch Überreglementierung und mangelnder Einräumung echter Partizipationsmöglichkeiten wachsen nicht nur Verdruss und Resignation, sondern *ein Großteil der für den Wandel dringend benötigten Energien geht in die Abwehr dieser Eingriffe von außen, etwa in Form von Deidentifikation, Dienst nach Vorschrift, Obstruktion, aber auch Burn-out.*

Weite Teile der Gesellschaft, insbesondere der Bildungsbereich, erstarren so in leeren Routinen, verlieren Motivation und Effizienz und werden zu anti-kreativen Feldern. Die Gesellschaft schwächt sich so selbst, denn das Wissen und die Kenntnisse, um den Wandel in Gang zu setzen, sind im Feld vorhanden. Die Herausforderung heißt: Mitbestimmung zulassen, Möglichkeitsräume für eingreifende Zukunftsgestaltung bereitstellen.

Lehrer/innen, Schüler/innen, Eltern werden unterschätzt

Eine entscheidende Ursache für die mangelnde Reformfähigkeit des öffentlichen Schulsystems liegt aus unserer Sicht denn auch in der Unterschätzung der im Feld vorhandenen kreativen Potentiale: Wie eine Vielzahl von Zukunftswerkstätten, Zukunftskonferenzen, Open-Space-Konferenzen, aber auch evaluierter Schulentwicklungsprojekte gezeigt haben, sind Schulleitung, Kollegium, Elternschaft, Schüler/innen und Verwaltung unter der Voraussetzung der Schaffung eines entsprechenden Entwicklungs- und Unterstützungsrahmens in der Lage, in relativ kurzer Zeit einen nachhaltig wirksamen Wandel *aus sich selbst heraus* zu organisieren. Viele skeptische Leser/innen werden sich jetzt fragen, woher wir diese Zuversicht nehmen, angesichts der in weiten Bereichen desolaten bildungspolitischen Ausgangssituation.

Schulentwicklung durch die Beteiligten ist erfolgreich
Unsere Zuversicht gründet sich nicht nur auf unsere positiven Erfahrungen mit erfolgreich verlaufenen Schulentwicklungsprojekten, sondern auch auf unsere *Theorie des Kreativen Feldes,* die Erklärung dafür gibt, wie nachhaltig wirksamer Wandel organisiert werden kann. Mit der Evolutionären Personal- und Organisationsentwicklung (EPOS) verfügen wir über Instrumente, die geeignet sind, auch in schwierigen Umfeldern einen wirksamen Wandel zu initiieren. Bevor wir abschließend die Theorie des Kreativen Feldes und das Modell Evolutionärer Personal- und Schulentwicklung skizzieren, möchten wir zunächst ein einführendes Praxisbeispiel geben, das anschaulich zeigt, wie die Entwicklung qualitativ hochwertiger Ganztagsschulen in einer Stadtregion beginnen kann, wie aus traditionellen Halbtags-Unterrichtsanstalten durch das Zusammenführen unterschiedlichster Personen Kreative Felder entstehen, aus denen heraus Schule analysiert, Entwicklungsziele definiert und Umsetzungsprojekt initiiert werden können.

1. Wie der Wandel beginnt: Zukunftswerkstatt Frankfurter Ganztagsmodellschulen

Eine ungewöhnliche Konferenz
Im Juli 2004 trafen sich im Ökohaus Frankfurt Schulleiter/innen, Lehrer/innen, Sozialpädagogen/-pädagoginnen, Vertreter/innen aus der Schulverwaltung, Eltern und Schüler/innen – insgesamt etwa 100 Personen. Gemeinsam wollten sie nicht nur herausfinden, wie die optimale Ganztagsschule der Zukunft aussehen könnte, sondern auch ihre Erfahrungen austauschen, voneinander lernen, Projektpartner finden und gemeinsam nächste Projektschritte planen. Sie alle hatten am „Modellprojekt Ganzheitliche Nachmittagsangebote an Frankfurter Schulen (NaSchu)" teilgenommen. Es waren sowohl Grundschulen, Gesamtschulen als auch Gymnasien vertreten: die Adolf-Reichwein-Schule, die Bettinaschule, die Brüder-Grimm-Schule, die Friedrich-Stoltze-Schule, die Georg-August-Zinn-Schule, die Georg-Büchner-Schule, die Gruneliusschule, die Merianschule, die Münzenbergerschule und die Musterschule schickten jeweils Schulleitung, Lehrer/innen, Schüler/innen, Sozialpädagogen/-pädagoginnen, Eltern und Kooperationspartner/innen als Schlüsselpersonen zu der Konferenz, so dass ein breites Spektrum an Mitwirkeneden und „Betroffenen" zusammentrafen. Was war der Anlass?

Unsere Projektgruppe Zukunftsmoderation hatte den Auftrag zur Durchführung einer eineinhalbtägigen Zukunftswerkstatt erhalten, mit dem Ziel, eine neue Qualitätsstufe der Entwicklung von Ganztagsschulen in Frankfurt zu erreichen.

In drei Schritten, nämlich erstens der Analyse der Schwachstellen der gegenwärtigen Ganztagskonzeptionen an den beteiligten Schulen *(Kritikphase)*, zweitens der Entwicklung ihrer optimalen Traumschule *(Phantasiephase)* und drittens der Aufstellung eines Umsetzungsplanes für ihre Schule (Verwirklichungsphase) sollten erfolgversprechende Entwicklungsschritte konkretisiert werden.

Allen Teilnehmern war klar, dass es sich um keine gewöhnliche Konferenz handeln würde. Das begann schon mit dem Tagungsgebäude, dem Ökohaus in Frankfurt: Vom Eingang führte der Weg durch einen mit Palmen bepflanzten lichtdurchfluteten Atriuminnenhof, in dessen Mitte sich ein Wasserlauf schlängelte. Vorbei an terrassenförmig angelegten Plätzen für die Gruppenarbeit gelangten die Teilnehmer/Teilnehmerinnen in eine Ausstellung der „best practices", der gelungensten Umsetzungen von Ganztagsbildung an ihren Modellschulen: Bilder, Diagramme, Projekttafeln, Power-Point-Präsentationen und Broschüren vermittelten einen Eindruck der vielfältigen Umsetzungsmöglichkeiten ganztägiger Bildungskonzepte. Als der Gong ertönte, begaben sich alle in den Tagungsraum. Auch hier ein ungewohntes Bild: Die Stühle waren zu einem doppelreihigen Kreis formiert in dessen Mitte ein buntfarbiger Frühlingsblumenstrauß stand. Gedämpfte klassische Musik trug zu einem entspannten Beginn bei.

Am Anfang überwog die Skepsis

Dieser offene Beginn war jedenfalls unser Ziel, wenngleich wir nicht übersehen konnten, dass diese Konferenz eine sehr schwierige Herausforderung für alle Beteiligten war, was sich auch darin zeigte, dass von den eingeladenen Teilnehmern/innen immerhin ca. 20 nicht erschienen waren, darunter wichtige Entscheidungsträger. Ein Hauch von Enttäuschung drohte den Beginn der Konferenz zu überschatten. Das war nicht überraschend:

Wie sich bereits in der Vorbereitungsphase gezeigt hatte, standen nicht wenige dem Unterfangen von Stadtschulamt und Moderationsteam zunächst skeptisch und z.T. ablehnend gegenüber. Zu frustrierend waren Erfahrungen mit den jüngsten bildungspolitischen Entwicklungen, die insbesondere mit Deputatserhöhungen, zusätzlichen Aufgaben, Kürzungen der Etats einen wenig hoffnungsvollen Zukunftshorizont zu eröffnen schienen. Die ernüchternden PISA-

Ergebnisse, die verbreitete mediale Lehrerschelte, aber auch die Erfahrungen mit fruchtlosen Konferenzen, taten ihr Übriges. Nicht wenige befürchteten, dass auf der vom Stadtschulamt Frankfurt ausgerichteten Veranstaltung ihre Interessen nicht berücksichtigt würden und standen der Veranstaltung skeptisch gegenüber, andere hatten die Hoffnung auf Besserungen längst aufgegeben.

Auch uns ließ diese zwiespältige Ausgangssituation nicht unberührt. Zwar hatten wir auf den vorbereitenden Planungstreffen von den erstaunlichen Wirkungen von Zukunftswerkstätten berichtet und sogar die Möglichkeit an die Wand gemalt, dass Frankfurter Ganztagsschulen in nur zehn Jahren zu Spitzenschulen werden könnten, wenn es gelänge, das versammelte Wissen und vorhandene kreative Potential freizusetzen. Zweifellos eine optimistische Vision, die angesichts bildungspolitischer Rahmenbedingungen und vieler überarbeitet und angestrengt wirkender Teilnehmer/innen kühn anmutete.

Stimmungsumschwung: Ganztagsschule als faszinierende Herausforderung

Und doch geschah Erstaunliches: Am Samstagmittag – nach nur eineinhalb Tagen intensiver gemeinsamer Arbeit – wirkte die Versammlung wie ausgewechselt: In gelöster Stimmung standen bunt gemischt Schulleiter/innen, Schüler/innen, Lehrer/innen, Eltern, Sozialarbeiter/innen und Vertreter der Schulbehörde um die Projektposter, die inzwischen erarbeitet worden waren und einen vielfältigen Strauß spannender Veränderungsprojekte und Umsetzungsschritte zeigten. Personen, die sonst nie miteinander geredet hätten und nicht selten sorgsam gehegte Vorurteile pflegten, waren in intensive Gespräche vertieft, bei denen es nicht etwa um das Bejammern der schlechten Situation ging, sondern in denen *Lust auf Zukunftsgestaltung* spürbar wurde.

Fast alle Anwesenden waren erfüllt von ihren Vorstellungen einer Ganztagsschule, in der das Arbeiten nicht nur effektiv ist, sondern auch Spaß macht, in der Arbeitserleichterung durch Kooperation aller Beteiligten möglich wird. Alle hatten die Erfahrung gemacht, wie befreiend es ist, außerhalb traditioneller Konferenzen mit einem vielfältig gemischten Kreis von Personen aus dem Bildungsbereich zu arbeiten. Sie hatten erkannt, wie viel ungenutztes Wissen, wie viele Ideen, wie viel Phantasie und Engagement in dem Feld vorhanden waren, das man doch zu kennen meinte. Und alle waren überrascht, wie es möglich war, in nur eineinhalb Tagen aufeinander zu hören, sich gegenseitig anregen zu lassen, konkrete Projekte auszuarbeiten, ohne dass man sich überanstrengte und in zähen Diskussion verhakte. Von dieser Konferenz Frankfurter Modellschulen ging zweifellos ein Signal aus und dieses Signal lautete: Die Entwicklung der Ganztagsschule ist nicht eine weitere, von außen oktroyierte lästige Pflicht, deren man sich durch passiven Widerstand entledigen müsste, sondern ganz im Gegenteil eine lohnenswerte Herausforderung, die Schule zu einem attraktiven Lebens-, Lern- und Entwicklungsraum zu machen. Eine Aufgabe, bei deren Verwirklichung man auf jeden Fall dabei sein wollte.

Mein persönliches Highlight im Schulleben

Von alledem war allerdings jetzt, in der Startphase, wenig zu spüren. Reserviertheit und berechtigte Skepsis erfüllten den Raum, die sich sogar noch verstärken sollten, als wir die erste Aufgabe benannten: In Zweiergruppen sollten sich die Teilnehmer gegenseitig interviewen: Was ist das beste Erlebnis, die beeindruckendste Erfahrung an ihrer Schule? Auf vorbereiteten Blättern wurden die Geschichten notiert. In ein darüber stehendes Kästchen sollte das wichtigste Wort der „Best-practice-Geschichte" geschrieben werden, um dann unter den 90 Teilnehmern vier bis fünf passende Worte bzw. Partner zu finden. Die besten Erlebnisse an der eigenen Schule wurden u.a. mit folgenden Begriffen benannt:

- Verbundenheit
- „Ich habe meine Freundin in der Schule gefunden!"
- Kreative Höchstleistung
- Arbeitsatmosphäre
- Zeit
- Wünsche ernst nehmen
- Elternarbeit (Förderverein)
- Freude der Kinder
- „Geht nicht, gibt`s nicht!"
- Motivierbarkeit
- Freiraum
- Entspannung und Phantasie
- Schach AG
- Freundschaft zwischen Schülern und Lehrern
- Lob
- Miteinander
- Ansprechbarkeit
- Vielfalt und Kooperation
- Alle hatten ihren Spaß
- Offenheit
- Öffnung der Schule als Einladung zur Selbsttätigkeit
- Diskussion und Prozess
- Einsatz der Schüler
- Sichtbare Erfolge
- Unterschätzte Entwicklung
- Streitschlichtung/Entspannung der Situation
- Wohlfühlen

Personen mit ähnlichen Begriffen bildeten Gruppen und lasen sich ihre Geschichten vor, die – zur Überraschung der Beteiligten – eine tiefe Rührung auslösten. Offenbar gab es faszinierende Erfahrungen in der Schule, von denen man in den auf Katastrophenmeldungen fixierten Medien nur selten lesen konnte. Dann sollten sie die „beste“ Geschichte auswählen, die im Plenum vorgetragenen werden sollte. So weit die Idee für den weiteren Fortgang.

Und nun die Praxis: Schweigend saßen wir jetzt im Kreis. Der Anfang gestaltete sich zäh. Das Schwierigste war, diese Leere und die immer noch vorhandene Mischung aus Skepsis, Unlust und Widerstand auszuhalten und gelassen abzuwarten. Es dauerte eine ganze Weile, bis endlich ein Lehrer eine Geschichte erzählte. Er berichtete mit ernster Stimme, dass er es bedauere, dass er häufig kaum Fortschritte in der Entwicklung seiner Schüler erkennen könne. Oft hätten die Kinder ihre Hausaufgaben nicht gemacht und ihr Material vergessen. Dies führe zu dem Eindruck, seine Bemühungen seien umsonst. Aber neulich habe er erkannt, dass er genauer hinschauen müsse. Denn einem Mädchen, bei dem er in dieser Hinsicht schon fast resigniert hatte, hatte er ein Gedicht vorgelesen, das sein Problem des Vergessens und der Unorganisiertheit thematisierte. Zunächst passiert nichts. Doch etwas später übergibt die Schülerin dem Lehrer einen Gutschein, den er einlösen könne, wenn sie – die Schülerin – eine Woche lang nichts vergesse. „Und tatsächlich“ sagt der Lehrer bewegt, „ich konnte den Gutschein einlösen.“ Er zögert kurz, denkt nach und dann:

> „Es finden doch innere Entwicklungen statt. Das Mädchen hat – auch durch meinen Impuls – zu einem anderen Umgang mit sich und seinen Schwächen gefunden. Wir unterschätzen oft unsere Einwirkungsmöglichkeiten.“

Im Plenum war eine Atmosphäre konzentrierter Aufmerksamkeit entstanden. Die Geschichte hatte offenbar viele berührt und wirkte als Türöffner. Denn jetzt hörten wir weitere Erfolgserlebnisse aus dem Schulalltag, die einen ersten Eindruck davon vermittelten, was möglich ist, wenn Lehrer/innen und Schüler/innen aufeinander zugehen. Es zeichnete sich eine behutsame Veränderung der Stimmung ab, die im Verlaufe des Tages von Skepsis in fröhlichen Optimismus, ja bei manchen sogar in Euphorie umschlagen sollte und die natürlich auch uns als Moderator/in beflügelte. Unsere Zuversicht wuchs: Trotz schwierigen Starts würden hier Ideen und Projekte entstehen, die die Ganztagsschule voranbrächten.

Was Schulleiter/innen, Lehrer/innen, Sozialpädagoginnen/-pädagogen und Eltern an der Ganztagschule kritisieren

Zu diesem allmählichen Stimmungswandel trugen die 25 Grundschüler/innen bei, die in einer parallel von uns durchgeführten Kurzwerkstatt ihre Kritik am Schulalltag formuliert hatten und sich jetzt schon in der Phantasiephase befanden, um bis zum Mittag ihre Umsetzungspläne zu entwickeln.

In der Erwachsenenwerkstatt befanden wir uns im Plenum jetzt in der *Kritikphase:* Der Palmenhof mit seinem Wasserlauf war ausgeschmückt mit ca. 300 Assoziationsbildern, eine bunte Ausstellung. Aufgabe der Teilnehmer/innen war es, ein Bild zu finden, das ihre Kritik an der gegenwärtigen Situation ausdrückte. Anschließend an die Ausstellung dieser Kritikbilder bildeten sich Gruppen mit verwandten Kritikpunkten und erarbeiteten gemeinsam ein Analyseplakat. Dabei sollten folgende Fragen berücksichtigt werden:

1. Was liegt an dem Rahmenbedingungen?
2. Was liegt am Kollegium?
3. Was ist mein eigener Anteil?

Vor dem Mittag präsentierten dann die Gruppen die Ergebnisse ihrer Kritikanalyse. So erhielten alle einen *Überblick über zentrale Probleme gegenwärtiger Praxis der Ganztagsschule in Frankfurt.*

Im Einzelnen ging es zum Beispiel um die *Entwicklung einer neuen Zeitkultur.* Die Kolleginnen und Kollegen legten dar, dass auf der Ebene der Rahmenbedingungen zu wenig Raum für Gespräche von Lehrern, Schülern und Eltern zur Verfügung stände. Es bestünde die Gefahr, dass die Ganztagsschule Familienzeit und Zeit für freie Freizeitgestaltung raube, zu sehr den Schwerpunkt auf kognitive Wissensvermittlung und dergleichen mehr lege.

Auch auf der *Ebene des Umgangs der Kollegen miteinander* wurde deutlich, dass neue Zeitkonzepte und Zeitkulturen entwickelt werden müssten, die auch mit einer Reflexion des persönlichen Umgangs mit Zeit, Prioritätensetzung und persönlicher Belastung einhergehen müsse.

Eine zweite Gruppe hatte zwei Zahnräder aufgemalt, die unverbunden um sich selbst kreisten und deutlich machen sollten, dass bislang der Vormittag und der Nachmittag an der Ganztagsschule völlig ungenügend miteinander verbunden sind. Es fehlen *Konzepte für eine Verzahnung der Inhalte, der Zeit- und Ablaufstruktur,* für ein Miteinander der Kräfte die den Vormittag und den Nachmittag gestalten. Es wurde deutlich, dass Ganztagsschule nicht einfach als additive Verlängerung des Vormittags gesehen werden kann, sondern einer grundlegenden „*ganzheitlichen Neukonzeption*" bedarf, in der sich alle für das Ganze verantwortlich fühlen und es gemeinsam gestalten.

Eine dritte Gruppe analysierte kritisch die *Raumsituation* und arbeitete differenziert die veränderten Anforderungen an die räumliche Gestaltung der Ganztagsschule heraus.

Eine vierte Gruppe setzte sich kritisch mit dem NaSchu-Modellversuch auseinander und listete *Befürchtungen bezüglich negativer Konsequenzen der Ganztagsschuleinführung* auf.

Eine fünfte Gruppe analysierte die *Zielunklarheit bei der Einführung der Ganztagsschule.* Unklar sei, was Ganztagsschule überhaupt sei? Was unter „pädagogischer Mittagsbetreuung" zu verstehen sei. Überhaupt sei das gesamte Vokabular unklar und müsse erst definiert werden.

Eine sechste Gruppe analysierte die *wachsende Arbeitsbelastung* und untersuchte *Ursachen für Überlastung und Burn-out.*

Auch wenn in der Kritikphase naturgemäß negative Empfindungen im Vordergrund stehen, wurde der beginnende Stimmungswandel in Richtung auf Engagement und Zuversicht nicht nur in der engagierten Art deutlich, in der die Gruppen ihre Kritik vortrugen und analysierten, sondern auch in der konzentrierten Aufmerksamkeit, mit der das Plenum die Analysen verfolgte. Neben dem Gefühl, mit seinen Problemen nicht allein zu stehen, machte sich Nachdenklichkeit breit. Wie könnte man für diese komplexen und z.T. kaum beeinflussbaren Probleme Lösungen finden?

Angeregt wurde in der Mittagspause diskutiert. Noch war der Erfolg der Konferenz nicht sicher, denn resignative, lamentierende Züge gewannen wieder an Fahrt. Doch dann kam die entscheidende Wende.

Was Grundschüler an der Ganztagsschule kritisieren und wie sie sich ihre Traumschule vorstellen

Nach der Mittagspause präsentierten die Grundschüler die Ergebnisse ihrer Arbeit. In Form einer Meckerwand benannten sie Kernprobleme ihres schulischen Alltags, um dann ihre Traumschule zu skizzieren. In Form von Modellen, von kleinen Sketchen und Szenen stellten sie ihre Wünsche an eine bessere Ganztagsschule vor.

Nachfolgend einige der Wünsche:

- einen Hund in der Klasse haben, um den sich die Kinder kümmern müssen
- einen Entspannungsraum für die Kinder
- Klassentiere
- einen Wandertag in der Woche
- eine Wiese für die Schule
- die Schule soll später anfangen und früher aus sein
- ein großes Klettergerüst
- eine große Turnhalle
- saubere WCs
- in der Pause Musik hören
- es sollte einen Reittag geben
- es sollte eine Sternwarte geben
- Fußball-AG für Jungen
- mehrere Nachhilfe-AGs
- Zauber-AG
- Bowling
- keine Hausaufgaben
- einen Naturlehrer
- Essen können, was man will
- große Klettertürme, die 5, 6, 7, 8 oder 9 Meter hoch sind
- einen Schulgarten mit Tieren und Fischen
- eine Schwimmhalle
- Zirkus in der Schule
- Freizeitpark
- richtig leckeres Essen
- eine Tier-AG
- keine Streitereien
- Kinder sollten den Unterricht selbst leiten
- es sollte eine Krankenstation geben
- bessere, mehr Sportangebote
- mehr AGs, in denen man Sprachen lernen kann
- mehrere Ausflüge
- dass man sich aussuchen kann, welche Stunden man hat
- es soll eine Harry-Potter-Zauber-AG geben
- Arbeiten können wiederholt werden
- für jede Klasse einen oder mehrere Computer
- ein magischer Schulhof
- nur von 9-12 Uhr Schule
- man kann immer in der Schule bleiben
- mehr Spielgeräte auf dem Schulhof
- für die Pause einen Planschsee
- mehr Gruppenarbeiten
- mehr witziger, lockerer Umgang miteinander
- Müll kann in Mülleimer fliegen
- WC mit Duschen
- WC reinigt sich selbst
- man kann Hausaufgaben zaubern
- kostenlose Modeberatung
- eine Playback-AG
- Elektro- und Repartur-AG
- Reiterhof
- Mädchenfußball

Die Teilnehmer waren begeistert angesichts des Engagements und der Phantasie der Grundschüler. Der – von uns durch diese Konfrontation durchaus beabsichtigte – Druck zu kreativer Konkurrenz entstand: Wie sähe die Traumschule der Erwachsenen aus? Wären sie überhaupt in der Lage, sich von der derzeit vorfindlichen Wirklichkeit zu lösen und visionäre Modelle einer Traumschule zu entwickeln, die Zielorientierungen für die Ganztagsschule der Zukunft geben könnten?

Wie Erwachsene sich die Ganztagsschule der Zukunft vorstellen
Während die Grundschüler nun nach Hause gingen, begab sich das Plenum auf eine Zeitreise in das Jahr 2012, in dem die optimale Ganztagsschule der Zukunft realisiert wäre. Wie sähe diese Schule aus? Was müsste sich ändern? Wäre es überhaupt noch eine Schule im traditionellen Sinn?

In dieser Phase war alles erlaubt. Sachzwänge waren aufgehoben, Kosten spielten keine Rolle. Hier ging es darum, die Schule zu entwickeln, die man sich für sich und seine Kinder erträumte. Was würde dabei herauskommen? Abgehobene Spinnereien? Unrealisierbare Phantasmen?

Die Überraschung war total: Das Traumbild sollte zunächst individuell mit farbigen Ölkreiden auf einem DIN-A4-Blatt als Symbol skizziert und mit einem Untertitel, einem programmatischen Slogan oder gar einem kleinen, erläuternden Text versehen werden. Worin bestand die Überraschung?

Freundlich strahlende Sonnen lagen neben einladenden Kreissysmbolen, bunte Bäume voller Früchte signalisierten vielfältiges Wachstum, eintönige Schulgebäude waren durch kreative Gestaltungen ersetzt. Unter einem leuchtenden Stern stand geschrieben: „Viel gemeinsame Energie hat uns geformt und bringt uns zum Leuchten." Oder unter einem Herzen steht: „Herzlich, menschlich, offen, für den anderen da sein."

Nach der Ausstellung der Traumsymbole bildeten sich Traumgruppen, die die Aufgabe hatten, das Modell ihrer Traumschule zu entwickeln und in Form einer ansprechenden Präsentation, Aktion, Szene etc. gegen Abend im Plenum zu präsentieren. Die Stimmung war nun gelöst und die Gruppen arbeiteten mit höchstem Engagement an der Konkretisierung ihrer Ideen, wobei der Zeitdruck durchaus hilfreich war und die Energien zu konzentrieren half.

An diesem Nachmittag entstand ein ca. 30-minütiges Programm phantasie- und lustvoller Präsentationen und Aktionen, in denen sichtbar wurde, dass es bei der neuen Ganztagsschule vor allem auch um eine veränderte Kommunikations-,

Lehr- und Lernkultur geht. Auf der folgenden Seite haben wir die zentralen Begriffe bzw. Wünsche der Schüler abgebildet.

Schulleiter/innen, Eltern, Lehrer/innen, Verwaltungskräfte und die übrigen Personen verfolgten diese Präsentation fasziniert, hatten viele doch den Grundschüler diese Fähigkeit zu kompetenter Detailkritik und visionärem Ausblick nicht zugetraut und spätestens hier dürfte einigen klar geworden sein, dass das Wissen zur Reform der Schule im Feld selbst vorhanden ist:

Schon Grundschüler sind in der Lage, wesentliche Defizite von Schule zu benennen und Vorschläge zu machen, deren Umsetzung die Qualität der Ganztagsschule deutlich steigern würde! Ja, viele der Vorschläge schließen Lücken, die OPASCHOWSKI in seiner schon in den 70er Jahren geäußerten und von uns oben aufgeführten Kritik an der Vernachlässigung elementarer Bedürfnisdimensionen durch die Schule benannt hat. Mit anderen Worten: Das Wissen ist bereits im Feld vorhanden. Was an unseren Schulen fehlt, ist ein systematischer Ort, an dem dieses Wissen regelmäßig abgefragt und in einem Prozess der kontinuierlichen Selbstverbesserung auch zu entsprechenden Konsequenzen führt. Im Plenum war jetzt Betroffenheit spürbar.

- Selbstbestimmung
- Feste
- Spaß
- Gemeinsamkeit
- Netz für Themenaustausch
- mehr Material für Kinder
- helle, flexible Räume
- jahrgangsübergreifend
- kein Asphalt
- Tiere
- Sportstätten
- Garten
- Toiletten pro Klassenraum
- Wünsche der Kinder werden berücksichtigt
- Wohlfühlen
- Sprachen leben können
- Kernzeit
- Schule ohne Noten
- eigene Küche pro Klasse
- Rückzugsräume
- Wärme
- bunte Beleuchtung
- „Visionen platzen nicht!“
- gemütlich
- spannend
- Themenstockwerke
- Lerngrundstück
- grüne Schule
- Ruhe, Erholung
- friedlicher Umgang
- vielfältige Bildung und Betätigung
- „Form Follows Function“
- voneinander lernen
- altersgemischte Gruppen
- mehr Menschlichkeit
- Kooperationen
- Gesamt- und Ganztagsschule

– „Möglichkeitsräume"
– Mulitprofessionalität am ganzen Tag
– projektorientiertes Lernen
– kein Frontalunterricht mehr
– „Lebenswelt ole"

Wünsche der Grundschüler

Diese vergleichsweise nüchterne Auflistung kann nur unzureichend einen Eindruck davon vermitteln, was auf dieser ungewöhnlichen Konferenz wirklich passierte: Innerhalb kurzer Zeit wich die resignative Grundstimmung einem optimistischen Aufbruchsgefühl: Nicht nur wurde die erwünschte Ganztagsschule der Zukunft für alle greif- und erfahrbar, sondern – was vielleicht noch wichtiger war – brach die Lust am Gestalten des eigenen Lern- und Arbeitsplatzes mit großer Kraft durch.

Was ist nun das für alle Erstaunliche, das in den Präsentationen und Gestaltungen von Lehrern, Eltern, Schülern und Vertretern sonstiger Gruppen sichtbar wurde?

Die Entdeckung des „Gemeinsamen Grundes"

Die Überraschung bestand in einer grundlegenden Einsicht, die der New Yorker Organisationsentwicklungsexperte Marvin Weisbord als die *„Entdeckung des gemeinsamen Grundes"* bezeichnet:[2] Wenn es einem gelingt *„das ganze System"* – verstanden als die Schlüsselpersonen, die mit der jeweiligen Schule befasst sind – *in einem Raum* zu versammeln und in einer offenen, kreativen Form über ihre Probleme und Wünsche nachdenken zu lassen, werden die beteiligten Personen zu ihrer eigenen Überraschung entdecken, dass sie bei allem Trennenden ein erstaunlich großer gemeinsamer Grund verbindet. Bezogen auf die Ganztagsschule besteht dieser gemeinsame Grund in einer Reihe von Prinzipien und Bedingungen, die erfüllt sein müssen, damit diese Schule zufrieden stellend funktioniert.

Die überraschende Einsicht besteht nun darin, dass alle Beteiligten diese Prinzipien und Bedingungen bereits kennen, dass sie sie aber aufgrund von Alltagsroutinen und hinderlichen bürokratischen Regelungen vergessen haben. *Das notwendige Wissen ist im Feld vorhanden! Die Mitglieder des Feldes sind kompetent, sie sind Experten für den notwendigen Wandel!*

Die verschiedenen Verfahren der Zukunftsmoderation, wie in unserem Fall die Zukunftswerkstatt, sind lediglich Vehikel, die die Beteiligten darin unterstützen zu erkennen, dass es so etwas *wie „archetypische Grundbedürfnisse"* gibt, die wir im Prozess der Zivilisation, d.h. im Prozess der Verinnerlichung gesellschaftlicher Normen häufig vergessen haben.

Die Entdeckung dieses gemeinsamen Grundes hebt Denk-, Phantasie- und Handlungsblockaden auf: Die Teilnehmer fragen sich, wenn es bei der Gestaltung der neuen Schule um die Berücksichtigung vergleichsweise einfacher, grundlegender und überwiegend gemeinsam geteilter Bedürfnisse geht, warum setzen wir sie dann nicht um? Warum schaffen wir ständig Regelungen, Organisationskulturen, die unseren elementaren Bedürfnissen widersprechen? Ein Gefühl der Verbundenheit, gegenseitiger Anregung und Unterstützung macht sich breit, Skepsis und Resignation weichen und eine optimistische Haltung der *Möglichkeiten eingreifender Zukunftsgestaltung* verbreitet sich, wenngleich manchem dieser plötzliche Stimmungsumschwung auch unheimlich vorkommen mag.

Doch unsere detaillierten Verlaufs- und Ergebnisprotokolle zeigen: Nicht nur die Gestaltungen waren anregend und eröffneten einen ermutigenden Blick auf bislang ungenutzte Möglichkeiten von Ganztagsbildung, auch der Prozess des selbstbestimmten kreativen gemeinsamen Arbeitens in vielfältig zusammengesetzten Gruppen, ließ eine spürbare Aufbruchsstimmung entstehen, die sich auch darin zeigte, dass plötzlich fast alle am Abendbuffet teilnehmen wollten, obwohl es in der Vorbereitungsphase noch als unzumutbare zeitliche Belastung am Freitagabend angesehen wurde.

Biete – Suche: Wie aus den Ideen Wirklichkeit wird

Diese Einstimmung in die Möglichkeiten gemeinsamer Problembewältigung mündete in einen am *Open Space*[3] orientierten *Marktplatz der Umsetzungsideen:* Jeder präsentierte auf einem Plakat die Idee, zu dessen Umsetzung er/sie „Energie und Leidenschaft“ verspürte. Innerhalb kurzer Zeit hatten wir eine erstaunliche Anzahl von Umsetzungsgruppen, die bis zur Mittagspause konkrete Projektpläne erarbeiteten und auf von uns vorbereiteten Postern ansprechend visualierten. Eine stimmungsvolle Präsentation der Projektideen aus der eineinhalbtägigen Arbeit schloss die Zukunftswerkstatt ab. Was war nun bei der Arbeit der Realisierungsgruppen herausgekommen?

Hier einige Beispiele. So erarbeiteten sie neben anderem konkrete Umsetzungspläne für folgende Themenschwerpunkte:

– Verzahnung von Vormittag und Nachmittag;
– „Fit für den Beruf – an mir soll es nicht liegen!“

– Optimierung der Organisationsstruktur:
– „Reibungsverluste vermeiden!“
– Aktivierung/Partizipation Eltern – Schüler:
– „Wertschätzende Zusammenarbeit“
– Vom Lernort zur Lebenswelt:
– „Lernen durch Erleben“
– Von NaSchu zur Ganztagsschule:
 „Auf den Weg machen und viele mitnehmen!“
– Ruheraum: „Silencio“
– Bibliothek: „Sprachkompetenz“
– Inhaltliche Verknüpfung: „Vom Keilriemen zum Zahnrad“
– Offener Mittagstreff: „Schule als Lebensraum für Schüler/innen“
– „Verbesserter Tagesplan ist möglich“

Mit dem Austausch von Adressen und der Vereinbarung zur Weiterarbeit endete diese Zukunftswerkstatt. Jedenfalls zunächst. Denn alle Teilnehmer erhielten im Anschluss eine komplette Dokumentation aller Arbeitsergebnisse und Projektpläne und arbeiten seitdem an der Umsetzung.

2. Was den Wandel antreibt: Zum Hintergrund der Zukunftswerkstatt Frankfurter Modellschulen

Die relativ ausführliche Beschreibung der Zukunftswerkstatt Frankfurter Modellschulen sollte einen anschaulichen Eindruck unseres konkreten Vorgehens im Rahmen evolutionärer Personal- und Schulentwicklung geben und unsere Thesen von der zentralen Bedeutung der Gewährung von Autonomie bei der Entwicklung von Ganztagsschulen anhand eines konkreten Praxisbeispiels verdeutlichen: Autonomie funktioniert! Wichtig ist allerdings nicht der konkrete Ablauf, den wir je nach Ausgangslage und Anforderungsprofil in Form eines individuellen *Partizipationsdesigns* modifizieren. Je nach Ausgangssituation kommen Verfahren der Wertschätzenden Schulentwicklung, der Future Search Conference, der Real-Time-Strategic-Chance-Konferenz, der Open Space Technology, des Erfolgs-/Lernteams etc. zur Anwendung.[4] Es wird ein spezifisches Design ausgearbeitet, in dem auch Verfahren des biographischen Lernens, Verfahren des Selbstorganisierten Lernens (SOL) und andere kombiniert werden.[5]

Wichtiger als die konkreten Verfahren sind jedoch die Philosophie des Kreativen Feldes, das Jazzbandmodell der Führung und das Konzept evolutionärer Personal- und Schulentwicklung, die auf einer Reihe von Axiomen und Strategien basieren, welche sich in Veränderungsprozessen als wirksam erwiesen haben.

So zeigt sich – insbesondere bezogen auf die Entwicklung von Ganztagsbildungssystemen –, dass nur solche Konzepte Erfolg versprechen, die statt neuerlicher Überforderung zu einer (mittelfristig wirksamen) *Arbeitserleichterung durch neue Handlungs- und Kooperationsformen* beitragen, die den Arbeitsplatz Schule und das Schulleben für alle Beteiligten insgesamt befriedigender gestalten[6] und die bewirken, dass insbesondere Lehrer/innen als zentrale Träger/innen des Wandels und der Entwicklung der Wissensgesellschaft das ihnen zustehende Ansehen erhalten. Aus unserer Sicht stellen das Konzept der Autonomie von Schule und Schüler/innen sowie die Entwicklung eines erweiterten Bildungsbegriffs der Ganztagsbildung viel versprechende Ansatzpunkte dar, die jedoch der Unterstützung durch Anreizsysteme sowie konkreter Umsetzungsprogramme bedürfen. Hier ist die Politik gefordert, die – aus unserer Sicht – bislang fast völlig vor dieser Herausforderung versagt und mit untauglichen „Mehr-derselben-Konzepte" (z.B. mehr Stunden, mehr Tests, mehr Verregelung etc.) den notwendigen Wandel eher behindert als fördert.

Wir favorisieren demgegenüber – aufgrund unserer langjährigen Erfahrungen in Schulentwicklungsprozessen – *das Bild der Schule als eines aus sich selbst heraus entwicklungsfähigen Kreativen Feldes.*

Demnach besteht die *entscheidende Ressource für die Entwicklung einer zukunftsfähigen Ganztagsschule der Wissensgesellschaft* in der *Freisetzung der bislang ungenutzten kreativen Potentiale und Selbststrukturierungsfähigkeiten*[7] *von Lehrern und Schülern* sowie von Schlüsselpersonen wie Eltern, Schulaufsicht, Kooperationspartner. Die damit notwendig werdende *Entschulung des Lernens,* d.h. die Umsetzung des erweiterten Bildungsbegriffes, setzt voraus, dass sich alle in der Schulgemeinde im weiteren Sinne Beteiligten auf einen *Weg gemeinsamen Suchens und (Er-)Findens der neuen Ganztagsschule* begeben. Hierzu bedürfen sie entsprechender Unterstützungsverfahren, etwa der dauerhaften Begleitung, Förderung und Auszeichnung von Modellschulen, die einen Wettbewerb kreativer Konkurrenz um die besten Lösungen auslösen könnten.

Angelehnt an unser erfolgreich durchgeführtes Schulentwicklungsprojekt „EPOS" (Evolutionäre Personal- und Schul- bzw. Organisationsentwicklung) möchten wir nachfolgend den theoretischen Hintergrund skizzieren, der Orientierungen dafür gibt, wie aus unserer Sicht die erfolgreiche Entwicklung von Ganztagsschulen sowie entsprechender Systeme der Ganztagsbildung angestoßen und umgesetzt werden können.[8]

Dieser Teil wendet sich an diejenigen Leser/innen, die am theoretischen Hintergrund unseres Vorgehens interessiert und bereit sind, einem weiter ausholenden Gedankengang zu folgen. Im Rahmen dieser Arbeit können wir allerdings nur die Kernpunkte des theoretischen Hintergrundes und der Umsetzungsbausteine skizzieren. Detaillierter sind Theorie und Praxis (inklusive der Dokumentation eines zweijährigen Schulentwicklungsprozesses) in BUROW & HINZ 2005[9] beschrieben. Hierzu gibt es eine ausführliche DVD mit Workshopabläufen und Verlaufsprotokollen.

Die *Theorie des Kreativen Feldes* wird hier beschrieben, um den Hintergrund für den erweiterten Bildungsbegriff und eine veränderte Sicht der Antriebskräfte von Personal- und Schulentwicklungsprozessen zu zeigen. Im Anschluss an diese Darstellung geben wir einen knappen Überblick über die Bausteine evolutionärer Personal- und Schulenentwicklung, die uns geeignet scheinen, engagierte Schulen dazu zu befähigen, dasjenige Ganztagsbildungssystem zu entwickeln, das auf ihre spezifischen Möglichkeiten und Bedingungen passt.

X Theorie des Kreativen Feldes

Wie bereits ausgeführt, besteht aus unserer Sicht ein entscheidender Grund für die mangelnde Reformfähigkeit des öffentlichen Bildungssystems in der *Unterschätzung der Selbststrukturierungsfähigkeiten der Beteiligten sowie in der mangelnden Gewährung entsprechender Freiräume,* die durch attraktive Anreizsysteme unterstützt werden müssen. Wenn man wirklich verstehen möchte, wie das Neue in die Welt kommt, dann muss man sich differenzierter mit Kreativitätsforschung sowie Personal- und Organisations- bzw. Schulentwicklung auseinander setzen. Dabei zeigt sich, dass im Bildungsbereich bislang zu sehr auf Einzelmaßnahmen und Top-down-Strategien gesetzt wurde.

Wie BUROW in der „Individualisierungsfalle" (1999) und in „Ich bin gut – wir sind besser. Erfolgsmodelle kreativer Gruppen" (2000) gezeigt hat, sind kreative Neuerung und sozialer Wandel häufig Ausdruck besonders gestalteter *„Kreativer Felder"*. Mit Bezug auf die sozialpsychologische Feldtheorie LEWINS, die soziologische Feldtheorie BOURDIEUS, aber auch die biologische Feldtheorie KELLYS („Schwarmdenken") wurde ein *Modell sozialer bzw. synergetischer Kreativität* entwickelt, das geeignet ist, Schule aus einem neuen Blickwinkel zu betrachten und so auch einen zentralen Beitrag zur Entwicklung von Ganztagsbildungssystemen zu eröffnen. Nachfolgend sollen zentrale Aspekte der Theorie des Kreativen Feldes an drei Schaubildern verdeutlicht werden. Zunächst geht es um die Frage, wie Lehrer/innen und Schüler/innen überhaupt ihre subjektive Wirklichkeit bzw. ihren „Lebensraum" wahrnehmen bzw. konstruieren. Dies soll die an Lewin und die Gestaltpädagogik (vgl. BUROW 1993) angelehnte *Lebensraumdarstellung* verdeutlichen:

Abbildung 1: Wie wir unseren „Lebensraum" konstruieren

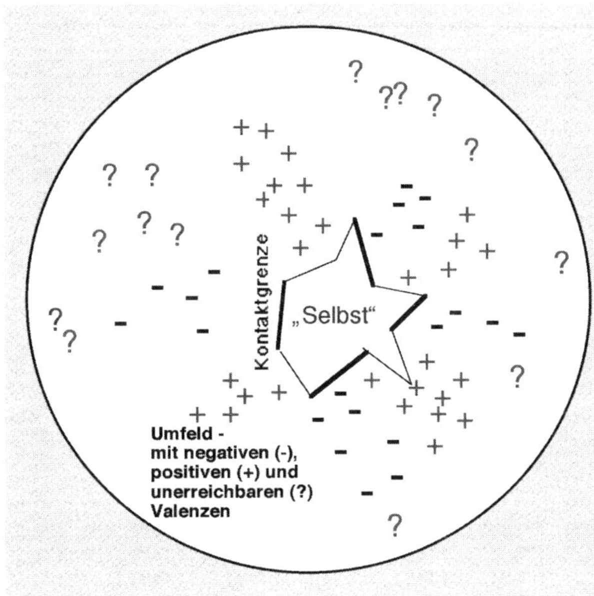

(Quelle: Burow 2002)

Wie ist dieses Schaubild zu lesen? Wir alle verfügen aufgrund unserer genetischen Ausstattung von Geburt an über bestimmte Anlagen, die dazu beitragen, dass wir ein eigenständiges Selbst und eine unverwechselbare Persönlichkeit entwickeln. Dabei handelt es sich um ein komplexes Wechselspiel zwischen Anlage und Umwelt, dessen genaue Zusammenhänge nach wie vor nur unzureichend aufgeklärt sind.[1]

Der Prozess der Selbstbildung vollzieht sich in höherem Maße selbstbestimmt, als es lange Zeit angenommen wurde. So greifen bereits Säuglinge aufgrund bestimmter Eigenschaften, wie Temperament, Neugier etc., aktiv in die Selbstbildung ein, indem Signale in die Umwelt gesendet werden, die z.B. den Eltern ein bestimmtes Verhalten nahe legen. Erzieherisches Handeln ist in hohem Maß durch die Anmutungen des Kindes beeinflusst. Umgekehrt wirken aber auch die Handlungen der Eltern auf das Kind ein, die diese z.B. aufgrund ihrer Erziehungsvorstellungen, Werte, mentalen Modelle verfolgen. Auch wenn in den ersten Monaten die wesentliche Erziehungsumgebung des Kinds die Mutter ist, wirken doch von Anfang an Faktoren aus dem sozialen und kulturellen Umfeld (Enkulturation und Sozialisation) auf das Kind ein. Mit der Zeit geht der Einfluss der Eltern zurück und es wachsen die Einflüsse des jeweiligen Umfelds.

Der sich so allmählich ausbildende Lebensraum ist hier in Form von positiven Attraktoren (+) (Anziehungspunkte), negativen Attraktoren (-) (Abstoßungspunkte) und unerreichbaren Attraktoren (?) (Fähigkeiten, die das Kind aus sich selbst heraus nicht entwickeln kann oder für unerreichbar hält) dargestellt.

Wichtig für elterliche, aber auch schulische Erziehung sind nun die Einsichten der Peergruppenforschung: Nach Harris werden die positiven, negativen und unerreichbaren Attraktoren, die das Kind für sich konstruiert, nur zum Teil von den Eltern beeinflusst, wohingegen – mit zunehmendem Lebensalter – die Peer-Gruppen mit ihren Führern den stärksten Einfluss ausüben.[2] Der springende Punkt ist, dass das Umfeld nicht „objektiv" gegeben, sondern – wie wir weiter unten sehen werden – in Teilen subjektiv strukturiert ist. Am Schaubild wird verdeutlicht, wie subjektive Strukturierung sowie der Charakter des jeweiligen Umfelds entscheidende Dimensionen für die Entwicklung der Persönlichkeit und des entsprechenden Verhaltens, insbesondere der Ausbildung von *Selbstwirksamkeitsüberzeugungen*, darstellen. Die einwirkenden Attraktoren beeinflussen in weiten Bereichen unsere „Gestalt", denn gemäß den Auffassungen der Gestalttherapie ist das „Selbst" *„... die Kontaktgrenze in Tätigkeit"*.[3]

Mit anderen Worten: Die Art und Weise, wie wir Kontakt aufnehmen oder unterbrechen, kennzeichnet unsere Persönlichkeit. Entscheidend ist, dass wir zwischen objektiv gegebenen Einwirkungen des soziokulturellen Umfelds unterscheiden und subjektiv konstruierten Attraktoren, also Bewertungen, die wir selbst vornehmen. Um diesen Gedanken verständlich zu machen, folgt ein kleiner Ausflug in die Feldtheorie LEWINS.

Der Lebensraum ist erlebnismäßig strukturiert

Das Schaubild ist eine Weiterentwicklung der Lebensraumdarstellung des Begründers der Feldtheorie, Kurt LEWIN, und kombiniert diese mit dem Selbstmodell der Gestalttherapie. Ähnlich wie eine Kompassnadel bewegen wir uns demnach von Geburt an in sozialen und kulturellen Kräftefeldern, die unserem Streben eine Richtung geben. Bestimmte Dinge ziehen uns an (z.B. eine bestimmte Nahrung, Musik, eine Beschäftigung). Andere stoßen uns ab und wir suchen sie zu meiden. Manche Kinder haben z.B. eine stärkere Affinität zu

Musik, die sie dazu führt, entsprechende Situationen aufzusuchen und die Aufmerksamkeit der Eltern in eine entsprechende Richtung zu lenken. Natürlich können auch die Eltern entsprechende Impulse setzen; doch dies wird ihnen nur in dem Maß gelingen, in dem eine Übereinstimmung mit den Anlagen des Kinds, seinen persönlichen Neigungen sowie den Umfeldeinflüssen (z.B. Wertschätzung einer bestimmten Musik durch die Peer-Group, d.h. die Gleichaltrigen) vorliegt.

In späteren Jahren kann das Umfeld der Organisation, insbesondere die Erziehungs- und Bildungsinstitutionen, Schule mit ihren offenen oder impliziten Wert- und Verhaltensnormen eine solche, den eigenen Wahrnehmungsfilter und das eigene Verhalten beeinflussenden und in manchen Bereichen sogar steuernde Funktion übernehmen. Für unseren Zusammenhang ist jedenfalls interessant, dass persönliche Fähigkeiten (nach SENGE: „personal mastery") sowie unsere *mentalen Modelle immer auch Ausdruck der sozialen und kulturellen Felder sind, in denen wir aufgewachsen sind bzw. in denen wir uns gegenwärtig bewegen.*

Da die Lebensräume, in denen wir leben, in weiten Teilen durch unsere mentalen Modelle selbst konstruiert werden, leben wir – auch gemäß den Aussagen des relativen Konstruktivismus – nicht nur in unterschiedlichen Welten, sondern zeigen wir aufgrund unserer unterschiedlichen Verarbeitungsweisen bei gleichen Impulsen auch ein unterschiedliches Verhalten: *Wir konstruieren also unseren Lebensraum selbst wie auch das Feld, das uns umgibt. Diese individuellen Lebensraumkonstruktionen, unsere Leitmotive bzw. „Persönlichen Paradigmen" bestimmen den von uns wahrgenommenen Handlungs- und Verhaltensspielraum.*[4]

Wie Schulleiter/innen führen sollten

Diese Thesen werden durch eine Untersuchung von CUMMINGS & OLDHAM (1998) bestätigt, die gleichzeitig wichtige Hinweise für eine effektive Personalführung geben, die Schulleiter/innen berücksichtigen müssen, wenn sie Wandlungsprozesse erfolgreich managen wollen. Die Freisetzung bislang ungenutzter kreativer Potentiale der Mitarbeiter/innen hängt neben der Berücksichtigung individueller mentaler Modelle auch davon ab, inwieweit sie sich in einer *kreativitätsfördernden Umgebung* bewegen. Als entscheidende Variablen erwiesen sich dabei folgende Faktoren:

- Komplexität der Tätigkeit,
- nicht-autoritativer Führungsstil,
- unterstützende Vorgesetzte,

- anregende Arbeitskollegen und
- kreative Konkurrenz als motivierende Herausforderungen.

Hier zeigt sich: Personal- und Organisationsentwicklung können nur dann nachhaltig wirksam werden, wenn sie *sowohl an der Veränderung des Umfeldes als auch an den erlebnismäßigen Strukturierungen der Mitglieder einer Organisation ansetzen.*

Wir erkennen jetzt auch, warum das in der Schulentwicklung verbreitete Steuergruppenmodell und Top-down-Prozesse nur begrenzt wirksam sind. Die Interventionen und Impulse die „von oben" gegeben werden, stoßen „unten" auf Verarbeitungsprozesse, die durch individuelle Muster (mentale Modelle etc.) und kollektive Prägungen (institutionelle Abwehrroutinen) im Extrem so gefiltert werden, dass wenig oder nichts vom ursprünglichen Impuls ankommt. Die personalen Träger des Wandels müssen einen subjektiv sinnhaften Zusammenhang in den Veränderungsprozessen erkennen.

Kreativität gibt es nur im Plural!

Ein oft beklagtes Hemmnis bei der Entwicklung einer neuen Lehr-/Lernkultur an Schulen ist die mangelhaft ausgebildete Teamfähigkeit von Lehrern und Lehrerinnen. In den innovativsten Bereichen der Wirtschaft hat man längst erkannt, dass Team-Lernen eine Schlüsselkompetenz für erfolgreiche Unternehmen ist. Neben der Arbeit an persönlicher Exzellenz und der Bearbeitung mentaler Modelle setzt daher Senge in seinem Konzept der Lernenden Organisation auf Team-Lernen (vgl. SENGE 1996).

Burow hat nun insbesondere in „Die Individualisierungsfalle" (1999) anhand der schöpferischen Prozesse bei der Bildung der Comedian Harmonists, der kollektiven Schöpfung der Musik der Beatles, der Entwicklung des Apple Personalcomputers und der Entstehung von Microsoft gezeigt, dass diese kreativen Durchbrüche nicht ausschließlich als Leistung besonders begabter Individuen, sondern vielmehr als Ausdruck besonders gestalteter *„Kreativer Felder"* zu verstehen sind (vgl. BUROW 2000), eine Einsicht, die schon BOURDIEU aus Sicht der Soziologie auf den Punkt gebracht hat: *„Kreativität ist ein Effekt des Feldes"*.

Wir ziehen daraus die Schlussfolgerung, dass es bei der Entwicklung von Personen und Organisationen vor allem darum geht, das Entstehen Kreativer Felder zu fördern, die im Sinne der Selbstorganisation aus sich selbst heraus –

ohne Fremdsteuerung – die nötigen Wandlungsprozesse evolutionär in Gang setzen. *Bezogen auf die Ganztagsschule bedeutet dies, dass Schulleiter/innen ihre Organisation als komplexes Feld begreifen müssten, in dem sich auf dem Wege der Selbstorganisation Muster bilden, diese Muster zu identifizieren und zu überlegen, welche Musterbildung mit welchen Mitteln gefördert werden. Ebenso müssten Lehrer/innen lernen, dass sie es in der Klasse nicht nur mit Individuen, sondern auch mit Gruppen, mit komplexen sozialen Feldern zu tun haben. Ihre stärkste Erziehungs- und Lernwirkung könnten sie u. U. haben, wenn sie Einfluss auf die (Peer-)Gruppenbildungen nähmen und beispielsweise die Herausbildung sich selbst stabilisierender Neigungsgruppen förderten.*

Um das Konzept des Kreativen Feldes besser zu verstehen, möchten wir zunächst mithilfe zweier weiterer Schaubilder der vorherrschenden Auffassung von Kreativität als Ausdruck überragend begabter Individuen unser *Konzept synergetischer Kreativität* gegenüberstellen. Dabei ist zu beachten, dass das Konzept der Kreativität schwer zu operationalisieren ist und manche Autoren, wie z.B. Hartmut V. HENTIG (1998), den Begriff sogar für untauglich halten. Eine andere Auffassung vertreten die Sozialpsychologen und Kreativitätsforscher Howard GARDNER (1996) und Milhalyi CSIKSZENTMILHALYI (1997).

Der Ort der Kreativität

So hat Gardner anhand von Lebenslaufstudien der „Schöpfer der Moderne“ (Freud, Picasso, Ghandi etc.) herausgefunden, dass es einen *„Ort der Kreativität“* gibt, der über das Individuum hinausweist. BUROW hat diesen Gedanken in der Individualisierungsfalle aufgegriffen und folgendes Schaubild Gardners zum Ort der Kreativität zunächst übernommen, um es dann einer Erweiterung zu unterziehen:

Abbildung 2: Der Ort der Kreativität

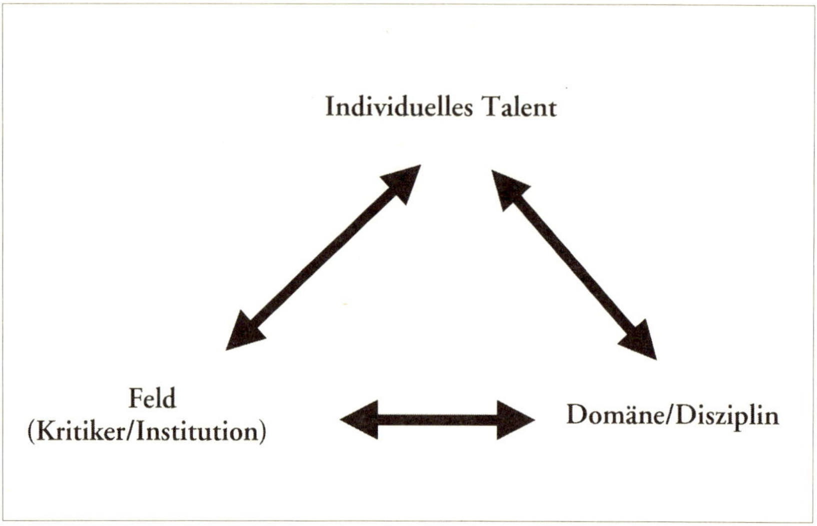

(Quelle: nach Gardner 1996; aus Burow 1999, S. 37)

Wo findet Kreativität statt?
Gardner zufolge setzt kreatives Verhalten ein überragendes *individuelles Talent* voraus, das sich schon früh äußert. Aber dieses allein reicht nicht aus. Damit die eigenen Ideen und Gedanken als kreativ anerkannt werden und eine Chance auf Umsetzung erhalten, muss man zur richtigen Zeit die *passende Domäne bzw. Disziplin* wählen. Einstein z.B. hätte mit seiner Fähigkeit logischen Denkens und kreativen Kombinierens auch eine andere Disziplin als die theoretische Physik wählen können, doch wahrscheinlich hätte er dann nicht so schnell die Anerkennung erhalten, die ihm in der Physik um die Jahrhundertwende schon kurz nach der Formulierung seiner berühmten Formel zuteil wurde. Denn diese Disziplin war zu dieser Zeit so weit entwickelt, dass Einstein auf ein *aufnahmebereites Feld* traf. Die Mitglieder des Felds waren für seine Gedanken aufgeschlossen, da er eine Lösung für ein Problem präsentierte, die von anderen Wissenschaftlern seiner Disziplin bereits vorbereitet worden war. Dies ist umso erstaunlicher, als Einstein zunächst mit seinem Versuch, einen direkten Zugang zum Feld der anerkannten Experten über eine Assistentenstelle zu erhalten, scheiterte. Er wurde abgelehnt und musste als Patentbeamter dritter Klasse seine Ideen als Außenseiter entwickeln. Vielleicht war dieser Umstand aber gerade

günstig, konnte er so doch außerhalb institutioneller Denkroutinen und Traditionen querdenken.

Fassen wir zusammen: *Der Ort der Kreativität erweist sich Gardner und Csikszentmihalyi zufolge als eine optimale Passung zwischen individuellem Talent, der Wahl einer „reifen" Domäne/Disziplin und der Fähigkeit, Zugang bzw. Anerkennung im Feld der maßgebenden Institutionen zu finden.*

Wenn wir diesem Modell folgen, dann müssten sich nach BUROW (1999) Schüler/innen, Lehrer/innen und Eltern folgende Fragen stellen, um das unerschlossene kreative Potential freizusetzen:

- Was ist deine spezifische Begabung?
- Wie kann deine Begabung optimal gefördert werden?
- In welcher Domäne/Disziplin hast du die besten Chancen, dein kreatives Potential zu entfalten?
- Welche Chancen hast du, mit diesem Potential, in welchem institutionellen Umfeld soziale Anerkennung zu finden und in welchem institutionellen Umfeld?
- Wo ist der günstigste Ort für die optimale Entfaltung deiner Kreativität? Beschreibe diesen Ort möglichst genau!

BUROW kritisiert nun mit Hilfe von LEWINS und BOURDIEUS Feldtheorien, dass GARDNERS Sicht der Kreativität noch immer der von KRIS/KURZ (1995) schon in den 30er Jahren des letzten Jahrhunderts widerlegten *Künstlerlegende* bzw. dem *Geniekult* verhaftet ist. Mit BOURDIEU (1982) sind wir der Auffassung, dass *Kreativität ein Effekt des Feldes* ist. In einer Erweiterung des oben angeführten Schaubilds versucht Burow deshalb – anknüpfend an seine Analyse des gemeinsamen Schöpfertums von Musikern und PC-Entwicklern –, die sozialen Dimensionen und Chancen gemeinsamer Kreativität in einem erweiterten Modell aufzuzeigen.

Demnach zeigt sich, dass kreative Durchbrüche immer auch Ausdruck besonders gestalteter sozialer und kultureller Umgebungen sind, in denen herausragende Persönlichkeiten, die wir in unserem individualisierten Blickwinkel allzu oft als alleinige Schöpfer betrachten, eher die Funktion eines *Kristallisationskerns*, eines Magneten im Feld haben. Die wichtigste Leistung von Personen wie Einstein, Freud, Picasso usw. besteht demnach darin, dass sie in der Lage sind, Anregungen, Ideen, Konzepte usw. zu bündeln bzw. neu zu gewichten und andere Personen anzuziehen (indem sie anziehende Attraktoren für die Lebensraumgestaltung möglicher Partner/innen setzen), so dass sie in direkter oder indirekter Zusammenarbeit mit anderen in der Lage sind, grundlegende Neuschöpfungen vorzunehmen.

Die besondere Chance der Ganztagsschule besteht nun aus dieser Perspektive darin, dass sie den Übergang von der Unterrichtsanstalt, die Schüler nach Alterskohorten sortiert und fließbandmäßig vorrücken lässt, wobei der „Ausschuss" aussortiert wird (derzeit noch über ein Drittel aller Fünfzehnjährigen!), neu gestaltet, indem sie einen synergetischen, feldtheoretisch fundierten Lern- bzw. Bildungsbegriff realisiert, der die Leistungen von Synergiepartnerschaften besonders beachtet und fördert.

Lennon und McCartney hatten in der traditionellen Unterrichtsschule wenig Chancen auf individuelle Förderung ihrer spezifischen Talente, die sich gerade erst in Kooperation und kreativer Konkurrenz entfalteten. Kein/e Lehrer/in war auf die Idee gekommen, dass ihr besonderes Potential gerade in der Fähigkeit zu Kooperation und gegenseitiger Herausforderung lag. Das nach wie vor unsere Schulen und die Vorstellungen der Bildungspolitiker bestimmende Bild, dass jeder zur gleichen Zeit das Gleiche lernen muss, ist völlig überholt und nicht länger haltbar. Vielmehr geht es darum, dass jeder sein individuelles Potential entfalten und die Mängel durch geeignete Synergiepartnerschaften zu überwinden lernt. Dazu ist es notwendig, dass Lehrer/innen lernen, Kreative Felder zu initiieren und zu fördern.

1. Das Jazzband-Modell der Führung

Besonders deutlich wird dieser *Feldcharakter des Schöpferischen* bei *Bands* (vgl. BUROW 2002) und *Entwicklungsteams*. Deshalb sprechen wir (BUROW & HINZ 2004) auch – in Anlehnung an Kao – vom *Jazzband-Modell der Führung* und sehen es als ein wichtiges Leitbild bei allen Projekten organisationellen Wandels an. Das Modell ist ausgezeichnet geeignet, um zu vermitteln, was die Elemente erfolgreicher Personalführung sind, die den Wandel voranbringt:

In einer Jazzband kommen Personen zusammen, die auf ihrem jeweiligen Instrument Experten sind. Sie wählen sich ein gemeinsames Thema (einen *bedeutungsvollen Kontext)* und geben sich einen offenen Raum *(„open space")*. In diesem Rahmen improvisieren sie und schaffen fortwährend Neues.

Für den gemeinsamen Schöpfungsprozess ist es neben der *gemeinsamen Produktorientierung* und einer *Atmosphäre kreativer Konkurrenz* unerlässlich, dass sie aufeinander hören *(Dialog und Partizipation)*, dass einer in den Vordergrund tritt, während die anderen zurücktreten und Unterstützung geben. *Nicht jeder muss alles können, aber jeder muss seine individuellen Fähigkeiten in die gemeinsame Komposition einbringen.* Jeder muss offen sein für das Neue, das entsteht, und in der Lage sein, einen eigenen Beitrag zu leisten. Dieser eigene Beitrag kann allerdings auch darin bestehen, dass man schweigt bzw. pausiert, Unterstützung oder Raum für die Solisten gibt.

Die Band benötigt für diese Leistung weder Partituren (Drehbücher, Vorschriften, Anleitungen etc.) noch einen Dirigenten (Leiter, Anführer, Vorgesetzte etc.). Wohl aber benötigt sie einen stützenden Entwicklungsraum etwa in Form von *gemeinsam vereinbarten Regeln* (die alle internalisiert haben und ohne Konitrolle von außen selbst befolgen) sowie *ein Modell der fähigkeitsorientierten Führungsrotation*: Derjenige, der mit seinen spezifischen Fähigkeiten die jeweilige Anforderung optimal meistern kann, tritt zeitweise in den Vordergrund, während die anderen unterstützend in den Hintergrund treten.

Bands, aber auch erfolgreiche Organisationen, Firmen oder soziale Bewegungen entstehen oft durch „Kristallisationskerne“, Personen, die besonders befähigt sind, die gemeinsame Vision zu artikulieren und ihre Umsetzung zu befördern (z.B. Robert Oppenheimer beim Manhattan-Projekt; Wernher v. Braun beim Projekt der bemannten Raumfahrt; Harry Frommermann bei der Gründung der Comedian Harmonists; Steve Jobs bei der Entwicklung des PC; Martin Luther King ebenso wie Nelson Mandela bei der Entstehung von Bürgerrechtsbewegungen).

Bezogen auf die Ganztagsschule bedeutet dies, dass sich *Schulleiter/innen als Leader einer Jazzband* verstehen sollten: Gemeinsam mit der Schulgemeinde entwickeln sie die Schlüsselthemen, über die gemeinsam improvisiert wird und Lösungen gefunden werden. Die Schulleitung motiviert, koordiniert und sorgt dafür dass geeignete Kristallisationskerne (besonders befähigte Schüler/innen, Eltern, außerschulische Partner/innen, Lehrer/innen) ihr Entwicklungsfeld finden. Gerade die Ganztagsschule mit ihrem erweiterten Zeitrahmen, der flexibleren Unterrichtsorganisation, dem erweiterten Kompetenzspektrum des Personals und der Möglichkeit, Lernthemen, Lerngruppen, Lernorte und vieles mehr variabel und innovativ zu gestalten, kann mit diesem synergetischen Führungsmodell zu einem Kreativen Feld werden.

Die Band als idealer Prototyp des Kreativen Feldes
Die Band kann also als Prototyp des Kreativen Feldes betrachtet werden. An ihrer Funktionsweise lassen sich wesentliche *Prinzipien für selbstorganisiertes Teamlernen und -arbeiten* erkennen. Diese Prinzipien hat SPIEß (2000) in einer Dissertation, die auf der Analyse von Selbstzeugnissen erfolgreicher Rockbands basiert, beschrieben:

1. Bands entstehen in Selbstorganisation
2. Bands benötigen eine überschaubare Gruppengröße
3. Bands basieren auf Gleichberechtigung und demokratischen Entscheidungsstrukturen
4. Bands entstehen in einem zeitaufwendigen Prozess der Selbstselektion
5. Bands lassen ein Gefühl der Zugehörigkeit und einen „Gruppengeist" entstehen
6. Bands basieren auf Arbeitsteilung bei gleicher Belohnung
7. Bands funktionieren durch gegenseitige Herausforderung und Anregung
8. Bands basieren auf Gewinner-Gewinner-Spielen: Alle profitieren voneinander.

Die Berücksichtigung dieser *„Bandprinzipien"* ist *von zentraler Bedeutung für die partizipative und nachhaltige Entwicklung und Organisation einer Ganztagsschule.* Gruppen bzw. Teams, die nach diesen Prinzipien funktionieren, werden selbst zu Kristallisationskernen bzw. Magneten: Sie stecken andere Personen an, ihre Begeisterung, ihr „Groove" überträgt sich auf die Zuhörer und bei gelingenden „Konzerten" kommen alle in Bewegung. Wir glauben nun, dass das Bandmodell als Metapher geeignet ist, um zu illustrieren, worum es bei der Schulentwicklung mit dem Ziel der Veränderung der Lehr-/Lernkultur, bei EPOS und der Anregung Kreativer Felder gehen sollte. Doch zunächst eine erste, vorläufige Definition.

2. Was ist ein „Kreatives Feld"?

BUROW definiert das Kreative Feld folgendermaßen:

> „Ein Kreatives Feld wäre demnach eine *in sozialer und materieller Hinsicht spezifisch konstruierte Umgebung*, die einen besonderen *Aufforderungscharakter für die synergetische*

> *Entfaltung* des kreativen Potentials der zueinander in Beziehung stehenden Personen ausübt. So zeichnet sich ein Kreatives Feld durch den Zusammenschluss von zwei oder mehr Personen mit stark ausgeprägten unterschiedlichen Fähigkeiten aus, die versuchen in *dialogischer Weise ihren Gemeinsamen Grund* sowie ihre Unterschiede zu erforschen, mit dem Ziel, in einem auf Gegenseitigkeit beruhenden Lernprozess ihr Kreatives Potential gegenseitig hervorzulocken, zu erweitern und zu entfalten.“[5]

Die wesentlichen Elemente des kreativen Schaffens, nämlich die begabte Persönlichkeit, ein kreativer Schaffensprozess und das Produkt werden durch die Struktur des Feldes in besonderer Weise organisiert. Kreative Felder sind durch eine *dialogische Beziehungsstruktur (Dialog)*, durch ein *gemeinsames Interesse (Produktorientierung bzw. gemeinsame Vision)*, durch eine *Vielfalt unterschiedlicher Fähigkeitsprofile (Vielfalt und Personenzentrierung)*, durch eine *Konzentration auf die Entfaltung der gemeinsamen Kreativität (Synergieprozess)*, durch eine *gleichberechtigte Teilhabe* ohne Bevormundung durch *„Experten“ (Partizipation)* sowie durch ein *kreativitätsförderndes soziales und ökologisches Umfeld (Nachhaltigkeit)* charakterisiert. Mit diesen Begriffen sind zentrale Schlüsselkonzepte benannt, die zur Ausbildung eines Kreativen Feldes beitragen:

1. Dialog
2. Vision und Produktion
3. Vielfalt
4. Personenzentrierung
5. Synergieprozess
6. Partizipation
7. Nachhaltigkeit

(Quelle: Burow 1999)

Die Frage, die sich jetzt stellt, ist, wie man aus der Perspektive dieser Theorie im Rahmen von Maßnahmen der Personal- bzw. Schulentwicklung zum Entstehen Kreativer Felder beitragen kann. In „Ich bin gut – wir sind besser“ haben wir – anknüpfend an unsere langjährigen Erfahrungen – in unterschiedlichen Kontexten Zukunftswerkstatt, Zukunftskonferenz, Open Space Technology, Dialogverfahren und Erfolgsteamkonzept als erprobte Verfahren vorgestellt, die es ermöglichen, auf der Ebene von Gruppen und Organisationen zur Schaffung von Kreativen Feldern beizutragen.

Dabei ist eine *veränderte Sicht des Individuums und seiner Möglichkeiten* im Rahmen schöpferischer Prozesse von besonderer Bedeutung. So betrachten wir in traditionellen Bildungskonzepten Lernende und Mitglieder von Organisationen häufig als weiterzubildende Defizitwesen. Die Analyse überragender kreativer Persönlichkeiten, die GARDNER vorgelegt hat, entmutigt uns ja nicht von ungefähr. Denn wer von uns verfügt schon über die Talente eines Einsteins oder eines Picassos? Wenn wir Kreativität aber aus dem Blickwinkel einer Theorie des Kreativen Feldes betrachten, dann wird deutlich, dass wir alle – ungeachtet herausragender Talente – zu Neuschöpfungen beitragen können. Ja, mehr noch, im Kreativen Feld erweisen sich gerade unsere Schwächen als fruchtbare Andockpunkte für mögliche Synergiepartner.

Wenn wir also im Rahmen einer integrierten Personal- und Schulentwicklung wirkungsvoll an Personal Mastery, mentalen Modellen und Team-Lernen arbeiten wollen, dann geht es weniger darum, den Einzelnen zu Höchstleistungen zu befähigen, sondern vielmehr darum, ein *Synergiefeld* aufzubauen, in dem sich die Mitglieder einer Schule nach dem Jazzband-Modell mit ihren unterschiedlichen Fähigkeiten gegenseitig ergänzen und herausfordern und so in Selbstorganisation evolutionär ein Kreatives Feld schaffen. Diesen Zusammenhang hat Burow in Abbildung 3 zu verdeutlichen gesucht.

Abbildung 3: Wo sind meine Synergie-Partner?

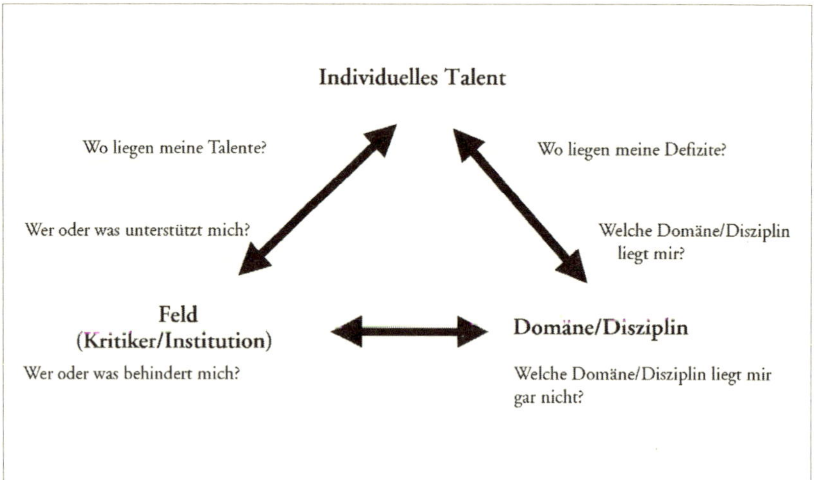

(Quelle: Burow 1999, S. 144)

Wichtig ist hier der grundlegende Perspektivenwechsel, der sich aus der synergetischen Betrachtung ergibt: Unter dem Druck der konkurrenzorientierten Zwangsindividualisierung sind wir es gewohnt, unsere Schwächen möglichst zu verstecken und unsere Stärken herauszustreichen. Diese problematische Haltung wird früh gefordert. So bestrafen Schulen über die Notengebung individuelle Schwächen. Das Konzept des Kreativen Feldes zeigt uns aber, dass in unseren Schwächen auch unsere Chancen liegen. Meine Schwäche ist nämlich zugleich der Bindungs- oder Andockpunkt, an dem sich mein Synergiepartner anlagern kann und wir gemeinsam etwas Neues schaffen können. Aus dieser Sicht geht es also weniger darum, dass – was Schulen und Bildungsanstalten noch immer anzielen – alle zur gleichen Zeit das Gleiche lernen, sondern dass wir *Vielfalt und unterschiedliche Fähigkeiten zur Realisierung gemeinsamer Ziele nutzen und uns dabei gegenseitig anregen und herausfordern.*

Es handelt sich um ein *grundlegend verändertes Lern- bzw. Bildungskonzept,* in dem kreative Leistung nicht dem Einzelnen zugesprochen, sondern als Effekt besonders gestalteter Felder gesehen wird. In der Ganztagsschule gibt es aufgrund des erweiterten Zeitrahmens und der Möglichkeit der Auflösung der tradierten lehrerzentrierten Stundenschule die Chance, ein solches verändertes Bildungsverständnis durch die Entwicklung vielfältiger partner- und gruppenorientierter Lehr-/Lernformen zu realisieren.

Die Entwicklung von Personal Mastery kann also im Rahmen von Personal- und Schulentwicklungsprozessen auch bedeuten, dass persönliche Grenzen erkannt werden und im selbst gewählten Team *neue Mischungen* entstehen, die in der Lage sind, das zu erreichen, was in der individuellen Lebensraumdarstellung als unerreichbar dargestellt wurde. *In diesem Perspektivenwechsel, der Überwindung meiner persönlichen Grenzen und im gemeinsamen Wachsen über unsere individuellen Möglichkeiten hinaus, dürfte denn auch ein wesentlicher Anreiz für Team-Lernen und gemeinsame Entwicklungsprojekte liegen.* Unserer Auffassung nach wird dieser Anreiz bislang zu wenig genutzt.

Unfreezing: Schulen müssen „aufgetaut" werden

Wenn man so will, geht es um ein umfassendes *Unfreezing,* (vgl. BUROW 2000b) d.h. *Auftauen der persönlichen und institutionellen Routinen mithilfe der Synergieperspektive.* Evolutionäre Personal- und Schulentwicklung ist im Kern also ein *Verlebendigungs- und Auftauprozess,* der dazu beiträgt, dass Individuen und die gesamte Organisation in einen veränderten „Aggregatzustand" kommen.

Anhand der oben dargestellten Zukunftswerkstatt Frankfurter Schulen haben wir gezeigt, wie ein solcher veränderter Aggregatzustand entstehen kann. Der besondere Aufbau der Zukunftswerkstatt als offener Möglichkeitsraum, die Arbeit mit Verfahren der Wertschätzung, mit kreativen Symbolisierungen, die Schaffung einer vielfältig durchmischten Gruppe und Ähnliches mehr schaffen einen Rahmen, in dem der Ausbruch aus Routinen und mentalen Modellen gelingen und ein Durchbruch zu neuen Sichten und Haltungen gelingen kann. Durch die Verflüssigung mentaler Muster und Routinen erhalten Kristallisationskerne, die oft schon bereitstehen und auf eine Gelegenheit zum Einbringen ihrer besonderen Fähigkeiten warten, eine besondere Chance, neue Muster und Strukturen anzuregen, die sich nicht von außen gesteuert, sondern von innen – quasi evolutionär – auf dem Wege der Selbstorganisation ergeben. Diese Überlegungen haben uns zur Entwicklung eines Konzeptes *Evolutionärer Personal- und Organisations- bzw. Schulentwicklung (EPOS)* geführt, das wir in Projekten umgesetzt und evaluiert haben.[6] Für unseren Zusammenhang, nämlich der angekündigten Klärung des Schlüsselfaktors „Improvisation“, muss nun noch die Bedeutung evolutionärer Konzepte geklärt werden.

3. Evolutionäre Schulentwicklung

Aus evolutionärer Perspektive geht es bei Prozessen der Personal- und Organisations- bzw. Schulentwicklung – hier bezogen auf die Entwicklung der Ganztagsschule – vor allem darum, einen *offenen Anregungsrahmen zu schaffen*, der dazu beiträgt, dass neue Varietäten erzeugt werden, bezogen auf die Veränderung etwa von Denkmodellen, Wahrnehmungs- und Verhaltensroutinen, Organisationsroutinen etc. Anhand eines mehrjährigen Schulentwicklungsprojektes haben wir die evolutionäre Perspektive erprobt:[7] *Bezogen auf unser Schulentwicklungsprojekt ging es aus evolutionärer Perspektive nicht vorrangig darum, neue Lehr- bzw. Lernkonzepte einfach zu „implementieren“, sondern vielmehr darum, einen offenen Möglichkeits- und Experimentierraum zu schaffen, in dem Erfahrungen mit Elementen neuer Lehr-/Lernkulturen gemacht werden bzw. eine Ermutigung gegeben wird, neue Wege selbst zu entwickeln und zu erproben.* Als Instrumente zur Kreierung solcher offenen Möglichkeitsräume dienten uns dabei Verfahren der Großgruppenmoderation, wie Zukunftswerkstatt, Zukunftskonferenz, Open Space, Appreciative Inquiry etc. Diesen Verfahren ist die grundlegende partizipative Orientierung gemeinsam, die sich in dem Verzicht auf detaillierte Regelungen und dem Vertrauen in die Fähigkeiten zu Selbststrukturierung der Beteiligten zeigt.

Im Verlaufe von solchen offen angelegten Schulentwicklungsprojekten soll sich zeigen, welche von den *„Mutationen"*, die auf diesem Wege – aus den Ideen des Kollegiums, der Eltern der Schüler/innen, der Verwaltung und sonstigen Personen – entstehen, dem Selektionsdruck standhalten. Diese werden gespeichert, finden Eingang in das Verhalten und die Vereinbarungen der Organisationsmitglieder und werden wieder angewandt. PE- und OE-Prozesse können nun daraufhin analysiert werden, auf welche Weise „Mutationen" des Bestehenden zustande kommen, welchem Bewährungsdruck sie ausgesetzt werden, worin förderliche Umfeldbedingungen bestehen und wie sie wo gespeichert werden.

Diesem Prinzip folgend, sind zunächst alle erdenklichen Maßnahmen (= Varietäten) möglich. Diese anfängliche Offenheit, die an Willkürlichkeit denken lässt, wird im nächsten Schritt bereits eingeschränkt, denn: „Nur das hat Bestand (wird bewahrt und angewandt), was Interessen bedient und dem Selektionsdruck standhält".[8]

Wie kann der evolutionäre Schulentwicklungsprozess gesteuert werden?

Unsere Theorie des Kreativen Feldes erhält aus Sicht der *Lehre von der Synergetik,* die Hermann HAKEN entwickelt hat, eine Bestätigung. Darüber hinaus erhalten wir von ihm Hinweise, wie Prozesse der Musterbildung – denn letztlich handelt es sich um nichts anderes – bei Entwicklungsprozessen gesteuert werden können. Die Leitprinzipien des evolutionär orientierten Selbstorganisationsansatzes charakterisiert er wie folgt:

> „Vertrauen, Geschehen- und Wachsenlassen, Geduld, spielerische Gelassenheit, Akzeptanz, minimale Intervention und ganzheitliche systematisch-dialektische Denkmuster (Dialektik als Kunst des gekonnten Umgangs mit Gegensätzen). Das Aikido-Prinzip, bei dem Eigenenergie eines Systems nicht ‚gebroche', sondern durch ‚Umsteuerung' nutzbar gemacht wird, ist ebenfalls ein zentrales Merkmal des Selbstorganisationsansatzes."[9]

Steuerung erfolgt also vorwiegend durch Schaffen förderlicher Rahmenbedingungen, Beobachten und behutsame Intervention, die darauf abzielt, die Eigenkräfte des Systems zu nutzen und nicht zu bekämpfen.

Antriebskräfte des Wandels: Welche „Mutationen" bzw. „Neuerungen" setzen sich durch?

NOHRIA und LAWRENCE (2003) haben ein „Vier-Triebemodell" vorgelegt, das erklären soll, was Menschen in Organisationen antreibt. So simpel dieses Modell auch auf den ersten Blick wirken mag und so kontrovers Triebtheorien diskutiert werden, so scheint es uns doch in unserem Zusammenhang hilfreich bei der Vorhersage, welche „Mutationen" eine hohe Wahrscheinlichkeit des Bestands haben. Aus Lawrence & Nohrias Perspektive ergibt sich demnach eine Wahrscheinlichkeit, dass sich diejenigen „Mutationen" durchsetzen werden, die eine optimale Berücksichtigung des Erwerbs-(T1), Bindungs-(T2), Lern-(T3) und Verteidigungstriebs (T4) gewährleisten.

Projekte organisationellen Wandels müssen demnach so angelegt sein, dass die einzelnen Organisationsmitglieder einen persönlichen „Gewinn" erfahren (T1), sich eine für sie befriedigendere Beziehungskultur herausbildet (T2), persönlich bedeutsames Lernen stattfindet (T3), ohne dass eine Überforderung durch einen zu großen Veränderungsdruck entsteht (T4).

Die evolutionäre Perspektive ergibt sich aus dem genuinen Charakter von Personal- und Schulentwicklungsprozessen selbst: Die Entwicklung und der Wandel der komplexen, dynamischen Struktur einer Organisation sind nämlich ebenso nicht vorhersehbar, wie die Beantwortung der Frage, welche Faktoren sich an welcher Stelle äußern und die PE-Arbeit vielleicht behindern könnten; langfristige Planungen sind unmöglich. *Deshalb fordert der evolutionäre Ansatz eine Abkehr von „einer langfristig konzipierten, zentralistisch gesteuerten und im Einzelnen beherrschten PE."*[10] Statt auf einen „Meisterplan" zu setzen, muss PE deshalb elastisch und flexibel genug bleiben, um auf unvorhergesehene Konstellationen schnell reagieren zu können.

Die evolutionäre Perspektive fügt sich ausgezeichnet in die Theorie des Kreativen Feldes ein, in der es ja darum geht, Prinzipien und Bedingungen zu untersuchen, die das Entstehen dynamischer Gestaltungs- bzw. Entwicklungsfelder begünstigen. Auf dem Hintergrund dieses theoretischen Ansatzes haben wir uns entschieden, die Personalentwicklung im Sinne einer *personalen Selbstentwicklung* und die damit verbundenen Veränderungsprozesse in offener Form zu begleiten, wobei wir – im Sinne der Erhöhung der Varietäten – prozessorientiert offene Fortbildungsbausteine (etwa der Großgruppenmoderation oder zum biographischen Lernen) entwickelt und angeboten haben.[11]

4. Improvisation als Schlüsselfaktor

Wie die Schule zum Kreativen Feld wird

In unserer langjährigen Beratungsarbeit hat sich immer wieder ein uns zunächst irritierendes Muster ergeben: Unsere Workshops bzw. Projekte waren umso wirkungsvoller, je mehr es uns gelang, uns von vorgefertigten Zielen und Planungsvorgaben frei zu machen und *offen zu werden für die spontan entstehenden Gestaltungsideen* der Mitglieder der jeweiligen Organisationen. So haben wir in unseren erfolgreichsten Projekten kaum etwas anderes gemacht, als einen Unterstützungsrahmen für die Selbstentwicklung der jeweiligen Organisation oder Gruppe zu schaffen.

Ein außenstehender Beobachter wäre wahrscheinlich zu dem Eindruck gekommen, dass wir außer Kaffee zu trinken, small talk zu halten und hin und wieder ein Plenum zu moderieren nichts gemacht hätten, nichts jedenfalls, was unsere Anwesenheit und unser Honorar hätte rechtfertigen können. Offenbar waren wir auf dem Weg, uns überflüssig zu machen.

Genau dies jedoch war unsere entscheidende Leistung. *Ein Kreatives Feld kann nur entstehen, wenn man sich von Belehrungs- und Steuerungsillusionen verabschiedet* und ein *unbedingtes Vertrauen in die Selbststeuerungskräfte der Gruppen* entwickelt. Nur so kann das verborgene Potential der Organisation bzw. der Gruppe freigesetzt und ihr Self-Support (d.h. die selbstunterstützenden Kräfte) freigesetzt werden.

Aus der Sozialpsychologie kennen wir ja SELIGMANS Konzept der „erlernten Hilflosigkeit". Organisationen, die ihre Mitglieder durch detaillierte Vorschriften und autoritäre Führung zu sehr gängeln, betreiben ungewollt eine Personalentwicklung, die die Mitarbeiter immer hilfloser macht. EPOS zielt genau auf das Gegenteil: *Empowerment.* Voraussetzung dafür ist die Schaffung eines (persönlich) bedeutsamen Kontextes und eines offenen Gestaltungsraumes mithilfe von Verfahren der prozessorientierten Zukunftsmoderation.

Um ein Beispiel aus unserem letzten Projekt zu geben: Die Mitglieder eines seit 125 Jahren bestehenden privaten Schulzentrums, das in Routinen erstarrt war, setzten sich im Rahmen einer Zukunftskonferenz mit der wechselvollen Geschichte ihrer Einrichtung auseinander und erkannten nicht nur Muster organisationellen Wandels, sondern auch die zentrale Bedeutung der jeweiligen Leitung und des jeweiligen Kollegiums für die Leistungen und das Organisationsklima. Sie erkannten insbesondere, dass es von ihrem Einsatz abhängen wird, wie sich ihre Organisation weiterentwickelt. Aus Partnerinterviews über ihre besten Erlebnisse in ihrer Organisation bzw. an ihrem Arbeitsplatz (im Rahmen eines *Appreciative-Inquiry*-Workshops, in dem es darum geht, sich über die besten Erfahrungen und Leistungen im Unterricht und in der Arbeit des Kollegiums auszutauschen) erfuhren sie, wie viel an bislang unerkannten Potentialen in ihrem Kollegium schlummerten und erarbeiteten in verschiedenen *Open-Space*-Konferenzen gemeinsam mit Schülern und der Geschäftsleitung eine Reihe von Veränderungsprojekten, die von einem Wandel der Lernkultur (mehr selbstorganisiertes Lernen statt Frontalunterricht), der Veränderung der Räume (Ruheraum, Cafeteria, PC-gestützte Selbstlernräume etc.) bis zu neuen Formen der Notengebung (Lehrer und Schüler geben sich regelmäßig gegenseitig Feedback) und der Einrichtung einer Galerie („Fröbel-Art") reichten. Mindestens ebenso wichtig waren aber die dramatische Verbesserung des Schulklimas und der Kommunikationsstrukturen.

Dies alles wurde nicht per „Implementierung eines Umsetzungsplanes" durch eine beraterunterstützte Steuerungsgruppe erreicht, sondern *im Sinne der Freisetzung bereits im Feld vorhandener Kräfte, auf dem Wege der schrittweisen Öffnung, der Erhöhung der Varietäten und der Unterstützung eines Prozesses der Selbstgestaltung, der die Grundanforderungen der Vier-Triebe-Theorie berücksichtigte.*

Unsere zentrale Erkenntnis lautet: Organisationen und insbesondere auch Schulen wandeln sich zu kreativen Feldern, wenn ein Prozess des Auftauens („unfreezing") tradierter Strukturen und Routinen eingeleitet wird. Wesentliche Triebkraft ist dabei die Freisetzung des bislang ungenutzten heimlichen Wissens, z.B. durch die Möglichkeit in selbst gewählten und selbstgesteuerten Teams, diejenigen Themen zu bearbeiten, an denen die Organisationsmitglieder wirkliches Interesse haben – für die sie im Sinne Harrison Owens Open-Space-Prinzip Energie und Leidenschaft empfinden. Nicht der Optimierungsplan der Geschäftsleitung oder der Berater sind wichtig, sondern der *schrittweise Prozess der Selbstanalyse und die Freisetzung von Gestaltungsphantasie.*

Die Organisation wird zu einem Kreativen Feld, wenn – wie in einer Jazzband die Mitglieder gemeinsam die Themen bestimmen, die für sie persönlich und für die Optimierung der Organisation bedeutsam sind, über die sie – unter Einsatz ihrer speziellen Instrumente – frei improvisieren dürfen.

Wichtig ist hierbei die Rolle des Bandleaders (der Direktion, Schul- bzw. Geschäftsleitung etc.), der die Öffnung des Raumes überzeugend absichern muss. Der Berater kann neue Themen und Instrumente vorschlagen, Unterstützung bei der Aneignung der nötigen Kenntnisse geben, muss dabei aber auf den sich entwickelnden Rhythmus und die entstehenden Melodien achten und damit selbst über die Fähigkeit zur kreativen Improvisation verfügen. Er ist nicht der Takt- und Ideengeber, sondern ein kompetenter Begleiter, der hilft, gelungene Arrangements zu schaffen und die Beteiligten bei ihren Improvisationen zu ermutigen.

Evolutionäre Personal- und Schulentwicklung zielt so darauf ab, einen herausfordernden Rahmen zu schaffen, der es nach und nach allen Mitgliedern ermöglicht, ihre individuellen Fähigkeiten und Kompetenzen in kreativer Konkurrenz in die gemeinsame Improvisation einzubringen und so dazu beizutragen, dass sich die Schule allmählich in ein Kreatives Feld verwandelt.

XI Bausteine evolutionärer Personal- und Schulentwicklung

Abschließend möchten wir Bausteine evolutionärer und Schulentwicklung benennen, die wir in verschiedenen Projekten mit Erfolg angewendet haben und die wirksame Hilfen bei der partizipativen Entwicklung von Ganztagsschulen geben können. Dabei ist zu beachten, dass die Auswahl und die Kombination der Verfahren jeweils in Abhängigkeit von der Ausgangslage, den Zielsetzungen und den Bedürfnissen erfolgt. *Personal- und Schulentwicklung ist immer auf den konkreten Einzelfall bezogen und kann in kein allgemein verbindliches Modell gegossen werden.* Unter dieser Einschränkung sehen wir drei Dimensionen als grundlegend für erfolgreiche Schulentwicklung an, die bei der Entwicklung von Einzelschulen zu Ganztagsschulen angemessen berücksichtigt werden müssen:

- Reflexionsworkshops zum gegenwärtigen Stand von Personal und Organisation sowie zu den Entwicklungszielen
- Workshops zur Entwicklung neuer Inhalte, Formen und Methoden
- Workshops zu neueren wissenschaftlichen Erkenntnissen

1. Reflexionsworkshops

Da es sich bei der Einrichtung von Ganztagsschulen nicht einfach nur um eine veränderte Schulorganisation handelt – wie viele Bildungspolitiker meinen –, sondern ein umfassender Lehr- und Lernkulturwandel ansteht, müssen Kolleginnen und Kollegen zunächst über ihre grundlegenden Auffassungen von Lehren und Lernen, von Unterricht und von der Gestaltung des Schulalltags nachdenken. Hierbei müssen sie sich klar machen, dass hier der Abschied von der Unterrichtsanstalt traditionellen Typs ansteht, denn mit Einführung der Ganztagsschule wird Schule zum zentralen Lebens- und Erfahrungsraum der Schüler/innen. Damit verändert sich aber auch die traditionelle Lehrerrolle: Neue Aufgaben und Chancen für die Gestaltung einer erweiterten Lehrerrolle scheinen auf. Manch einer wird dies als unangenehme Zumutung oder Überforderung erfahren. Deshalb muss am Beginn eines entsprechenden Schulentwicklungsprozesses die *Reflexion der eigenen Lehrerrolle* stehen.

Der Schulentwicklungsprozess kann z.B. damit beginnen, dass die Kollegen zusammen mit Schülern – ähnlich wie in unserer oben beschriebenen Zukunftswerkstatt – im Rahmen eines *Appeciative-Inquiry-Workshops* darüber nachdenken, was die besten Erfahrungen im Umgang mit Kollegen, mit Schülern, mit Unterrichtsinhalten etc. an ihrer Schule waren, um sich dann über die Erfolge ihrer Arbeit auszutauschen und herauszufinden, wovon sie mehr wollen. Aus der Analyse der besten Erfahrungen ergeben sich nämlich Hinweise darauf, was von allen erwünscht wird. Dieses – auf den ersten Blick befremdliche Vorgehen – hat sich als äußerst günstig erwiesen, die Motivation für die Teilnahme am Entwicklungsprozess zu stärken. Lehrer und Schüler sind sich schnell darin einig, was sie kritisieren, sie sind es aber nicht gewohnt, die positiven Leistungen zu würdigen. Für viele ist es überraschend zu sehen, was alles an positiven Erfahrungen und Leistungen vorhanden ist.

Auf der Grundlage dieses ermutigenden Starts kann dann eine *Zukunftskonferenz* mit den Schlüsselpersonen, die für die Schule wichtig sind, durchgeführt werden. An zwei bis drei Tagen tauschen sich Lehrer, Schüler, Eltern und sonstige Personen – etwa im Rahmen einer Projektwoche – über die Geschichte der Schule aus (Wo kommen wir her?), entwerfen eine Landkarte der Zukunftsherausforderungen (Was kommt auf uns zu?), analysieren in gemischten Arbeitsgruppen Stärken und Schwächen (Worauf sind wir stolz? Was bedauern wir?), entwerfen in gemischten Gruppen ein Bild der erwünschten Zukunft der Schule (Was wollen wir gemeinsam schaffen?), arbeiten den Gemeinsamen Grund heraus (Welche Ziele tragen wir gemeinsam?) und bilden Umsetzungsgruppen (Wer will was mit wem in welchem Zeitraum umsetzen?).

Ein häufig eingebrachter Einwand besteht darin, dass für solche aufwendigen Konferenzen zu wenig Zeit zur Verfügung stände, denn es dürfe kein Unterricht ausfallen. Dies ist eine völlig verfehlte Sicht. Wenn im Rahmen einer Projektwoche die gesamte Schulgemeinde über die Zukunft ihrer Schule nachdenkt, so ist dies pädagogisch mindestens so wertvoll wie Unterricht. *Deshalb sollte Schulentwicklung aus unserer Sicht in den normalen Schulalltag integriert werden und nicht als Zusatzbelastung auf das normale Zeitbudget draufgesattelt werden.*

Da Schulentwicklung nur dann erfolgreich sein kann, wenn Personal- und Organisationsentwicklung Hand in Hand gehen, müssen Workshops vorgesehen sein, die persönliche Fragestellungen von Lehrern und Schülern in den Blick nehmen. Da Schulentwicklung zunächst entwicklungsoffen angelegt ist, entsteht das Bedürfnis nach einer solchen personenbezogenen Arbeit oft aus dem Prozess heraus. So führten wir *Workshops zum Biographischen Lernen* mit Lehrerinnen/Lehrern und Schülerinnen/Schülern durch, in denen es beispielsweise darum ging, persönliche Lernwege zu reflektieren oder in Form des *Expressiven Selbstporträts*[1] Identitätsbildungswege zu reflektieren.

Auf diesem Wege ergibt sich allmählich eine Verbesserung des Schulklimas, das dazu führt, das zunehmend existentielle Fragen, wie z.B. veränderte Formen der Benotung, thematisiert und in spezifischen Workshops bearbeitet werden.

2. Workshops zur Entwicklung neuer Inhalte, Formen und Methoden

Hier hat es sich als günstig erwiesen – etwa im Rahmen pädagogischer Tage oder als Bestandteil der Lehrerfortbildung, Spezialisten zu neuen Unterrichtsinhalten, zu Verfahren selbst organisierten Lehrens und Lernens und zu neuen Methoden einzuladen, die in Einzelworkshops oder im Rahmen eines längerfristig angelegten Weiterbildungsprogramms die Kollegen und Schüler/innen darin unterstützen, Schritt für Schritt neue Wege des Lehrens und Lernens zu erproben oder auch bewährte Verfahren zu optimieren. Charakterisiert sein sollten diese Workshops durch einen hohen Aktivitätsgrad der Teilnehmenden und Synergieeffekte, in dem alle Beteiligten – unabhängig der hierarchischen Rangordnung – eine gemeinsame Lösungen erarbeiten. Partizipative Verfahren der Zukunftsmoderation sind wie oben dargestellt, in besonderem Maße dazu geeignet. Die Umsetzung von Veränderungen benötigt personale Träger, die Veränderungen im Alltag implementieren und aus einem erarbeiteten Plan Realität werden lassen. Mittels kreativer Verfahren können Themenfelder weiterentwickelt und Lösungen entdeckt werden, die im linearen Denken üblicher Konferenzen verdeckt bleiben.

Gerade bei Ganztagsangeboten sind eine Vielzahl unterschiedlicher Bedürfnisse und Interessen zu verknüpfen, gleichzeitig besteht bereits eine Infrastruktur von Bildung und Betreuung im Stadtteil. Hier können Synergiekonferenzen, Zukunftswerkstätten etc. Verbindungen transparent werden lassen, die ressourcenschonende und pädagogisch sinnvolle Konzeptideen entstehen lassen. Diese Transparenz ist eine Voraussetzung, um möglichst große Akzeptanz, quer durch die sozialen Schichten, für die Ganztagsangebote im Stadtteil zu erreichen. So kann eine Verteilung der Verantwortung auf alle beteiligten Akteure erreicht werden: die Schüler/innen, Eltern, Lehrer/innen, Sozialpädagog/innen und andere Kooperationspartner tragen gemeinsam zum Gelingen der pädagogischen Vorhaben bei. Zu beachten ist allerdings, dass ein Workshop nicht für Nachhaltigkeit sorgt. Die Implementierung der neu entwickelten Strukturen in den Alltag bedarf zumindest einer mittelfristigen Begleitung und regelmäßigen Überprüfung und Reformulierung der anfangs definierten Ziele.

3. Workshops zu neueren wissenschaftlichen Erkenntnissen

Angesichts des rasanten Wandels von Gesellschaft und Wissenschaft wird es notwendig, dass die Schule als Lernende Organisation selbst zu einer neuen Lern- und Forschungsstätte wird. Integraler Bestandteil der Lehrertätigkeit muss die Auseinandersetzung mit neueren wissenschaftlichen Erkenntnissen sein. Deshalb sollten in Kooperation mit den Universitäten entsprechende *Weiterbildungsveranstaltungen an der Schule* organisiert werden, wobei es sich um öffentliche Veranstaltungen handeln sollte, an denen sich auch mehrere Schulen beteiligen sollten. Dies spart nicht nur Kosten, sondern unterstützt auch den gegenseitigen Erfahrungsaustausch.

Allerdings sollten solche Veranstaltungen keineswegs als reine Vortragsveranstaltungen konzipiert sein, sondern als Workshops, in denen sich Lehrer/innen, Schüler/innen und die sonstige interessierte Öffentlichkeit nicht als passive Zuhörer/innen, sondern auch als aktiv Mitwirkende erfahren.

XII Ausblick: Von der Unterrichtsanstalt zum Kreativen Feld

Wir sind nun einen weiten Weg gegangen, um zu bestimmen, auf welche Weise welche möglichen Formen und Inhalte der neuen Ganztagsbildung in Form von Ganztagsschulen zu realisieren sind. Von der Analyse gesellschaftlicher Rahmenbedingungen, einer Klärung des erweiterten Bildungsbegriffs über die Analyse von konkreten Modellen der Ganztagsbildung, Beispielen, einer Skizze des gegenwärtig vorfindbaren Ausbaustands, einer Darstellung ausgewählter internationaler Modelle, einer Darstellung einer Zukunftswerkstatt Frankfurter Ganztagsschulen bis hin zur Skizze eines Schulentwicklungskonzepts auf Basis unserer Theorie des Kreativen Feldes.

Uns ist bewusst, dass wir hier ein „Optimalprogramm" formuliert haben, das aus verschiedenen Gründen (Finanzen, personelle, sächliche und mentale Voraussetzungen, eingrenzende Rahmenbedingungen etc.) – jedenfalls kurzfristig – nicht flächendeckend umgesetzt werden kann. Doch darum geht es auch gar nicht.

Wie wir aus vielen Projekten wissen, kann bereits die Einleitung erster kleiner Schritte oft erstaunliche Wirkungen zeigen, weil selbst mit kleinen Veränderungen das gesamte Feld in Bewegung kommt.[1] Oft können eine mit Engagement getragene Zukunftswerkstatt oder eine Zukunftskonferenz dazu beitragen, dass eine Aufbruchstimmung entsteht, in deren Folge sich Lehrer, Schüler, Eltern engagieren und plötzlich Möglichkeiten gemeinsamer Zukunftsgestaltung erkennen, an die sie vorher nicht gedacht hatten.[2] Im Sinne des „unfreezing" geht es um „Auftauen" verkrusteter Strukturen und eine Verflüssigung von Routinen, um neue Verläufe und Strömungen entstehen zu lassen, gemäß dem Motto: Das weiche Wasser bricht den Stein.

In diesem Sinne betrachten wir unsere Studie als eine Zusammenstellung von wissenschaftlichen Erkenntnissen und Einsichten sowie Umsetzungsmodellen, die dazu ermutigen soll, sich auf den Weg zu begeben, das *eigene* Modell der Ganztagsbildung zu entwickeln. Wenngleich wir uns bemüht haben, die vorliegenden Fakten nach bestem Wissen und Gewissen zusammenzutragen und sachlich darzustellen, so ist doch insbesondere im Endteil auch unsere Position klar geworden: Wir halten nur eine Ganztagsschule für zukunftsfähig, die den

Wandel von der Unterrichtsanstalt traditionellen Typs zu einem Kreativen Feld anzielt. „Zukunftsfähig“ meint, eine Schule, die sowohl auf die Lebens- und Lernprobleme der Schüler/innen eingeht als auch den Herausforderungen einer globalisierten Marktgesellschaft unter den Bedingungen der sich zuspitzenden Konkurrenz um begrenzte Ressourcen bei insgesamt wachsender Bevölkerung (weltweit) gerecht wird.

Deutlich geworden dürfte sein, dass wir wenig von einer Ausweitung traditionellen Unterrichts auf den Nachmittag halten, sondern für eine Neubestimmung des Verhältnisses zwischen formellen und informellen Lehr-/Lernprozessen insgesamt plädieren. Erst langfristig wird sich zeigen, ob die sich herausbildenden, notwendig vielfältigen Gestaltungsversuche noch den Namen „Schule“ verdienen oder ob es sich nicht vielmehr um variable Lernarrangements an wechselnden Orten handelt, in denen sich unterschiedlichste Personen und Gruppen gegenseitig anregen – vielleicht auch über nationale Grenzen hinaus, etwa in virtuellen Lerngemeinschaften –, um in zunehmender Selbstorganisation gemeinsam Lösungen für die anstehenden Probleme und neue Wege des Lehrens und Lernens zu finden.

XIII Anmerkungen

I Vorwort

1 Vgl. Wunder, D.: Die Ausbreitung der Ganztagsschule in Deutschland beruht auf unsicheren Grundlagen. In.: Popp, U.; Reh, S. (Hrsg.): Schule forschend entwickeln. Weinheim, 2004.

II Ganztagsbildung in der Wissensgesellschaft

1 Bildungsinstitutionen können Schulen und Universitäten, Vereine, Elternhaus, Jugendhilfe, Peergroups, Kirche, Medien und Politik sein. Es wird davon ausgegangen, dass all diese gesellschaftlichen Einrichtungen bildenden Einfluss auf Kinder und Jugendliche ausüben können. Mit außerschulischen Bildungseinrichtungen ist im Weiteren die Kinder- und Jugendarbeit nach dem Kinder- und Jugendhilfegesetz gemeint.

2 Kinder und Jugendliche können im Sinne des Kinder- und Jugendhilfegesetzes bis 27 Jahren und gegebenenfalls auch darüber hinaus Leistungsempfänger sein. Vgl. § 7 KJHG. Konzepte werden hier verstanden als Handlungsmodelle, in denen die Ziele, die Inhalte, die Methoden und die Verfahren in einen sinnhaften Zusammenhang gebracht sind. Vgl. Geißler, K.A.; Hege, M.: Konzepte sozialpädagogischen Handelns: ein Leitfaden für soziale Berufe.10. Auflage, Weinheim, 2001, S. 25.

3 Vgl. Beck, U.: Risikogesellschaft. Auf dem Weg in eine andere Moderne. Frankfurt/M., 1986. Das Individualisierungstheorem steht, wie Scherr feststellt, nicht (wie dies Heitmeyer und Olk ausführen) im Widerspruch zum Theorem der Reproduktion sozialer Ungleichheiten. Die Pluralisierung von Lebensläufen bedeutet nicht gleichzeitig, dass die Reproduktion schichtspezifischer und geschlechtsspezifischer Ungleichheiten aufgehoben wäre. Vgl. Scherr, A.: Soziale Identitäten Jugendlicher. Opladen, 1995. S. 100 f.; vgl. Mansel, J.: Sozialisation in der Risikogesellschaft. Neuwied, 1995, S. 18.

4 Vgl. Beck, U.: Risikogesellschaft. Auf dem Weg in eine andere Moderne. Frankfurt/M., 1986, S. 122-130; vgl. Münchmeier, R.: Lebensphase Jugend. In: Hafeneger, B. (Hrsg.): Handbuch politische Jugendbildung. Schwalbach/Ts., 1997, S. 12.

5 Vgl. Beck, U., 1986; vgl. Heitmeyer, W./Olk, T.: Das Individualisierungs-Theorem – Bedeutung für die Vergesellschaftung von Jugendlichen. In: Dies., Individualisierung von Jugend. Weinheim, 1990; Heitmeyer/Jacobi, 1991.

6 Vgl. Heitmeyer, W.; Olk, T., 1990, S. 12.

7 Heitmeyer, W.; Olk, T., 1990, S. 22.

8 Vgl. Schröder, H.: Jugend und Modernisierung. Weinheim, 1995, S. 27.

9 Vgl. Ferchhoff, W.: Formen und Wandel des Politikverständnisses in Jugendkulturen. In: Polis 34, Hessische Landeszentrale für politische Bildung (Hrsg.): Politik am Ende – oder – Am Ende Politik? Neue Formen politischen Zusammenseins in Jugendkulturen, Wiesbaden, 2003, S. 7 f.

10 Vgl. Böhnisch, L.; Münchmeier, R.: Pädagogik des Jugendraums. 2. Aufl., Weinheim, 1992, S. 65 ff.

11 S.a. Kapitel 2.5.

12 Vgl. Münchmeier, R., 1997, S. 17 f.

13 Vgl. 12. Shell Jugendstudie, S. 14.

14 Vgl. Keupp, H.: Lebensbewältigung im Jugendalter aus der Perspektive der Gemeindepsychologie. In: Sachverständigenkommission 8. Jugendbericht (Hrsg.): Risiken des Heranwachsens. Weinheim, 1990, S. 12.

15 Vgl. Fend, H.: Sozialgeschichte des Aufwachsens. Frankfurt/M., 1988, S. 299 f.

16 Vgl. Beck, U., 1986, S. 46.

17 Vgl. Münchmeier, R., 1997, S. 13.

18 Vgl. Holtappels, H. G.: Ganztagsschule und Schulöffnung, Weinheim, 1994, S. 33 ff.

19 Vgl. Hurrelmann, K., 1989, S. 88. Zit. bei: Holtappels, H. G., 1994, S. 55.

20 Witting, W.: Grundschule von acht bis vier. Eine empirische Vergleichsuntersuchung. Dortmund, 1997 S. 4.

21 Statistisches Bundesamt, 27. August 2002, Zahl der Ehescheidungen 2001.

22 Vgl. Bundesministerium für Familie, Senioren, Frauen und Jugend (Hrsg.): Die Familie im Spiegel der amtlichen Statistik. Kurzfassung. Bonn, 2003 S. 9 f.

23 Bundesministerium für Familie, Senioren, Frauen und Jugend (Hrsg.): Die Familie im Spiegel der amtlichen Statistik. Kurzfassung. Bonn, 2003, S. 13 f.

24 Schaeffer-Hegel, B.: Zukunftsfaktor Kinder. S. 55. In: Appel, S.; Ludwig, H.: Jahrbuch Ganztagsschule 2004. Neue Chancen für die Bildung. Schwalbach/Ts., 2003.

25 Vgl. Schlevogt, V.; Ludwig, I.: Bessere Zeiten für erwerbstätige Mütter? Eine neue Balance zwischen Arbeit und Privatleben als Zukunftsmodell für Frauen und Männer. WSI-Mitteilungen 3/2002.

26 Vgl. Klammer, U.: Managerin gesucht. Erwerbstätige Mütter in Europa zwischen Sozialpolitik und sozialer Praxis. S. 336. In: WSI-Mitteilungen, Heft 5/2001, S. 329-336; vgl. Büchel, F.; Spieß, K.: Die wichtigsten Ergebnisse der Studie „Form der Kinderbetreuung und Arbeitsmarktverhalten von Müttern in West- und Ostdeutschland". Berlin, 2002. S. 1.

27 Vgl. Holtappels, H. G.: Ganztagsschule als Herausforderung: Kooperation von Jugendarbeit und Schule. In: Schirp, J.; Schlichte, C.; Stolz, H.-J. (Hrsg.): Annäherungen. Beiträge zur Zusammenarbeit von Jugendhilfe und Schule. O.O., 2004, S. 153.

28 Vgl. Coleman, J. S.: Social Capital in the Creation of Human Capital. In: American Journal of Sociology, Vol. 94, S. 95-120. Zit. bei: Holtappels, H. G.: Ganztagsschule und Schulöffnung. Weinheim, 1994, S. 34.

29 Vgl. Bundesministerium für Familie, Senioren, Frauen und Jugend (Hrsg.): 11. Kinder- und Jugendbericht. Zusammenfassung. Berlin, 2002, S. 10.

30 Bundesministerium für Familie, Senioren, Frauen und Jugend (Hrsg.) 2002.

31 Vgl. Fölling-Albers, M. (2000): Kindheitsforschung. Frankfurt/M.

32 Vgl. Röll, F.-J.: Der Einfluss der Medien. In: Hessische Landeszentrale für politische Bildung (Hrsg.): Polis 37, Wiesbaden, 2003, S. 20.

33 Ebd.

34 Ebd., S. 21.

35 Vgl. Holtappels, H. G., 1994, S. 47.

36 Vgl. ebd.

37 Im folgenden Text werden die Begriffe Arbeit und Erwerbsarbeit synonym verwendet, soweit nicht ausdrücklich auf eine andere Bedeutung hingewiesen wird.

38 Es werden nur einzelne Aspekte dargestellt, um die Entwicklungstendenzen zu skizzieren.

39 Vgl. Krebs, A.: Arbeit und Liebe. Frankfurt/M., 2002. S. 18. Zit. bei: Galuske, M.: Lebensweltorientierte Jugendsozialarbeit. S. 236. In: Grunewald, K.; Thiersch, H. (Hrsg.): Praxis lebensweltorientierter Sozialer Arbeit. München, 2004, S. 233-246.

40 Galuske, M.: Lebensweltorientierte Jugendsozialarbeit. S. 239. In: Grunewald, K.; Thiersch, H. (Hrsg.): Praxis lebensweltorientierter Sozialer Arbeit. München, 2004, S. 233-246.

41 Im Mai 2004 beträgt die Arbeitslosenquote in Deutschland 10,3 %. Die Arbeitslosenquote bei Jugendlichen unter 25 Jahren liegt bei 9,1 %. URL: http://statistik.arbeitsamt.de/statistik/index.php?id=D; vgl. Münchmeier, 1997, S. 16 f.; vgl. Böhnisch, L.; Schefold, W.: Lebensbewältigung. Weinheim, 1985, S. 26.

42 Jugendwerk der deutschen Shell (Hrsg.): Jugend '97. Zukunftsperspektiven, gesellschaftliches Engagement, Politische Orientierungen, Opladen, 1997 (im folgenden zitiert: 12. Shell Jugendstudie), S. 13.

43 Vgl. Thoma, G.: Jugendarbeitslosigkeit bekämpfen – aber wie?, S. 43. In: Aus Politik und Zeitgeschichte, B 6–7/2003, S. 40-46.

44 Hornstein, W.: Jugend. In: Hradil, S. (Hrsg.): Sozialstruktur im Umbruch. Opladen, 1985, S. 336. Zit. bei: Schröder, H.: Jugend und Modernisierung. Weinheim, 1995, S. 27.

45 Diese Interdependenz wird in „Das Orientierungsdilemma" von Galuske ausführlich analysiert. Vgl. Galuske, M.: Das Orientierungsdilemma. Jugendberufshilfe, sozialpädagogische Selbstvergewisserung und die modernisierte Arbeitsgesellschaft. Bielefeld, 1993.

46 Vgl. Lappe, L.: Einführung. S. 5 f. In: Lappe, L.: Fehlstart in den Beruf? DJI, München, 2003, S. 5-12.

47 Dies stellt jedoch keinen Widerspruch zu der u.a. von Raab festgestellten Entkoppelung von Bildung und Beschäftigung dar. Vgl. Raab, 1996, S. 193; vgl. auch: Galuske, M., 1993, S. 45.

48 Vgl. Blossfeld, H. P.: Berufseintritt und Berufsverlauf. S. 194. In: Mitteilungen aus der Arbeitsmarkt- und Berufsforschung 18, S. 177-197, zit. bei: Raab, 1996, S. 19.

49 In der 12. Shell Jugendstudie stimmen der Problemperspektive „es wird immer weniger Arbeitsplätze geben, noch mehr Menschen werden arbeitslos werden" 88,1 % der befragten Jugendlichen zu. Demgegenüber steht die positive Perspektive „es wird für alle einen angemessenen Arbeitsplatz geben, die Arbeitslosigkeit wird verschwinden", der nur 8,7 % zustimmen. Vgl. 12. Shell Jugendstudie, S. 295. Auch wenn die 14. Shell Jugendstudie resümiert, dass die heutigen Jugendlichen wieder optimistisch auf ihre persönliche Zukunft blicken, fällt ihre gesamtgellschaftliche Prognose bezüglich der Zukunft schlechter als in den vorhergehenden Shell Jugendstudien aus. Vgl. Deutsche Shell (Hrsg.): Jugend 2002. 14. Shell Jugendstudie. Frankfurt/M., 2002. Vgl. Raab, E.: Wie (benachteiligte) Jugendliche ihre berufliche Zukunft sehen. S. 17. In: Lappe, L.: Fehlstart in den Beruf? DJI, München, 2003, S. 13-19.

50 Vgl. Münchmeier, R., 1997, S. 9.

51 Ziehe, T.: Vorwärts in die 50er Jahre? S. 204. In: Baake, D.; Heitmeyer, W.: Neue Widersprüche, Weinheim, 1985, S. 199-216. Zit. nach: Münchmeier, 1997, S. 14.

52 Galuske, M., 2004, S. 240.

53 Vgl. Britten, U.: Visionen einer Generation. S. 43 f. In: Aus Politik und Zeitgeschichte, B 15/2003, S. 41-46.

54 Ferchhoff, W.: Formen und Wandel des Politikverständnisses in Jugendkulturen. S. 6. In: Polis 34, 2002, S. 5-26. Eine zusammenfassende kritische Diskussion über die empirischen Befunde zu „Veränderte Kindheit und Jugend – Schwierigere Schülerinnen und Schüler?"

55 Forrester, V. : Der Terror der Ökonomie. München, 1998.

III Theorien und Zugänge ganztägiger Bildung

1 Vgl. Oelkers, J.: Wie man Schule entwickelt. Weinheim, 2003, S. 59.

2 Herz, O.: Innovationen für eine moderne Schule. S. 8. In: Polis 37, Veränderte Lebenswelten! Hessische Landeszentrale für politische Bildung (Hrsg.): Was wird, wenn alles anders wird? Wiesbaden, 2003, S. 8-18.

3 Kreutzmann, S.: Interview mit Stefan Appel, „Keine Halbtagsschule mit Suppenausgabe" http://www.stern.de/campus-karriere/schule/?id=518185, Stand: 05. Januar und: Ganztagsschulverband (Hrsg.): Programmatik des Ganztagsschulverbandes. Kassel, S. 2, http://www.ganztagsschulverband.de/Download/ZieleGanztag6.pdf, Stand: 16.03.2004.

4 Vgl. Oelkers, J.: Kann die Schule noch verteidigt werden? S. 120. In: Ermert, K. (Hrsg.): Die gemeinwesenorientierte Schule oder: Was hat Bildung mit dem Leben zu tun? Loccum, 1988, S. 110-123.

5 Vgl. Bundesjugendkuratorium (Hrsg.): Streitschrift Zukunftsfähigkeit. Bonn, 2001, S. 23.

6 Vgl. Europäische Kommission: Einen europäischen Raum des lebenslangen Lernens schaffen. Mitteilung der Kommission. 2001, S. 14, URL: www.europa.eu.int/education.

7 Vgl. Holtappels, H. G., 1994, S. 22 f.

8 Vgl. Coelen, T.: Kommunale Jugendbildung. Raumbezogene Identitätsbildung zwischen Schule und Jugendarbeit, Frankfurt/M., 2002.

9 Vgl. Coelen, T.: Kommunale Jugendbildung Raumbezogene Identitätsbildung zwischen Schule und Jugendarbeit. 2002 sowie: Vortrag, Hessische „Landesservicestelle Jugendhilfe – Schule", Tagung: „Jugendhilfe und Schule im Sozialen Raum", Marburg, 4.-5. Dezember 2003.

10 Vgl. Appel, S.: Handbuch Ganztagsschule 2003. 3. Aufl., Schwalbach/Ts., 2003, S. 93.

11 Dazu auch ausführlich: Scherr, A.: Subjektorientierte Jugendarbeit. Eine Einführung in die Grundlagen emanzipatorischer Jugendarbeit. Weinheim, 1997.

12 Die Konsequenzen des gesellschaftlichen Wandels dürften seit der Veröffentlichung von Ulrich Beck 1986 hinreichend bekannt sein und werden daher nicht näher ausgeführt.

13 Der Begriff „Wissensgesellschaft" wurde 1966 von Robert Lane in seinem Artikel „The Decline of Politics and Ideology in a Knowledgeable Society" geprägt. Er beschrieb eine Gesellschaft, deren Mitglieder sich durch Wissenschaft und Bildung Wissen aneignen, um es auf Probleme anzuwenden oder ihre Wertvorstellungen und Ziele voranzutreiben.

14 Vgl. Stehr, N.: Moderne Wissensgesellschaften. In: Aus Politik und Zeitgeschichte, Band 36, 2001, S. 7-14.

15 Vgl. ebd., S. 8.

16 Vgl. ebd., S. 9.

17 Vgl. Edelstein, W.; de Haan, G.: Lernkonzepte für eine zukunftsfähige Schule. Von Schlüsselkompetenzen zum Curriculum. 5. Empfehlung der Bildungskommission der Heinrich-Böll-Stiftung. Bonn, 2004, S. 8 f.

18 Vgl. ebd. S. 8.

19 Vgl. Artelt, C.; Baumert, J.; u.a.: PISA 2000. Zusammenfassung zentraler Befunde. Berlin 2001, S. 14-16.

20 Vgl. Holtappels, H. G.: Deutschland auf dem Weg zur Ganztagsschule? In: Pädagogik, Heft 2, 2004, S. 6-10.

21 Vgl. Deutscher Bildungsrat (Hrsg.): Empfehlungen der Bildungskommission. Einrichtung von Schulversuchen mit Ganztagsschulen. Stuttgart 1986/89, S. 162 f.

22 Adaptive Lernumgebung meint ein Modell, dass die Lernumgebung an die Bedürfnisse, Vorkenntnisse und Fertigkeiten der Lernenden anpasst. Die Rolle des Lehrers ist die des „facilitators", eines Lehrers, weniger Belehrer und Unterrichter, sondern eher ein Dialogpartner, Unterstützter und Katalysator. Vgl. Burow, O. A.: Gestaltpädagogik. Pädagogik Lexikon des Oldenbourg-Verlags.1997. http://www.uni-kassel.de/fb1/burow/burow/texte/GP-Lex-Oldenbourg.pdf. S. 3.; vgl. Gudjons, H.: Pädagogisches Grundwissen. 7. Aufl. Regensburg, 2001, S. 150; vgl. Reinmann-Rothmeier, G.; Mandl, H.: Wissensvermittlung: Ansätze zur Förderung des Wissenserwerbs. In: Enzyklopädie der Psychologie, Band 6, S. 457-500, Göttingen, 1998, S. 457 ff. Insbesondere Mandl hat inzwischen in detaillierten Forschungen herausgearbeitet, dass Schulen vorwiegend „träges Wissen" vermitteln, dessen begrenzter Transfer auf Situationen echter Problemlösung durch situierte Lernumgebungen überwunden werden kann.

23 Diesen Punkt nennt auch Appel als familiäre Entlastung, so dass die Mütter nicht mehr als „Nachhilfelehrerin der Nation" agieren müssen. Die inhaltsbezogene Zuwendung der Lehrkräfte kann in der Schule gezielt erfolgen und den gewünschten Lerneffekt durch die Aufgaben erhöhen vgl. Appel, 2003. S. 23.

24 Burow O. A., 1983: Lernlust statt Schulfrust. Der Beitrag der Gestaltpädagogik zu einer neuen Bildungsreform. In: Psychologie Heute 6, S. 65-70.

25 Vgl. Wunder, D.: Erweiterte Lernangebote in einer pädagogisch gestalteten Ganztagsschule. Vortrag, Ganztagsschulkongress 2002, Kaiserslautern 21. Nov. 2002, S. 10.

26 Vgl. Oerter, R.: Ganztagsschule – Schule der Zukunft? Ein Plädoyer aus psychologischer Sicht. S. 14. In: Appel, S.; Ludwig, H.; et al.: Jahrbuch Ganztagsschule 2004. Schwalbach/Ts., 2003, S. 10-24.

27 Vgl. Mittelstraß, J.: Das Maß des Fortschritts. Mensch und Wissenschaft in der Leonardo-Welt. Frankfurter Allgemeine Zeitung, Nr. 26, 31. Januar 2002.

28 Mittelstraß, J.: Bildung und ethische Masse. In: Killius, N.; Kluge, J.; Reisch, L. (Hrsg.): Die Zukunft der Bildung. Frankfurt/M., 2002. 151-170. S. 164.

29 Vgl. Mittelstraß, J.: Wissen und Grenzen. Philosophische Studien. Frankfurt/M., 2001.

30 Vgl. Oerter, R.: Ganztagsschule – Schule der Zukunft? Ein Plädoyer aus psychologischer Sicht. S. 14 ff. In: Appel, S.; Ludwig, H.; et al., 2003. S. 10-24.

31 Vgl. Kohlbergs „just community"; vgl. Colby, A.; Kohlberg, L.: Das moralische Urteil: Der kognitionszentrierte entwicklungspsychologische Ansatz. In: Bertram, H. (Hrsg.): Gesellschaftlicher Zwang und moralische Autonomie. Frankfurt/M. 1986, S. 130-162.

32 In der Gestaltpädagogik sind bereits in den 70er Jahren die Grundlagen für einen umfassenden Lernkulturwandel gelegt worden und eine anspruchsvolle theoretische Konzeption erarbeitet worden, die viele konkrete Anregungen für eine personenzentrierte und zukunftsorientierte Ganztagsbildung geben. Vgl.: Burow & Scherpp, 1981. Lernziel: Menschlichkeit. Gestaltpädagogik – eine Chance für Schule und Unterricht. München.

33 Vgl. Oerter, R., 2003, S. 16.

34 Marotzki, W.; Nohl, A.-M.; Ortlep, W.: Bildungstheoretisch orientierte Internetarbeit am Beispiel der universitären Lehre. 21.07.2003, S. 2 f. URL: www.medienpaed.com/03-1/marotzki03-1.pdf.

35 Vgl. Oerter, R., 2003, S. 17.

36 Burow hat in einem Überblicksreferat dargestellt, wie sowohl aus gewerkschafts-, aber auch wirtschaftsnahen Perspektiven Gemeinsamkeiten der Schulkritik entstehen, die viele Bezüge zur Reformpädagogik, aber auch zur angelsächsischen Schulkritik aufweisen. Burow, O. A., 1997.

37 Vgl. Burow, O. A., 2000.

38 Wunder, D.: Erweiterte Lernangebote in einer pädagogisch gestalteten Ganztagsschule. Vortrag, Ganztagsschulkongress 2002, Kaiserslautern 21. Nov. 2002, S. 10.

39 Vgl. Appel, S., 2003. S. 114 f.

40 Klemm, K.: Deutschlands Schulen in der Qualitätsfalle. Material der Arbeitsgruppe Bildungsforschung /Bildungsplanung Universität Essen. Essen, 2002.

41 Artelt, C.; Baumert, J.; et al.: PISA 2000: Die Studie im Überblick. 2002, S. 7 f.

42 Ebd., S. 13.

43 Vgl. Europäische Kommission: A New Impetus for European Youth. European Commission White Paper. 2001, S. 35 ff. www.europa.eu.int/comm/education/youth.

44 Wobei die Motive wahrscheinlich unterschiedlicher Art sind.

45 Vgl. Gemeinsame Erklärung von BDA und DGB zu Ganztagsangeboten. 05.03.2000. PI 13/03 http://www.bda-online.de/www/bdaonline.nsf/id/Gemeinsame-Erklaerung/$file/Gemeinsame-Erklärung.pdf.

46 Vgl. Edelstein, W.; de Haan, G.: Lernkonzepte für eine zukunftsfähige Schule. Von Schlüsselkompetenzen zum Curriculum. 5. Empfehlung der Bildungskommission der Heinrich-Böll-Stiftung. Bonn, 2004, S. 9.

47 Vgl. Wunder, D.: Erweiterte Lernangebote in einer pädagogisch gestalteten Ganztagsschule. Vortrag, Ganztagsschulkongress 2002, Kaiserslautern 21. November 2002, S. 10.

48 Vgl. Burkhard, C.: Außerunterrichtliche Angebote und Öffnung von Schule – Ergebnisse einer Bestandsaufnahme in Frankfurt am Main: Holtappels, H.G. (Hrsg.): Ganztagserziehung in der Schule Opladen 1995, S. 123.

49 Vgl. Herz, O., 2003, S. 8-18.

50 Vgl. Edelstein, W.; de Haan, G., Bonn, 2004.

51 Vgl. Habermas, J.: Theorie und Praxis. Neuwied, 1969, S. 257.

52 Vgl. Oerter, R.: Jugendalter. In: Oerter, R; Montada, L.: Entwicklungspsychologie. Weinheim, 1987, S. 283 ff.

53 Vgl. Heitmeyer, W., 1991, S. 26.

54 Vgl. Oerter, R.: Jugendalter. In: Oerter, R.; Montada, L., 1987. S. 276.

55 Vgl. Oerter, R., 1987, S. 276; Hafeneger, B., 1997, S. 32 ff.

56 Vgl. Hurrelmann, K.; Ulich, D.: Gegenstands- und Methodenfragen der Sozialisationsforschung. S. 8 f. In: Hurrelmann, K.; Ulich, D.: Neues Handbuch der Sozialisationsforschung. Weinheim, 1991, S. 3-20.

57 Vgl. Hurrelmann, K.; Palentien, C., 1997, S. 19.

58 Edelstein, W.; de Haan, G.; u.a., 2004.

59 Vgl. Ausubel, D. P.: Das Jugendalter. München, 2. Aufl. 1970, S. 61-64. Ewert, O.: Entwicklungspsychologie des Jugendalters. Stuttgart, 1983, S. 55. Zit. nach: Abels, H.: Jugend vor der Moderne. Opladen, 1993, S. 479.

60 Vgl. Erikson, H.E.: Jugend und Krise. Die Psychodynamik im sozialen Wandel. Stuttgart, 1970, S. 135 f.

61 Vgl. Schurian, W., 1989, S. 9.

62 Vgl. ebd.

63 Hurrelmann, K., 1995, S. 74.

64 Postkonventionelle Moral nach Kohlberg: Stufe 5: Moral der Menschenrechte und der sozialen Wohlfahrt; Stufe 6: Moral der universalisierbaren, reversiblen und präskriptiven allgemeinen ethischen Prinzipien. Vgl. Colby, A.; Kohlberg, L.: Das moralische Urteil: Der kognitionszentrierte entwicklungspsychologische Ansatz. In: Bertram, H. (Hrsg.): Gesellschaftlicher Zwang und moralische Autonomie (S. 130-162). Frankfurt/M. 1986.

65 Vgl. Burow, O. A.; Hinz, H. (Hrsg.): Lernkulturwandel und Kompetenzentwicklung, 2005.

66 Arnold, R.; Schüßler, I., 4. Aufl., 1999, S. 86 ff.

67 Vgl. Arnold, R.; Schüßler, I., 1998, S. 7 ff.

68 Vgl. Burow, O. A.; Hinz, H., 2004.

69 Vgl. Oerter, R., 2003, S. 22.

70 Die Kreativitätsforschung (z.B. Gardner, 1997) hat festgestellt, dass kreative Genies zeitlebens über Denkstrukturen verfügen können, die denen kleiner Kinder ähneln. Die Fähigkeit zum Staunen, zum naiven Fragen und vieles andere, sind wichtige Fähigkeiten, die es erlauben, aus gewohnten Bahnen auszubrechen und zu neuen Erkenntnisdimensionen vorzudringen.

71 Vgl: Appel, S.: Rutz, G., 2003. S. 74.

72 Vgl. Hendricks, R.: Dann wäre die Ganztagsschule ein Torso. Vgl. http://www.ganztags schulen.org/278.php.

73 Vgl. http://www.blk-demokratie.de/ak-ne-01.php?id=78 Ein großer Fundus an Praxismaterial findet sich unter folgender Internet-Adresse: http://www.kiko.de/blk/praxis_praxis.html.

74 Vgl. „No man is an island" – Interview mit Wolfgang Edelstein zur Partizipation http://www.blk-demokratie.de/download/InterviewEde.pdf.

75 Vgl. Oser, F.; Althof, W.: Moralische Selbstbestimmung: Modelle der Entwicklung und Erziehung im Wertbereich. 4. Aufl., Stuttgart, 2001. Praxisbeispiel: http://www.schulen-luzern.ch/udligenswil/just_community.htm.

76 Vgl. http://www.gs-niederelbert.bildung-rp.de/html/zurschule.html.

77 Vgl. http://www.gs-niederelbert.bildung-rp.de/mixedBag/hausordnung.pdf.

78 Vgl. http://www.mediation-partizipation.de/Demokratie_L_L/demokratie_l_l.html.

79 Vgl. „No man is an island" – Interview mit Wolfgang Edelstein zur Partizipation http://www.blk-demokratie.de/download/InterviewEde.pdf.

80 Vgl. http://www.ghr.mailfay.com/polis/idee.php.

81 Vgl. Deutsches Kinderhilfswerk und Aktion Schleswig-Holstein, Berlin, 1997.

82 Zum Begriff und Konzept der „eingreifenden Zukunftsgestaltung" vgl. Burow: Wie man Zukunft (er-)finden und gestalten kann. In: Bürmann; Dauber; Holzapfel (Hrsg.): Humanistische Pädagogik in Schule, Hochschule und Weiterbildung. Lehren und Lernen in neuer Sicht. Bad Heilbrunn, 1997, S. 223-244.

83 Sliwka A., Petry C. & Kalb P. (Hrsg.): Durch Verantwortung lernen. Service Learning: Etwas für andere tun. Weinheim, 2004.

84 Siehe: http://www.forumbildung.de/templates/imfokus_inhalt.php?artid=238, Stand: 01.05.2004.

85 Vgl. Burkhard, C.: Außerunterrichtliche Angebote und Öffnung von Schule – Ergebnisse einer Bestandsaufnahme in Frankfurt am Main. In: Holtappels, H. G. (Hrsg.): Ganztagserziehung in der Schule. Opladen, 1995, S. 123.

86 Vgl. ebd.

87 Für einen umfangreichen Überblick über Empfehlungen zur Kooperation von Jugendhilfe und Schule seit den 90er Jahren siehe 11. Kinder- und Jugendbericht 2002, S.161-164.

88 Dieses Gesetz ist am 03. Oktober 1990 in den neuen Bundesländern und am 01. Januar 1991 in den alten Bundesländern in Kraft getreten.

89 Olk, T.; Speck, K.: Lehrer/Innen und Schulsozialarbeiter/Innen – Institutionelle und berufskulturelle Bedingungen einer >schwierigen< Zusammenarbeit. S. 46. In: Becker, P.; Schirp, J. (Hrsg.): Jugendhilfe und Schule – Zwei Handlungsrationalitäten auf dem Weg zu einer? Münster, 2001, S. 46-85.

90 Vgl. Olk, T.; Speck, K., 2001, S. 48.

91 Vgl. Burkhard, C. in: Holtappels, H. G. (Hrsg.), 1995, S. 125 ff.

92 Wolff, M.: Der außerschulische Bildungsauftrag der Jugendhilfe – Formen sozialen Lernens im öffentlichen Raum. Vortrag beim bsj Marburg 4./5. Dezember 2003, S. 1.

93 Ebd., S. 2.

94 Vgl. Wunder, D.: Wo liegen die Widerstände beim Ausbau ganztägiger Angebote?, S. 15, In: Böttcher, W.: Mehr Ganztagsangebote für Kinder und Jugendliche, Bonn 1992, S. 13-17.

95 Vgl. Thimm, K.: Schule. In: Schöer, W.; Struck, N.; Wolff, M.(Hrsg.): Handbuch Kinder- und Jugendhilfe. Weinheim, 2002, S. 177-198.

96 Olk, T.; Bathke, G.-W.; Hartnuß, B.: Jugendhilfe und Schule. Empirische Befunde und theoretische Reflexionen. Weinheim, 2000.

97 Vgl. Holtappels, H. G., 1994, S. 147 ff.

98 Vgl. http://www.learn-line.nrw.de/angebote/goes/konzept/thema_ganztag.html.

99 Siehe: http://www.learn-line.nrw.de/angebote/goes/konzept/leitideen.html.

100 Vgl. Döbert, H.: Die Vergleichsländer der Studie „Vertiefender Vergleich der Schulsysteme ausgewählter PISA-Teilnehmerstaaten“: Gemeinsame Merkmale und der Blick auf Deutschland. In: TiBi Nr. 7, November/Dezember 2003, S. 6.

101 Vgl. Holtappels, H. G., 1994, S. 259.

102 Vgl. http://www.learn-line.nrw.de/angebote/goes//konzept/leitidee_1.html.

103 Siehe: http://www.learn-line.nrw.de/angebote/goes//konzept/leitidee_2.html.

104 Vgl. Deinet, U.: Orientierungsebenen und Bildungsbegriffe in Schule und Jugendinformation. In: Arbeitsgemeinschaft Jugendfreizeitstätten Sachsen e.V. (Hrsg.): Zeitschrift Corax, Jg. 12, 2003, S. 6.

105 Siehe: http://www.learn-line.nrw.de/angebote/goes//konzept/leitidee_3.html.

106 Vgl. Holtappels, H. G., Vortrag, bsj Marburg, 19.11.2003.

107 Siehe: http://www.learn-line.nrw.de/angebote/goes//konzept/leitidee_4.html.

108 Siehe: http://www.learn-line.nrw.de/angebote/goes//konzept/leitidee_5.html.

109 Siehe: http://www.learn-line.nrw.de/angebote/goes//konzept/leitidee_6.html.

110 Coelen, T.: Kommunale Jugendbildung. Raumbezogene Identitätsbildung zwischen Schule und Jugendarbeit. Vortrag, Hessische „Landesservicestelle Jugendhilfe – Schule", Fachtagung: „Jugendhilfe und Schule im Sozialen Raum", Marburg, 04.-05. Dezember 2003, S. 5; vgl. Richter, H.: Sozialpädagogik – Pädagogik des Sozialen. Grundlegungen – Institutionen – Perspektiven der Jugendbildung, Frankfurt/M. 1998, S. 17-19.

111 Vgl. Coelen, T.: Kommunale Jugendbildung. Raumbezogene Identitätsbildung zwischen Schule und Jugendarbeit. Vortrag, Hessische „Landesservicestelle Jugendhilfe – Schule", Marburg, 04.-05. Dezember 2003, S. 8.

112 Vgl. v. Hentig, H.: Die Schule neu denken. München, 1993; v. Hentig, H.: Bildung. München, 1996; vgl. Giesecke, H.: Wozu ist die Schule da? Stuttgart, 1996.

113 Vgl. Coelen, T., 2003, S. 8. Bäumer 1929; Hornstein 1971, S. 287; Mollenhauer 1997.

114 Vgl. Burkhard, C.; Hornberg, S.: Öffnung von Schule und Interkulturelle Erziehung in Frankfurt am Main. In: Stadtschulamt der Stadt Frankfurt/M./Institut für Schulentwicklungsforschung (Hrsg.): Öffnung von Schule und Interkulturelle Erziehung in Frankfurt am Main. Werkheft 41. Dortmund, 1993, S. 7-98.

115 Vgl. Burkhard, C. in: Holtappels, H. G. (Hrsg.), 1995, S. 128 f.

116 Vgl. Burkhard, C., 1995, S. 139 ff.

117 Vgl. http://www.learn-line.nrw.de/angebote/goes/#e.

118 Kultusministerium des Landes Nordrhein-Westfalen (Hrsg.): Rahmenkonzept Gestaltung des Schullebens und Öffnung von Schule. S. 17-19.

119 Vgl. Reinhardt, K.: Öffnung der Schule. Community Education als Konzept für die Schule der Zukunft?, Weinheim/Basel, 1992.

120 Kultusministerium des Landes Nordrhein-Westfalen (Hrsg.): Rahmenkonzept Gestaltung des Schullebens und Öffnung von Schule: Düsseldorf 1988, Auszug aus dem Rahmenkonzept, Kap. 2.3, S. 26.

121 Vgl. ebd.

122 Vgl. Leschinsky, A., 1985. S. 104; Roeder, P. M., 1981, in: Holtappels, H. G., 1994, S. 249.

123 Vgl. Holtappels, H. G., 1994, S. 249 f.

124 Vgl. ebd., S. 250 f.

125 Rolff, H. G., 1987, S. 217; vgl. Klemm, K., u.a. 1985.

126 Holtappels, H. G.: Ganze Tage in der Schule – Erfahrungen, Konzepte, Probleme. Vortrag, „Ganze Tage in der Schule", Berlin, 06. November 2002.

127 Vgl. Appel, S., Handbuch, 2003, S. 283.

128 Vgl. Haenisch, H., 2000.

129 Vgl. Sell, S.: Ganztägige Bildung und Betreuung aus ökonomischer Sicht. S. 6. In: Die Ganztagsschule. Heft 1, Jg. 44, S. 5-16.

130 Die Initiative Pro Hort schreibt über die Pläne in NRW: „Ab sofort bis spätestens 2007/2008 sollen alle Horte und sonst bestehenden außerschulischen Angebote für Schulkinder geschlossen werden." http://www.pro-hort.de/horte_in_gefahr.htm Stand: 20.05.2004.

131 Vgl. Sell, S.: Ganztägige Bildung und Betreuung aus ökonomischer Sicht. S. 6 f. In: Die Ganztagsschule. Heft 1, Jg. 44, S. 5-16.

132 Vgl. Deinet, U.: Kooperation von Jugendhilfe und Schule – Ein Handbuch für die Praxis, Opladen, 2001; Drilling, M.: Schulsozialarbeit. Antworten auf veränderte Lebenswelten, Bern, 2001.

133 Vgl. Deutsches Jugendinstitut: Schule – Arbeitsplatz für Lehrer und Sozialpädagogen, München, 1984, S. 18.

134 Drilling, M.: Schulsozialarbeit. Antworten auf veränderte Lebenswelten. Bern, 2001 und Deutsches Jugendinstitut (DJI): Schule – Arbeitsplatz für Lehrer und Sozialpädagogen. München, 1984, S. 19.

135 Olk, T.; Bathke, G.-W.; Hartnuß, B.: Jugendhilfe und Schule. Empirische Befunde und theoretische Reflexionen zur Schulsozialarbeit. Weinheim/München, 2000, S. 33.

136 Drilling, M.: Schulsozialarbeit. Antworten auf veränderte Lebenswelten. Bern, 2001, S. 12.

137 Für eine detailliertere Auflistung der vielseitigen Handlungsfelder für Sozialpädagogen siehe Appel, S., Handbuch, 2003, S. 188-190.

138 Vgl. Appel, S., Handbuch, 2003, S. 190.

139 Vgl. Burkhard, C.; u.a.: Stadtentwicklung und Öffnung von Schule. IFS-Werkheft Nr. 37, Dortmund 1992. vgl. Holtappels, H. G.: Öffnung der Schule zu Lebenswelt und Schulumfeld – Schulorganisatorische Perspektiven pädagogischer Öffnung. In: Brügelmann, H.; Fölling-Albers, M; Richter, S. (Hrsg.): Jahrbuch Grundschule I. Fragen der Praxis – Befunde der Forschung. Seelze, 1998, S. 43-51.

140 Vgl. Baumert, J., u.a., 2001, S. 438 ff.

IV Organisatorische Formen der Ganztagsangebote

1 Oelkers, J.: Ganztagsschulen und Qualitätssicherung. Vortrag, Herbert-Quandt-Stiftung, 19. Februar 2003, Bad Homburg, S. 3.

2 Ebd.

3 Vgl. Radisch, F.; Klieme, E.: Schulorganisation: Bilanzierung der Forschungslage. Literaturbericht im Rahmen von „Bildung Plus". Deutsches Institut für internationale Pädagogische Forschung, Frankfurt/M., 2003; vgl. Bargel, T.: Versorgung mit schulischen

Ganztagsangeboten – Zur Aufarbeitung eines vernachlässigten Feldes der Schulentwicklung. S. 900. In: Zeitschrift für Pädagogik. 37. Jg. 6/1991. S. 899-931.

4 Vgl. Radisch, F.; Klieme, E., 2003; vgl. Ludwig, H., 1993, S. 13 ff.; vgl. Holtappels, H. G., 1994, S. 10.

5 Vgl. Rother, U.: Ganztagsschulentwicklung in den Bundesländern. Stand: Januar 2004. www.ganztagsschulverband.de.

6 Vgl. Holtappels, H. G., 1994, S. 95 ff.

7 Vgl. Alix, C.: Ganztagsschule in Frankreich. Eine Fallstudie erstellt im Rahmen des Projekts „Bildung Plus", Deutsches Institut für Internationale Pädagogische Forschung, Frankfurt/M., Juli 2003. S. 2.

8 Holtappels, H. G., 1994, a.a.O., S. 93. In Deutschland sind viele Schulen ganztägig organisiert, die als Schulen für Lernhilfe arbeiten. In den folgenden Darstellungen wird hauptsächlich auf allgemein bildende Schulen, die Teilnehmer des Frankfurter NaSchu-Projekts sind, Bezug genommen.

9 Vortrag auf der Tagung des DIPF am 01. Dezember 2003.

10 Vgl. Programmatik der Gemeinnützigen Gesellschaft Tagesheimschule e.V. , Beschluss des Bundesvorstandes vom März 2002. In: Appel, S.; Ludwig, H., u.a., Schwalbach/Ts., 2003, S. 270.

11 Vgl. Wunder, D.: Erweiterte Lernangebote in einer pädagogisch gestalteten Ganztagsschule. Ganztagsschulkongress 2002, Kaiserslautern 21. November 2002.

12 Holtappels, H. G., 1994, a.a.O., S. 102.

13 Vgl. Grundschulverband – Arbeitskreis Ganztagsschule e.V.: Mehr Zeit für Kinder: von der Stundenschule zur Ganztagsschule, S. 251. In: Appel, S.; Ludwig, H., Schwalbach/Ts., 2003, S. 253.

14 Vgl. Grundschulverband – Arbeitskreis Ganztagsschule e.V. In: Appel, S.; Ludwig, H. u.a., Schwalbach/Ts., 2003, S. 254.

15 Vgl. Appel, S.: Handbuch Ganztagsschule. 3. Aufl., Schwalbach/Ts., 2003, S. 110.

16 Vgl. ebd.

17 Vgl. ebd., S. 116.

18 Vgl. ebd. S. 106 ff.

19 Vgl. ebd. S. 109.

20 Vgl. Bargel, T.; Kluthe, M.: Ganztagsschule. Untersuchungen zu Angebot und Nachfrage, Versorgung und Bedarf. Hrsg.: Bundesministerium für Bildung und Wissenschaft. Bonn, 1991, S. 154 ff.

21 Haenisch, H.: Evaluation der schulischen Ganztagsangebote in Nordrhein-Westfalen. Ergebnisse der quantitativen und qualitativen Befragungen Landesinstitut für Schule, Soest 2003, S. 122 f.

22 Ebd., S. 119.

23 Ebd., S. 73.

24 Die Ganztagsschule in Rheinland-Pfalz aus der Sicht von Eltern, Schülerinnen und Schülern und Lehrkräften. Hrsg.: Ministerium für Bildung, Frauen, Jugend Rheinland-Pfalz. München, 2003.

25 Vgl. Holtappels, H. G., 1994, S. 189 f.

26 Vgl. Ipfling, H. J.: Modellversuche mit Ganztagsschulen und anderen Formen ganztägiger Förderung. Bund-Länder-Kommission für Bildungsplanung und Forschungsförderung, Bonn 1981; vgl. Holtappels, H. G.: Ganze Tage in der Schule – Erfahrungen, Konzepte, Probleme. Vortrag, Berlin, 06. November 2002.

27 Vgl. Ipfling, H. J., 1981, S. 6.

28 Vgl. ebd., S. 68 f.

29 Vgl. Ludwig, H.: Gesamtschule und Ganztagsschule. In: Gesamtschul-Informationen, 18. Jg., Heft 3-4, 1987, S. 125-154, S. 140; vgl. Dobart, A.; u.a.: Ganztägige Organisationsformen der Schule: Ganztagsschule und Tagesheimschule. Darstellung der Schulversuchsarbeit 1974-1982. Wien, 1984.

VI Rahmenbedingungen

1 Vgl. Opaschowski: Freizeitpädagogik in der Schule, Heilbronn, 1977, S. 74.

2 Zit. nach Appel, S., Handbuch, S. 69.

3 Vgl. Holtappels, H. G.: Ganztagsschule als Herausforderung: Kooperation von Jugendarbeit und Schule. Vortrag, Fachtagung der Landesservicestelle Jugendhilfe/Schule: „Kooperation in der Ganztagsschule – Perspektiven der Zusammenarbeit von Jugendhilfe und Schule", 19. November 2003, Marburg.

4 Vgl. ebd.

5 Vgl. ebd.

6 Vgl. Appel, S., 2003. 3. Aufl., S. 67 f.

7 Interview mit Renate Hendricks, URL http://www.ganztagsschulen.org/278.php Stand: 22.12.2003.

8 Holtappels, H. G.: Ganze Tage in der Schule – Erfahrungen, Konzepte, Probleme. Vortrag, Tagung der Initiative „Ganze Tage in der Schule", Berlin am 06. November 2002.

9 Vgl. Holtappels, H. G.: Ganztagsschule als Herausforderung: Kooperation von Jugendarbeit und Schule. Vortrag, Fachtagung der Landesservicestelle Jugendhilfe/Schule: „Kooperation in der Ganztagsschule – Perspektiven der Zusammenarbeit von Jugendhilfe und Schule", 19. November 2003, Marburg, S. 19.

10 Holtappels, H.G.: Ganze Tage in der Schule – Erfahrungen, Konzepte, Probleme. Vortrag, Tagung der Initiative „Ganze Tage in der Schule", Berlin am 06. November 2002, S. 5.

11 Vgl. Ministerium für Bildung, Jugend und Sport des Landes Brandenburg (Hrsg.): Qualitätsmerkmale für Ganztagsschulen im Land Brandenburg. Potsdam, November 1999; vgl. Appel, S.; Rutz, G.: Handbuch Ganztagsschule, Schwalbach/Ts., 1998.

12 Zit. nach Appel, S., Handbuch, 2003, S. 70.

13 Appel, S.: Handbuch, 2003, S. 256 f.

14 Vgl. Appel, S.: Handbuch, S. 254 f.

15 Vgl. Appel, S.: Voraussetzungen des Ganztagsbetriebes. In: SchulVerwaltung spezial 1/2003, Kronach 2003, S. 27.

16 Vgl. ebd.

17 Vgl. Svendson, K.: Baustelle Bildung. In: Architektur und Wettbewerbe 3/2003. Stuttgart 2003, S. 1.

18 Vgl. Wappner, L.: Ganztagsschulen. In: Architektur und Wettbewerbe 3/2003. Stuttgart 2003, S. 61.

19 Vgl. Schulze-Bergmann, J.; Vortmann, H.: Praxis der Ganztagsbetreuung an Schulen. Mering, 2004.

VII Internationale Modelle ganztägiger Bildung und Betreuung

1 Smolka, D.: Die PISA-Studie: Konsequenzen und Empfehlungen für Bildungspolitik und Schulpraxis: Aus Politik und Zeitgeschichte, Band 41, 2002, S. 6.

2 Vgl. Oelkers, J.: Ganztagsschulen und Qualitätssicherung. Vortrag, Herbert-Quandt-Stiftung, 19. Februar 2003, Bad Homburg. Programm „Zukunft der Bildung".

3 PISA – und was nun? URL: http:///www.bmbf.de/252_3872.html Stand: 01.05.2004.

4 Vgl. Oelkers, J.: Ganztagsschulen und Qualitätssicherung. Vortrag, Herbert-Quandt-Stiftung, 19. Februar 2003, Bad Homburg. Programm „Zukunft der Bildung".

5 Vgl. Gallie, D.; Paugam, S. (Hrsg.): Welfare Regimes an the Experience of Unemployment in Europe. Oxford, 2000 und Esping-Andersen, G.: The Three Worlds of Welfare Capitalsm. Cambridge, 1990. Siehe auch: Pohl, A.; Walther, A.: Bildungsprozesse in der Jugendarbeit im europäischen Kontext. Expertise im Rahmen der „Konzeption Bildungsbericht: vor- und außerschulische Bildung. München, 2003, S. 5 ff.

6 Vgl. Oelkers, J.: Volksschulreform und die Probleme der Schule von heute. Vortrag 5. Briger Bildungs-Symposium, 02. Mai 2003, Brig, S. 1.

7 Gottschall, K.; Hagemann, K.: Die Halbtagsschule in Deutschland: Ein Sonderfall in Europa? In: Aus Politik und Zeitgeschichte, Heft 41, 2002, S. 12.

8 Vgl. Radisch, F.; Klieme, E., 2003, S. 18.

9 Appel, S.: Ganztagsschule in Hessen. Weiterentwicklung, Stagnation oder neue Formen ganztägiger Schulkonzepte? Kassel, 2003, S. 4.

10 Vgl. Rubner, J., 2003, S. 68 ff.

11 Välijärvi, J.; Linnakylä, P.; et al.: The finnish success in PISA – and some reasons behind it. Jyväskylä, 2002, S. 15.

12 Interview mit Christian Alix, Mitarbeiter des Deutschen Instituts für internationale pädagogische Forschung. http://www.schulen-ans-netz.de/internationales/infoletter/il34.php. Stand: 12.03.2004.

13 Die folgenden Angaben stammen hauptsächlich aus der zusammenfassenden Darstellung von: Ganztagsschule im internationalen Vergleich. Ganz- und Halbtagsschulen in Europa. Ausgabe 01/2004: Ganztagsschule http://www.schulen-ans-netz.de/internationales/ infoletter /il31.php.

14 Ein Vergleich insgesamt wird erschwert durch Begrifflichkeiten, die im deutschen Sprachgebrauch z.B. nicht vorhanden sind oder selbstverständlich etwas anderes bedeuten.

15 Vgl. Radisch, F.; Klieme, E., 2003, S. 18; vgl. Moss, P. (1989): Ganztagsangebote im europäischen Vergleich. Auszug aus der EG-Studie: Kinderbetreuung und Chancengleichheit – Betreuungseinrichtungen für Kinder vom schulpflichtigen Alter bis 10 Jahren. In: Gewerkschaft für Erziehung und Wissenschaft Baden-Württemberg: Ganztagsangebote für Schülerinnen und Schüler. Informationen – Analysen – Meinungen. GEW. Stuttgart, S. 178-195; Neumann, U., Ramseger, J.: Zur Entwicklung ganztägiger Erziehung in der Schule. Die Situation in der Europäischen Gemeinschaft. Auszug aus der Studie von Neumann/Ramseger. In: Ebd., S. 196-198.

16 Vgl. Coelen, T.: Ganztägige Bildungssysteme im internationalen Vergleich. Siehe unter;:http://www.jugendhilfe-im-wandel.de/dt/pdf/coelen2004_zuerich.pdf, 2004.

17 Vgl. Coelen, 2004, S. 4, S. 13; vgl. http://www.dipf.de/datenbanken/ines/ines_v_nied.htm.

18 Vgl. Neumann, U.; Ramseger, J., 1989, S. 196; vgl. Anweiler, O.; Boos-Nünning, U.; u.a.: Bildungssysteme in Europa. Weinheim, 4. Aufl., 1996.

19 Vgl. Alix, C.: Ganztagsschule in Frankreich. Eine Fallstudie. erstellt im Rahmen des Projekts „Bildung Plus"; Interview mit Christian Alix, Mitarbeiter des Deutschen Instituts

für internationale pädagogische Forschung. Siehe unter: http://www.schulen-ans-netz.de/inter nationales/infoletter/il34.php. Stand: 12.03.2004.

20 Vgl. Alix, C., 2003, S. 19.

21 Interview mit Christian Alix, Mitarbeiter des Deutschen Instituts für internationale pädagogische Forschung. http://www.schulen-ans-netz.de/internationales/infoletter/il34.php. Stand: 12.03.2004.

22 Van Vugt, K.: Vortrag bei der Herbert-Quandt-Stiftung, 01. Juli 2003. www.h-quandt-stiftung.de/files/buergersinn/beitraege/ plenum01072003_vortrag_van_vugt.pdf.

23 Vgl. Verschuren, M.: Vortrag bei der Herbert-Quand-Stiftung, 01. Juli 2003, European School Frankfurt, S. 3 f. Siehe unter: www.h-quandt-stiftung.de/files/buergersinn/beitraege/plenum 010703_vortrag_verschuren.pdf Stand: 12.03.04

24 Vgl. http://www.ganztagsschule.at.

25 Vgl. Chaniotakis, N.; Thoidis, I.: Die Ganztagsschule in Griechenland: Flucht nach vorne oder Sackgasse? http://www.ganztagsschulverband.de/Download/GTSGriechenland.pdf, Stand: 12.03.04, S. 10 f.

26 Radisch, F.; Klieme, E., 2003, S. 18; vgl. Coelen, T.: Ganztägige Bildungssysteme im internationalen Vergleich. Zum Verhältnis von formeller und nicht formeller Bildung in Finnland, Frankreich und den Niederlanden. 2004, o. Ort. URL: www.jugendhilfe-im-wandel.de/ dt/pdf/coelen 2004_zuerich.pdf.

27 Oelkers, J.: Ganztagsschulen und Qualitätssicherung. Vortrag, Herbert-Quandt-Stiftung, 19. Februar 2003, Bad Homburg, S. 3.

28 Vgl. Pulkkinnnen, L.: Integrated School day in Finland. Vortrag am 10.10.2003, Internationale Konferenz: Ganztagsbildung in der Wissensgesellschaft. 09.-11.10.2003, Bielefeld. Unveröffentlichtes Vortragsskript.

29 Vgl. Halonen, I.: Ganztagsschule und neue Medien – Länderbericht Finnland. Vortrag auf dem Internationalen Workshop: Neue Medien in der Ganztagsschule von Schulen ans Netz, Initiative des Bundesministeriums für Bildung und Forschung, 1-2.12.2003, Bonn, S. 1.

30 Vgl. Matthies, A.-L.: Finnisches Bildungswesen und Familienpolitik – ein „leuchtendes" Beispiel? In: Aus Politik und Zeitgeschichte, B 41, September 2002; vgl. Pulkkinen, L.: Valtakunnallinen tutkimus – ja kokeiluprojekti MUKAVA kouluikäisten lasten sosiaalisen pääoman kartuttamiseksi; vgl. http://www.karjula.suomi.net/sisalto/muk avaesitys.pdf.

31 Vgl. Halonen, I., 2003, S. 2.

32 Halonen, I., 2003, S. 6.

33 Vgl. MUKAVA – An Experiment in Education with national Implications for Finland University of Jyväskalä.

34 Vgl. Sliwka, A.; Patry, C.; Kalb, P. (Hrsg.): Durch Verantwortung lernen – Service Learning in der Schule. Weinheim, 2004.

35 Vgl. Halonen, I., 2003, S. 6.

36 Vgl. Halonen, I., 2003, S. 7 f.

37 Halonen, I., 2003, S. 8. Kontakt zu I. Halonen: http://tilastokeskus.fi/tk/tp/tasku/taskug_vaesto.html.

38 Vgl. DIPF, Internationale Vergleichsstudie, 2003, S. 40 f.

39 Vgl. ebd.

40 Vgl. von Freymann, T.: Was macht Finnland besser? In: Hamburger Abendblatt, 07.02.2004 www.finland.de/dfgnrw.

41 Vgl. von Freymann, T.: Zur Binnenstruktur des finnischen Schulwesens. In: Zeitschrift „Freiheit der Wissenschaft", Nr. 2, Juni 2002.

42 Vgl. ebd.

43 Vgl. Botschaft von Finnland, Berlin, über die Vorteile des finnischen Schulsystems: http://www.finnland.de/doc/de/finninfo/fragen.html#sec3 am 30.1.2003.

44 Von Freymann, T.: Zur Binnenstruktur des finnischen Schulwesens. In: Zeitschrift „Freiheit der Wissenschaft", Nr. 2, Juni 2002, S. 4.

45 Siehe: http://www.finnland.de/doc/de/finninfo/fragen.html#sec3 am 30.1.2003.

46 Vgl. von Freymann, T.: Zur Binnenstruktur des finnischen Schulwesens. In: Zeitschrift „Freiheit der Wissenschaft", Nr. 2, Juni 2002.

47 Vgl. Schmoll, H.: Die Ganztagsschule als Patentlösung für das PISA-Dilemma. Vortrag Herbert-Quandt-Stiftung, S. 3. www.h-quandt-stiftung.de.

48 Vgl. http://www.finnland.de/doc/de/finninfo/fragen.html#sec3 am 30.1.2003.

49 Vgl. Välijärvi, J.; Linnakylä, P.; et al.: The finnish success in PISA – and some reasons behind it. Institute for Educational Research, University of Jyväskylä. Jyväskylä, 2002, S. 40 f.

50 Vgl. ebd., S. 41.

51 Vgl. Freymann, T.: Was folgt aus PISA? In: Gymnasium in Niedersachsen. Nr. 2, 2002, S. 1.

52 Vgl. Freymann, T.: Was folgt aus PISA? In: Gymnasium in Niedersachsen. Nr. 2, 2002, S. 3.

53 Vgl. ebd. www.finland.de/pisa-studie.

54 Vgl. ebd. Weitere wichtige Aspekte des finnischen Schulsystems finden sich in einem Interview mit einer Deutschlehrerin, die weitere Einblicke in die finnische Schule gewährt, aber auch einige Relativierungen zu unseren Ausführungen andeutet, unter: http://www.leanet.de/dyn/9.asp?CCache=68080&CSessionID=918794&CValidationID=3.

VIII Leitlinien zukunftsfähiger Ganztagsbildung

1 Vgl. Burow, O. A.; Hinz, H. (Hrsg.): Kompenzentwicklung und Lernkulturwandel. 2005.

2 Argyris C.: Wissen in Aktion, 1997. Ders.: Die lernende Organisation, 1999 Beide: Stuttgart.

3 Vgl. Burow, O. A., 1999; 2000; Burow, O. A.; Hinz, H., 2003.

4 Vgl. Burow, O. A.; Hinz, H., 2003.

5 Vgl. www.uni-kassel.de/fb1/burow.

6 Vgl. Giesecke, H., 1996.

7 Vgl. Sennett, R., 1998.

8 Vgl. Burow, O. A., 1999/2000; vgl. Winners Untersuchungen zur Förderung Hochbegabter. Winner, E. (1998): Hochbegabt. Mythen und Realitäten von außergewöhnlichen Kindern. Stuttgart. Rost, H.D. (Hrsg.): Hochbegabte und hochleistende Jugendliche. Münster, 2000. Burow, O. A.: Besondere Begabungen: Es kommt auf die richtige Mischung an, 2002. Download: www.uni-kassel.de/burow.

9 Hier sei noch mal auf den interessanten Ansatz des *Service Learnings* hingewiesen. Sliwka A.; Petry, C.; Kalb, P.: Durch Verantwortung lernen. Weinheim, 2004.

10 Zum neuen Führungsleitbild: vgl. Gardner, Golemann, Malik, Senge.

11 Burow, O. A.: Kreativität im Team. Ein neues Lehrerbild für die Wissensgesellschaft. In: Pädagogik 6, 2000, II, S. 31-34.

12 Vgl. Schulze, Jones, Glotz.

13 Burow, O. A.; Schmieling-Burow, C.: Art-Coaching: Das Expressive Selbstportrait als Weg zur Klärung der persönlichen und beruflichen Identität im Lehrerstudium. In: Burow, O. A.; Hinz, H., 2005.

IX Strategien der Umsetzung

1 Vgl. Burow, O. A.; Kühnemuth, K.: Brauchen Politik und Wissenschaft Bürgerberatung? Möglichkeiten und Grenzen der Bürgerkonferenz. In: Tannert & Wiedemann, 2004.

2 Vgl. Weisbord, M. (Hrsg.): Discovering Common Ground. San Francisco, 1992.

3 Detailliert beschrieben sind Verfahren der Großgruppenmoderation wie Zukunftswerkstatt, Zukunftskonferenz, Open Space und Erfolgs-/Lernteam in: Burow, O. A.: Ich bin gut – wir sind besser. Erfolgsmodelle kreativer Gruppen. Stuttgart, 2000.

4 Vgl. Burow, O.A., 2000; www.uni-kassel.de/fb1/burow.

5 Vgl. www.selbstportrait.net.

6 Vgl. Csikszentmilhalyi, M.: Flow im Beruf. Das Geheimnis des Glücks am Arbeitsplatz. Stuttgart, 2004. Csikszentmilhalyi beschreibt sehr anschaulich, welche Bedingungen bei einer optimalen Arbeitsplatzgestaltung bzw. einer „flow-förderlichen" Umgebung gegeben sein müssen. Zentrale Voraussetzung ist demnach den Selbstorganisationskräften der Beteiligten genügend Raum zu lassen.

7 Vgl. hierzu die interessanten Ausführungen Herrmann Hakens, des Begründers der Lehre von der „Synergetik". Vertrauen, Geschehen- und Wachsenlassen, Geduld, spielerische Gelassenheit, Akzeptanz, minimale Intervention und ganzheitliche, systematisch-dialektische Denkmuster bilden demnach Schlüssel für erfolgreichen Wandel.

8 Vgl. Burow, O. A.; Hinz, H., 2004; 2005.

9 Auf unserer Homepage www.uni-kassel.de/fb1/burow (Forschungsprojekte) stehen umfangreiche Workshopprotokolle zur Verfügung. Das gesamte Projekt wird 2005 veröffentlicht. Vgl. Le Doux 2003; Hobson 2003; Pinker 2003; Roth 2003.

X Theorie des Kreativen Feldes

1 Vgl. Le Doux, J. 2003; Hobson, P. 2003; Roth, G. 2003.

2 Harris, J.: Ist Erziehung sinnlos? Die Ohnmacht der Eltern, 2000.

3 Vgl. Burow, O. A., 1988; 1993.

4 Vgl. Burow, O. A., 1993.

5 Burow, O. A., 1999, S. 123 ff.

6 Vgl. Burow, O. A.; Hinz, H., 2004/2005.

7 Vgl. ebd.

8 Neuberger, O., 1991, S. 65.

9 Hansch, D.; Haken, H., 2004, S. 40.

10 Neuberger, O., 1991, S. 66.

11 Vgl. Burow, O. A.; Hinz, H., 2004.

XI Bausteine evolutionärer Personal- und Schulentwicklung

1 Zum Verfahren: Burow, O. A.; Schmieling-Burow, W., 2005 – www.selbstportrait.net.

XII Ausblick

1 So haben wir z.B. in Bad Karlshafen in Abstand von drei Jahren mit drei Grundschulen Zukunftswerkstätten durchgeführt, die zu einem „Ruck" in der Region geführt haben.

Beim Grundschulverband ist ein Video mit einem Methoden-Begleitheft erhältlich. Beiträge zur Reform der Grundschule. Zukunftswerkstatt: Schule gemeinsam entwickeln. Frankfurt/M., 2002 (www.grundschulverband.de).

2 So geschehen an einer Grundschule im Raum Kassel. Zwei Tage war die gesamte Schule eine Zukunftswerkstatt. Die Grundschüler haben – für viele Lehrer/innen erstaunlich – sehr kompetent Stärken und Schwächen ihrer Schule analysiert und Zukunftsvisionen entwickelt, die zu konkreten Umsetzungsprojekten führten. Auch hierzu haben wir einen instruktiven Film erstellt. Zu erhalten über sekretariatburow@uni-kassel.de.

XIV Literaturverzeichnis

ALIX, C. (2003): Ganztagsschule in Frankreich. Eine Fallstudie erstellt im Rahmen des Projekts „Bildung Plus“, Deutsches Institut für Internationale Pädagogische Forschung, Frankfurt/M.

APPEL, S. (2003): Handbuch Ganztagsschule. 3. Aufl. Schwalbach/Ts.

APPEL, S. (2003): Ganztagsschule in Hessen. Weiterentwicklung, Stagnation oder neue Formen ganztägiger Schulkonzepte? Kassel, S. 4.

APPEL, S. (2003): Voraussetzungen des Ganztagsbetriebes. In: SchulVerwaltung spezial 1/2003.

APPEL, S./LUDWIG, H., u.a. (2003): Jahrbuch Ganztagsschule 2004. Schwalbach/Ts.

ARGYRIS, C. (1997): Wissen in Aktion. Eine Fallstudie zur lernenden Organisation. Stuttgart.

ARGYRIS, C./SCHÖN, D. A. (1999): Die lernende Organisation. Grundlagen, Methode, Praxis. Stuttgart.

ARNOLD, R. (1998): Kompetenzentwicklung und Organisationslernen. In: VOGEL, N. (Hrsg.): Organisation und Entwicklung in der Weiterbildung. Bad Heilbrunn/Obb., S. 86-110.

ARNOLD, R./SCHÜSSLER, I. (1998): Wandel der Lernkulturen. Darmstadt.

ARNOLD, R./SCHÜSSLER, I. (1999): Wandel der Lernkulturen. 4. veränderte Auflage. Darmstadt.

ARTELT, C./BAUMERT, J., u.a. (2001): PISA 2000. Zusammenfassung zentraler Befunde. Berlin.

ARTELT, C./BAUMERT, J., u.a. (2002): PISA 2000: Die Studie im Überblick. Berlin.

AUSUBEL, D. P. (1970): Das Jugendalter. München, 2. Aufl.

BARGEL, T. (1991): Versorgung mit schulischen Ganztagsangeboten – Zur Aufarbeitung eines vernachlässigten Feldes der Schulentwicklung. In: Zeitschrift für Pädagogik. 37. Jg. 6/1991, S. 899-931.

BARGEL, T./KLUTHE, M. (1991): Ganztagsschule. Untersuchungen zu Angebot und Nachfrage, Versorgung und Bedarf. Hrsg. Bundesministerium für Bildung und Wissenschaft, Bonn, S. 154 ff.

BAUMERT, J. (Hrsg.) (2001): PISA 2000 – Basiskompetenzen von Schülerinnen und Schülern im internationalen Vergleich. Opladen.

BECK, U. (1986): Risikogesellschaft. Auf dem Weg in eine andere Moderne. Frankfurt/M.

BENNIS, W./BIEDERMANN, P. W. (1998): Geniale Teams. Das Geheimnis kreativer Zusammenarbeit. Frankfurt/New York.

BENNIS, W. (1997): Zur „Vorhut von Anführern“ gehören. In: GIBSON, R.: Rethinking the Future. Landsberg/Lech, S. 223-242.

BERGMANN, U. (1998): Erfolgsteams – der ungewöhnliche Weg, berufliche und persönliche Ziele zu erreichen. Landsberg.

BINNIG, G. (1992): Aus dem Nichts. Über die Kreativität von Natur und Mensch. München.

BOHM, D. (1998). Der Dialog. Das offene Gespräch am Ende der Diskussionen. Stuttgart.

BÖHNISCH L./MÜNCHMEIER R. (1992): Pädagogik des Jugendraums. 2. Aufl., Weinheim.

BONO, E. de (1992): Laterales Denken. Der Kurs zur Erschließung Ihrer Kreativitätsreserven. Düsseldorf/Wien.

BONSEN, M. (1994): Führen mit Visionen. Der Weg zum ganzheitlichen Management. Wiesbaden.

BOURDIEU, P. (1982): Die feinen Unterschiede. Zur Kritik der gesellschaftlichen Urteilskraft. Frankfurt/M.

BOURDIEU, P. (1987): Sozialer Sinn. Kritik der theoretischen Vernunft. Frankfurt/M.

BOURDIEU, P. (1992): Die verborgenen Mechanismen der Macht. Hamburg.

BRODBECK, K.-H. (1995): Entscheidung zur Kreativität. Darmstadt.

BUBER, M. (1992): Das Dialogische Prinzip. Gerlingen.

BUNDESJUGENDKURATORIUM (Hrsg.) (2001): Streitschrift Zukunftsfähigkeit. Bonn.

BUNDESMINISTERIUM FÜR FAMILIE, SENIOREN, FRAUEN UND JUGEND (Hrsg.) (2003): Die Familie im Spiegel der amtlichen Statistik. Bonn.

BUNDESMINISTERIUM FÜR FAMILIE, SENIOREN, FRAUEN UND JUGEND (Hrsg.) (2002): 11. Kinder- und Jugendbericht. Zusammenfassung. Berlin.

BUNDESMINISTERIUM FÜR FAMILIE, SENIOREN, FRAUEN UND JUGEND (Hrsg.) (2002): Form der Kinderbetreuung und Arbeitsmarktverhalten von Müttern in West- und Ostdeutschland. Kurzzusammenfassung. Berlin.

BUNKER, B. B./ALBAN, B. T. (1996): Large Group Interventions: Engaging the Whole System for Rapid Chance. Jossey-Bass.

BURKHARD, C., u.a. (1992): Stadtentwicklung und Öffnung von Schule. IFS-Werkheft, Nr. 37, Dortmund.

BURKHARD, C. (1995): Außerunterrichtliche Angebote und Öffnung von Schule – Ergebnisse einer Bestandsaufnahme in Frankfurt am Main. In: HOLTAPPELS, H. G. (Hrsg.): Ganztagserziehung in der Schule. Opladen.

BURKHARD, C./HOMBERG, S. (1993): Öffnung von Schule und Interkulturelle Erziehung in Frankfurt am Main. In: STADTSCHULAMT DER STADT FRANKFURT/M/INSTITUT FÜR SCHULENTWICKLUNGSFORSCHUNG (Hrsg.): Öffnung von Schule und Interkulturelle Erziehung in Frankfurt am Main. Werkheft 41. Dortmund, S. 7-98.

BÜRMANN, J. (1992): Persönlich bedeutsames Lernen. Bad Heilbrunn.

BUROW, O. A./HINZ, H. (Hrsg.) (2005): Evolutionäre Personal- und Organisationsentwicklung – Die Organisation als Kreatives Feld. Kassel.

BUROW, O. A./KÜHNEMUTH, K. (2004): Brauchen Politik und Wissenschaft Bürgerberatung? Möglichkeiten und Grenzen der Bürgerkonferenz. In: TANNERT, C. /WIEDEMANN, P. (Hrsg.): Stammzellen im Diskurs. Ein Lese- und Arbeitsbuch zur Bürgerkonferenz. München, S. 117-129.

BUROW, O. A. (2003): Prinzipien erfolgreicher Erziehung. Bad Heilbrunn.

BUROW, O. A./HINZ, H. (2003): Evolutionäres Personal- und Organisationsentwicklungssystem – EPOS. In: report QUEM. Heft 76/Teil II. Lernen in Weiterbildungseinrichtungen. PE/OE-Konzepte. S. 445-496.

BUROW, O. A. (2003): Möglichkeitsräume statt Unterricht. Wie Bildungseinrichtungen zu Kreativen Feldern werden. In: ARNOLD & SCHÜSSLER (2003). Ermöglichungsdidaktik. Baltmannsweiler.

BUROW, O. A. (2002): Die Band – ein Modell erfolgreicher Gruppenarbeit. In: Pädagogik, Nr. 1, S. 20-23.

BUROW, O. A. (2002): Evolutionäre Schulentwicklung. In: 21 – Das Leben gestalten lernen. Nr. 1, S. 63-66.

BUROW, O. A. (2001): Besondere Begabungen fördern: Es kommt auf die richtige Mischung an. In: Beratung und Schule, Hessisches Institut für Lehrerfortbildung. Weilburg.

BUROW, O. A./RÜPPEL, H. (2001): Zukunftswerkstatt online. Demokratie und Zukunftsgestaltung per Internet. In: 21 – Das Leben gestalten lernen. Nr. 1, S. 63-66.

BUROW, O. A. (2000): Ich bin gut – wir sind besser. Erfolgsmodelle kreativer Gruppen. Stuttgart.

BUROW, O. A. (2000): Kreativität im Team. Ein neues Lehrerbild für die Wissensgesellschaft. In: Pädagogik, Nr. 6, S. 31-34.

BUROW, O. A. (2000): Kreative Felder: Das Erfolgsgeheimnis kreativer Persönlichkeiten. In: manager seminare Heft 35, (November/Dezember).

BUROW, O. A. (1999): Die Individualisierungsfalle. Kreativität gibt es nur im Plural. Stuttgart.

BUROW, O. A. (1999): Am Montag fängt es an ... Erste Schritte zur Inneren Schulentwicklung. In: Katechetische Blätter, 124, S. 165-169.

BUROW, O. A. (1998): Der Arbeitsplatz als Kreatives Feld. In: Arbeitsplatz Schule. Friedrich Jahresheft XVI. Seelze, S. 120-124.

BUROW, O. A. (1998): Journal für Schulentwicklung. Die Zukunftskonferenz als Instrument der Schulentwicklung. Heft 4, S. 79-88.

BUROW, O. A. (1997): Gestaltpädagogik. Pädagogik Lexikon des Oldenbourg-Verlags. http://www.uni-kassel.de/fb1/burow/burow/texte/GP-Lex-Oldenbourg.pdf, S. 3.

BUROW, O. A. (1997): Mit Rezepten aus der Wirtschaft das Bildungswesen heilen? In: KRÜGER, H. H./OLBERTZ, J. H. (Hrsg.): Bildung zwischen Staat und Markt. Opladen, S. 641-662.

BUROW, O. A. (1997): Wie man Zukunft (er-)finden und gestalten kann. In: BÜRMANN, J./DAUBER, H./HOLZAPFEL, G. (Hrsg.): Humanistische Pädagogik in Schule, Hochschule und Weiterbildung. Bad Heilbrunn, S. 223-244.

BUROW, O. A. (1996): Lernen für die Zukunft – oder die „fünfte Disziplin des Lernens". In: Nachhaltige Entwicklung – Aufgabe der Bildung. Symposium des Modellversuchs SchUB. Berlin, S. 33-42.

BUROW, O. A./NEUMANN-SCHÖNWETTER, M. (Hrsg.) (1995): Zukunftswerkstatt in Schule und Unterricht. Hamburg. Überarbeitete Neuauflage 1998.

BUROW, O. A. (1995): Zukunftswerkstatt als Instrument der Schulentwicklung. In: HESSISCHES INSTITUT FÜR LEHRERFORTBILDUNG (Hrsg.): Beratung und Schule. Weilburg.

BUROW, O. A. (1993): Gestaltpädagogik: Trainingskonzepte und Wirkungen. Paderborn.

BUROW, O. A. (1988): Grundlagen der Gestaltpädagogik. Dortmund.

BUROW, O. A. (1983): Lernlust statt Schulfrust. Der Beitrag der Gestaltpädagogik zu einer neuen Bildungsreform. Psychologie Heute, Nr. 6, S. 65-70.

CHANIOTAKIS, N./THOIDIS, I. (2004): Die Ganztagsschule in Griechenland: Flucht nach vorne oder Sackgasse? http://www.ganztagsschulverband.de.

COELEN, T. (2002): Kommunale Jugendbildung. Raumbezogene Identitätsbildung zwischen Schule und Jugendarbeit. Frankfurt/M.

COLBY, A./KOHLBERG, L. (1986): Das moralische Urteil: Der kognitionszentrierte entwicklungspsychologische Ansatz. In: BERTRAM, H. (Hrsg.): Gesellschaftlicher Zwang und moralische Autonomie. Frankfurt/M., S. 130-162.

COOPERRIDER, D./SORENSEN, P. F./WHITNEY, D./YAEGER, T. F. (Hrsg.) (2000): Appreciative Inquiry. Rethinking Human Organization Toward A Positive Theory Of Change. Champaign, Illinois.

COPEI, F. (1995): Der fruchtbare Moment im Bildungsprozeß (1930). 3. Aufl.: Heidelberg.

CSIKSZENTMIHALYI, M. (2004): Flow im Beruf. Das Geheimnis des Glücks am Arbeitsplatz. Stuttgart.

CSIKSZENTMIHALYI, M. (1997): Kreativität. Stuttgart.

CUMMINGS, A./OLDHAM, G. R. (1998): Wo Kreativität am besten gedeiht. In: Havard Business manager, Nr. 4, S. 32-43.

DAUBER, H. (1997): Grundlagen Humanistischer Pädagogik. Bad Heilbrunn.

DAUBER, H. (1997): Lernfelder der Zukunft. Bad Heilbrunn.

DE GEUS, A. (1998): Jenseits der Ökonomie. Stuttgart.

DEINET, U. (2001): Kooperation von Jugendhilfe und Schule – Ein Handbuch für die Praxis. Opladen.

DEINET, U. (2003): Orientierungsebenen und Bildungsbegriffe in Schule und Jugendinformation. In: Arbeitsgemeinschaft Jugendfreizeitstätten Sachsen e.V. (Hrsg.): Zeitschrift Corax, Jg. 12.

DEUTSCHER BILDUNGSRAT (Hrsg.) (1986/89): Empfehlungen der Bildungskommission. Einrichtung von Schulversuchen mit Ganztagsschulen. Stuttgart.

DEUTSCHES INSTITUT FÜR INTERNATIONALE PÄDAGOGISCHE FORSCHUNG (2004): Interview mit Christian Alix, Mitarbeiter. http://www.schulen-ans-netz.de/internationales/infoletter/il34.php. Stand: 12.03.2004.

DEUTSCHES JUGENDINSTITUT (1984): Schule – Arbeitsplatz für Lehrer und Sozialpädagogen. München, S. 18.

DEUTSCHES PISA-KONSORTIUM (Hrsg.) (2001): PISA 2000. Basiskompetenzen von Schülerinnen und Schülern im internationalen Vergleich. Opladen.

DI TROCCHIO, F. (1998): Newtons Koffer. Geniale Außenseiter, die die Wissenschaft blamierten. Frankfurt/New York.

DOBAR, A., u.a. (1984): Ganztägige Organisationsformen der Schule: Ganztagsschule und Tagesheimschule. Darstellung der Schulversuchsarbeit 1974-1982. Wien.

DÖBERT, H. (2003): Die Vergleichsländer der Studie „Vertiefender Vergleich der Schulsysteme ausgewählter PISA-Teilnehmerstaaten“: Gemeinsame Merkmale und der Blick auf Deutschland. In: TiBi, Nr. 7, November/Dezember.

DRILLING, M. (2001): Schulsozialarbeit. Antworten auf veränderte Lebenswelten, Bern.

DRUCKER, P. F. (1993): Die postkapitalistische Gesellschaft. Düsseldorf.

EDELSTEIN, W. (2004): „No man is an island“ – Interview zur Partizipation http://www.blk-demokratie.de/download/InterviewEde.pdf.

EDELSTEIN, W./HAAN, G. de (2004): Lernkonzepte für eine zukunftsfähige Schule. Von Schlüsselkompetenzen zum Curriculum. 5. Empfehlung der Bildungskommission der Heinrich-Böll-Stiftung. Bonn.

EISENHARDT, P./KURTH, D./STIEHL, H. (1995): Wie Neues entsteht. Die Wissenschaften des Komplexen und Fraktalen. Reinbek.

ERIKSON, H. E. (1970): Jugend und Krise. Die Psychodynamik im sozialen Wandel. Stuttgart, S. 135 f.

ESPING-ANDERSEN, G. (1990): The Three Worlds of Welfare Capitalsm. Cambridge.

EUROPÄISCHE KOMMISSION (2001): A New Impetus for European Youth. European Commission White Paper. 35 ff. www.europa.eu.int/comm/education/youth.

EWERT, O. (1983): Entwicklungspsychologie des Jugendalters. Stuttgart.

FATZER, G. (1987): Ganzheitliches Lernen. Humanistische Pädagogik und Organisationsentwicklung. Paderborn.

FATZER, G. (Hrsg.) (1996): Organisationsentwicklung und Supervision: Erfolgsfaktoren bei Veränderungsprozessen. Köln.

FEND, H. (1998): Qualität im Bildungswesen. Schulforschungen zu Systembedingungen, Schulprofilen und Lehrerleistung. Weinheim.

FEND, H. (1988): Sozialgeschichte des Aufwachsens. Frankfurt/M.

FERCHHOFF, W. (2003): Formen und Wandel des Politikverständnisses in Jugendkulturen. In: POLIS 34, Hessische Landeszentrale für politische Bildung (Hrsg.): Politik am Ende – oder – am Ende Politik? Neue Formen politischen Zusammenseins in Jugendkulturen. Wiesbaden.

FLITNER, A. (1992): Reform der Erziehung. München.

FÖLLING-ALBERS, M. (2000): Kindheitsforschung. Frankfurt/M.

FORRESTER, V. (1998): Der Terror der Ökonomie. München.

FREINET, E. (1981): Erziehung ohne Zwang. Stuttgart.

FREYMANN, T. v. (2002): Was folgt aus PISA? In: Gymnasium in Niedersachsen. Nr. 2, S. 22-24.

FREYMANN, T. v. (2002): Zur Binnenstruktur des finnischen Schulwesens. Siehe unter: http://www.finland.de/dfgnrw/doku/strukturfinnschulwesen.pdf.

FREYMANN, T. v. (2004): Was macht Finnland besser? In: Hamburger Abendblatt, 07.02.2004

FROMM, E. (1979): Haben oder Sein. Die seelischen Grundlagen einer neuen Gesellschaft. München.

FULLAN, G. M. (1995): The New Meaning of Educational Change. London.

GALLIE, D./PAUGAM, S. (Hrsg.) (2000): Welfare Regimes an the Experience of Unemployment in Europe. Oxford.

GANZTAGSSCHULVERBAND e.V. (Hrsg.) (2004): Ganztagsschulentwicklung in den Bundesländern. Stand Januar 2004. Verwaltungsvereinbarungen Investitionsprogramm „Zukunft Bildung und Betreuung“. Kassel.

GANZTAGSSCHULVERBAND e.V. (Hrsg.) (2004): Programmatik des Ganztagsschulverbandes. Kassel.

GARDNER, H. (1991): Abschied vom IQ. Die Rahmen-Theorie der vielfachen Intelligenzen. Stuttgart.

GARDNER, H. (1992): Das Denken des ungeschulten Kopfes. Stuttgart.

GARDNER, H. (1996): So genial wie Einstein. Schlüssel zum kreativen Denken. Stuttgart.

GARDNER, H. (1997): Die Zukunft der Vorbilder. Das Profil der innovativen Führungskraft. Stuttgart.

GEBHARDT, E. (1992): Kreativität und Mündigkeit. Weinheim.

GEIF, S./KURTZ, H. J. (1996): Handbuch Selbstorganisiertes Lernen. Göttingen.

GIESECKE, H. (1996): Wozu ist die Schule da? Stuttgart.

GOLEMAN, D. (1997): Emotionale Intelligenz. München.

GOTTSCHALL, K./HAGEMANN, K. (2002): Die Halbtagsschule in Deutschland: Ein Sonderfall in Europa? In: Aus Politik und Zeitgeschichte, Heft 41.

GREIF, S./KURTZ, H. J. (1996): Handbuch Selbstorganisiertes Lernen. Göttingen.

GRIEGER, G. (2001): Appreciative Inquiry. Wertschätzende Organisationsentwicklung. www.active-books.de. Paderborn.

GRUBER, H./MANDL, H./RENKL, A. (1999): Was lernen wir an Schule und Hochschule: Träges Wissen? Forschungsberichte 60. LMU-München.

GRUNDSCHULVERBAND – ARBEITSKREIS GANZTAGSSCHULE e.V. (2003): Mehr Zeit für Kinder: von der Stundenschule zur Ganztagsschule. O. Ort.

GUDJONS, H. (2001): Pädagogisches Grundwissen. 7. Aufl., Regensburg.

GUNTERN, G. (Hrsg.) (1995): Intuition und Kreativität. Zürich.

HABERMAS, J. (1969): Theorie und Praxis. Neuwied.

HAENISCH, H. (2003): Evaluation der schulischen Ganztagsangebote in Nordrhein-Westfalen. Ergebnisse der quantitativen und qualitativen Befragungen Landesinstitut für Schule. Soest.

HAFENEGER, B. (1997): Handbuch politische Jugendbildung. Schwalbach/Ts.

HAKEN, H./HAKEN-KRELL, M. (1992): Erfolgsgeheimnisse der Wahrnehmung. Synergetik als Schlüssel zum Gehirn. Stuttgart.

HAKEN, H. (1990): Synergetik. Die Lehre vom Zusammenwirken. Berlin.

HALONEN, I. (2003): Ganztagsschule und neue Medien – Länderbericht Finnland. Vortrag auf dem Internationalen Workshop: Neue Medien in der Ganztagsschule von Schulen ans Netz, Initiative des Bundesministeriums für Bildung und Forschung, 1.-2.12.2003, Bonn.

HANSCH, D./HAKEN, H. (2004): Wie die Psyche sich selbst in Ordnung bringt. In: Psychologie Heute, S. 36-41.

HEIDACK, C. (Hrsg.) (1993): Lernen der Zukunft. Kooperative Selbstqualifikation – die effektivste Form der Aus- und Weiterbildung im Betrieb. München.

HEITMEYER, W./OLK, T. (1990): Individualisierung von Jugend. Weinheim.

HELD, K.-H. (2003): Rheinland-Pfalz wird Ganztagsschulland. In: APPEL/RUTZ: Jahrbuch Ganztagsschule. Schwalbach/Ts., S. 71-84.

HELMKE, A./WEINERT, F. E. (1997): Bedingungsfaktoren schulischer Leistungen. In: ENZYKLOPÄDIE DER PSYCHOLOGIE, Band 3, S. 71-176, Göttingen.

HENTIG, H. v. (1996): Die Schule neu denken. München.

HENTIG, H. v. (1998): Bildung. München.

HENTIG, H. v. (1998): Kreativität. Hohe Erwartungen an einen schwachen Begriff. München.

HEROLD, M./LANDHERR, B. (2001): SOL. Selbstorganisiertes Lernen. Ein systemischer Ansatz für den Unterricht. Baltmannsweiler.

HERZ, O. (2003): Innovationen für eine moderne Schule. In: Polis 37, Veränderte Lebenswelten! HESSISCHE LANDESZENTRALE FÜR POLITISCHE BILDUNG (Hrsg.): Was wird, wenn alles anders wird? Wiesbaden, S. 8-18.

HINZ, H./BUROW, O. A. (2004): Teilprojekt Schulzentrum/Akademie Silberburg. Projektbericht. In: ABWF – Aulerich, G.: Kompetenzorientierte Lerngestaltung. Ein Konzept zur Personalentwicklung und Professionalisierung in Weiterbildungseinrichtungen. Berlin, S. 95-129.

HINZ, H. (1998): Die Systemische Beratung einer Organisation. In: Tagungsbericht der Konferenz der Schulräte in der Bundesrepublik Deutschland: Qualitätssicherung durch die Schulaufsicht in den Aufgabenfeldern „Schulbezogene Beratung“ und Umgang mit „schwierigen“ Lehrkräften. Bad Salzungen.

HOBSON, P. (2003): Wie wir denken lernen. Gehirnentwicklung und die Rolle der Gefühle. Düsseldorf.

HOLTAPPELS, H. G. (1994): Ganztagsschule und Schulöffnung. Weinheim.

HOLTAPPELS, H. G. (2002): Ganze Tage in der Schule – Erfahrungen, Konzepte, Probleme. Vortrag, „Ganze Tage in der Schule“, Berlin, 06. November 2002.

HOLTAPPELS, H. G. (2003): Ganztagsschule als Herausforderung: Kooperation von Jugendarbeit und Schule. Marburg.

HOLTAPPELS, H. G. (2004): Deutschland auf dem Weg zur Ganztagsschule? In: Pädagogik, Heft 2, Weinheim.

HOLTAPPELS, H. G. (1998): Öffnung der Schule zu Lebenswelt und Schulumfeld – Schulorganisatorische Perspektiven pädagogischer Öffnung. In: BRÜGGELMANN, H./FÖLLING-ALBERS, M./RICHTER, S. (Hrsg.): Jahrbuch Grundschule I. Fragen der Praxis – Befunde der Forschung. Seelze, S. 43-51.

HOLTAPPELS, H. G. (2003): Ganztagsschule als Herausforderung: Kooperation von Jugendarbeit und Schule Vortrag, Fachtagung der Landesservicestelle Jugendhilfe/Schule: „Kooperation in der Ganztagsschule – Perspektiven der Zusammenarbeit von Jugendhilfe und Schule“, 19. November 2003. Marburg.

HURRELMANN, K./ULICH, D. (1991): Gegenstands- und Methodenfragen der Sozialisationsforschung. In: Dies.: Neues Handbuch der Sozialisationsforschung. Weinheim, S. 3-20.

HURRELMANN, K./PALENTIEN, C. (1997): Jugend und Politik. Ein Handbuch für Forschung, Lehre und Praxis. München.

IMAII, M. (1992): Kaizen. Der Schlüssel zum Erfolg der Japaner im Wettbewerb. Berlin.

IPFLING, H. J. (1981): Modellversuche mit Ganztagsschulen und anderen Formen ganztägiger Förderung. Bund-Länder-Kommission für Bildungsplanung und Forschungsförderung, Bonn.

JUNGK, R./MÜLLERT, N. (1989): Zukunftswerkstätten. Mit Phantasie gegen Routine und Resignation. München.

KAKU, M. (1998): Zukunftsvisionen. Wie Wissenschaft und Technik des 21. Jahrhunderts unser Leben revolutionieren. München.

KAO, J. (1997): Die Vorzüge der betrieblichen „Unordnung". In: PIERER, H. v./OETINGER, B. v. (Hrsg.): Wie kommt das Neue in die Welt? München, S. 319-330.

KELLY, K. (1997): Das Ende der Kontrolle. Köln.

KELLY, K. (1997): Die neue Biologie des Unternehmens. In: GIBSON, R. (Hrsg.): Rethinking the future. Landsberg/Lech, S. 357-380.

KEUPP, H. (1990): Lebensbewältigung im Jugendalter aus der Perspektive der Gemeindepsychologie. In: Sachverständigenkommission 8. Jugendbericht (Hrsg.): Risiken des Heranwachsens. Weinheim.

KEUPP, H. u.a. (1999): Identitätskonstruktionen. Das Patchwork der Identitäten in der Spätmoderne. Reinbek.

KILLIUS, N./KLUGE, J./REISCH, L. (Hrsg.) (2002): Die Zukunft der Bildung. Frankfurt/M.

KLAMMER, U. (2001): Managerin gesucht. Erwerbstätige Mütter in Europa zwischen Sozialpolitik und sozialer Praxis. In: WSI-Mitteilungen, Heft 5/2001.

KLEMM, K. (2002): Deutschlands Schulen in der Qualitätsfalle. Material der Arbeitsgruppe Bildungsforschung /Bildungsplanung Universität Essen. Essen.

KRIS, E./KURZ, O. (1995): Die Legende vom Künstler. Ein geschichtlicher Versuch. Frankfurt/M.

KUHN, T. (1967): Die Struktur wissenschaftlicher Revolutionen. Frankfurt/M.

KULTUSMINISTERIUM DES LANDES NORDRHEIN-WESTFALEN (Hrsg.) (1995): Rahmenkonzept Gestaltung des Schullebens und Öffnung von Schule. Düsseldorf.

LAWRENCE, P. R./NITIN, N. (2003): Driven. Was Menschen und Organisationen antreibt. Stuttgart.

LE DOUX, J. (2003): Das Netz der Persönlichkeit. Wie unser Selbst entsteht. Düsseldorf.

LEHNER, F./WIDMAIER, U. (1992): Eine moderne Schule für eine moderne Industriegesellschaft. Strukturwandel und Entwicklung der Schullandschaft in Nordrhein-Westfalen. Essen.

LESCHINSKY, A./ROEDER, P. M. (1983): Schule im historischen Prozeß. Zum Verhältnis von institutioneller Erziehung und gesellschaftlicher Entwicklung. Frankfurt/Berlin/Wien.

LEVY, P. (1996): Die kollektive Intelligenz. Eine Anthropologie des Cyberspace. Mannheim.

LEWIN, K. (1963): Feldtheorie in den Sozialwissenschaften. Frankfurt/Bern.

LEWIN, K. (1982): Feldtheorie. Werksausgabe. Frankfurt/Bern.

LÜCK, H. E. (1996): Die Feldtheorie und Kurt Lewin. Weinheim.

LUDWIG, H. (1987): Gesamtschule und Ganztagsschule. In: GESAMTSCHULINFORMATIONEN, 18. Jg., Heft 3-4, S. 125-154.

LUDWIG, H. (1993): Entstehung und Entwicklung der modernen Ganztagsschule in Deutschland. Köln.

MANDL, H. (1999): Die Blütezeit für Teamarbeit wird erst noch kommen. Ein Gespräch mit Gruppenforscher Heinz Mandl über Teamwork und die Zukunft der Wissensgesellschaft. In: Psychologie Heute, Nr. 8, S. 36-39.

MAROTZKI, W./NOHL, A.-M./ORTLEP, W. (2003): Bildungstheoretisch orientierte Internetarbeit am Beispiel der universitären Lehre. 21.07.2003, S. 2 f. Siehe unter: URL: www.medienpaed.com/03-1/marotzki03-1.pdf.

MATTHIES, A.-L. (2002): Finnisches Bildungswesen und Familienpolitik – ein „leuchtendes" Beispiel? In: ‚Aus Politik und Zeitgeschichte', B 41, September 2002.

MC ADAMS, D. (1996): Das bin ich. Wie persönliche Mythen unser Selbstbild formen. Hamburg.

MINISTERIUM FÜR BILDUNG, FRAUEN, JUGEND RHEINLAND-PFALZ (Hrsg.) (2003): Die Ganztagsschule in Rheinland-Pfalz aus der Sicht von Eltern, Schülerinnen und Schülern und Lehrkräften. München.

MINISTERIUM FÜR BILDUNG, JUGEND, SPORT DES LANDES BRANDENBURG (Hrsg.) (1998): Qualitätsmerkmale für Ganztagsschulen im Land Brandenburg. Potsdam.

MITTELSTRASS, J. (2001): Wissen und Grenzen. Philosophische Studien. Frankfurt/M.

MITTELSTRASS, J. (2002): Bildung und ethische Masse. In: KILLIUS, N./KLUGE, J./ REISCH, L. (Hrsg.) (2002): Die Zukunft der Bildung. Frankfurt/M., S. 151-170.

MITTELSTRASS, J. (2002): Das Maß des Fortschritts. Mensch und Wissenschaft in der Leonardo-Welt. In: FRANKFURTER ALLGEMEINE ZEITUNG, Nr. 26, 31. Januar 2002.

MOSS, P. (1989): Ganztagsangebote im europäischen Vergleich. Auszug aus der EG-Studie: Kinderbetreuung und Chancengleichheit – Betreuungseinrichtungen für Kinder vom schulpflichtigen Alter bis 10 Jahren. In: GEWERKSCHAFT FÜR ERZIEHUNG UND WISSENSCHAFT IN BADEN-WÜRTEMBERG: Ganztagsangebote für Schülerinnen und Schüler. Informationen – Analysen – Meinungen. GEW. Stuttgart, S. 178-195.

MÜNCHMEIER, R. (1997): Lebensphase Jugend. In: HAFENEGER, B. (Hrsg.): Handbuch politische Jugendbildung. Schwalbach/Ts.

NEGT, O./BUROW, O. A. (1998): Nur noch die Utopie ist realistisch. In: Friedrich Jahresheft Schüler: Zukunft. Seelze.

NEGT, O. (1997): Kindheit und Schule in einer Welt der Umbrüche. Göttingen.

NEUBERGER, O. (1991): Personalentwicklung. Stuttgart.

NEUMANN, U./RAMSEGER, J. (1989): Zur Entwicklung ganztägiger Erziehung in der Schule. Die Situation in der Europäischen Gemeinschaft. In: Gewerkschaft für Erziehung und Wissenschaft Baden Württemberg: Ganztagsangebot für Schülerinnen und Schüler. Information – Analysen – Meinungen. Stuttgart, S. 196-198.

NOWOTNY, H. (1989): Eigenzeit. Entstehung und Strukturierung eines Zeitgefühls. Frankfurt/M.

OELKERS, J. (1988): Kann die Schule noch verteidigt werden? In: ERMERT, K. (Hrsg.): Die gemeinwesenorientierte Schule oder: Was hat Bildung mit dem Leben zu tun? Loccum, S. 110-123.

OELKERS, J. (2003): Ganztagsschulen und Qualitätssicherung. Vortrag, Herbert-Quandt-Stiftung, 19. Februar 2003, Bad Homburg.

OELKERS, J. (2003): Wie man Schule entwickelt. Weinheim.

OELKERS, J. (2003): Volksschulreform und die Probleme der Schule von heute. Vortrag 5. Briger Bildungs-Symposium, 2. Mai 2003.

OERTER, R. (1987): Jugendalter. In: OERTER, R./MONTADA, L. (Hrsg.): Entwicklungspsychologie. Weinheim.

OERTER, R. (2003): Ganztagsschule – Schule der Zukunft? Ein Plädoyer aus psychologischer Sicht. In: APPEL, S./RUTZ, L. H., et al. (2004): Jahrbuch Ganztagsschule 2004. Schwalbach/Ts., S. 10-24.

OLK, T./BATHKE, G.-W./HARTNUSS, B. (2000): Jugendhilfe und Schule. Empirische Befunde und theoretische Reflexionen. Weinheim.

OLK, T./SPECK, K. (2001): Lehrer/innen und Schulsozialarbeiter/Innen – Institutionelle und berufskulturelle Bedingungen einer ›schwierigen‹ Zusammenarbeit. In: BECKER, P./SCHIRP, J. (Hrsg.): Jugendhilfe und Schule – Zwei Handlungsrationalitäten auf dem Weg zu einer? Münster, S. 46-85.

OPASCHOWSKI, J. (1977): Freizeitpädagogik in der Schule. Heilbronn.

OSER, F./ALTHOF, W. (2001): Moralische Selbstbestimmung: Modelle der Entwicklung und Erziehung im Wertbereich. 4. Aufl., Stuttgart.

OWEN, H. (1997): Open Space Technology. San Francisco.

PIERER, H. v./OETINGER, B. v. (Hrsg.) (1997): Wie kommt das Neue in die Welt? München.

POHL, A./WALTHER, A. (2003): Bildungsprozesse in der Jugendarbeit im europäischen Kontext. Expertise im Rahmen der „Konzeption Bildungsbericht: vor- und außerschulische Bildung. München.

PULKKINEN, L. (2003): Integrated School day in Finland. Vortrag am 10.10.2003, Internationale Konferenz: Ganztagsbildung in der Wissensgesellschaft. 09.-11.10.2003, Bielefeld. Unveröffentlichtes Vortragsskript.

RADISCH, F./KLIEME, E. (2003): Schulorganisation: Bilanzierung der Forschungslage. Literaturbericht im Rahmen von „Bildung Plus". Deutsches Institut für internationale Pädagogische Forschung, Frankfurt/M.

REINEMANN, G./MANDL, H. (1999): Unterrichten und Lernumgebungen gestalten. Forschungsberichte 101. LMU München.

REINHARDT, K. (1992): Öffnung der Schule. Community Education als Konzept für die Schule der Zukunft? Weinheim/Basel.

REINMANN-ROTHMEIER, G./MANDL, H. (1998): Wissensvermittlung: Ansätze zur Förderung des Wissenserwerbs. In: Enzyklopädie der Psychologie, Band 6. Göttingen, S. 457 ff.

RENZ, M. (2003): Ganztagsschule im europäischen Ausland – eine Selbstverständlichkeit. Die Beispiele England, Frankreich, Schweden, Finnland und Italien. In: Schulverwaltung spezial, 1/2003, S. 40-42.

RICHTER, H. (1998): Sozialpädagogik – Pädagogik des Sozialen. Grundlegungen – Institutionen – Perspektiven der Jugendbildung. Frankfurt/M.

ROGERS, C. R. (1984): Freiheit und Engagement. Personenzentriertes Lehren und Lernen. München.

ROLFF, H. G. (1993): Wandel durch Selbstorganisation. München.

ROLFF, H. G. u.a. (Hrsg.) (2002): Jahrbuch der Schulentwicklung, Band 12. Weinheim.

ROLFF, H. G./BUHREN, C. G./LINDAU-BANK, D. (1999): Manual Schulentwicklung. Weinheim.

ROTH, G. (2003): Aus Sicht des Gehirns. Frankfurt/M.

ROTHER, U. (2003): Ist Deutschland auf dem Weg zur Ganztagsschule? Entwicklungsstand und Entwicklungstendenzen in den Bundesländern. In: APPEL, S./RUTZ, G.: Jahrbuch Ganztagsschule. Schwalbach/Ts., S. 61-70.

RUBNER, J. (2003): Bilden statt Pauken. Für eine neue Lernkultur an unseren Schulen. München.

SCHEIN, E. H. (2000): Prozessberatung für die Organisation der Zukunft. Köln.

SCHERR, A. (1997): Subjektorientierte Jugendarbeit. Eine Einführung in die Grundlagen emanzipatorischer Jugendarbeit. Weinheim.

SCHLEVOGT, V./LUDWIG, I. (2002): Bessere Zeiten für erwerbstätige Mütter? Eine neue Balance zwischen Arbeit und Privatleben als Zukunftsmodell für Frauen und Männer. WSI-Mitteilungen 3/2002.

SCHLEY, W. (1998): Teamkooperation und Teamentwicklung in der Schule. In: ALTRICHTER, H., u.a.: Handbuch zur Schulentwicklung. Innsbruck.

SCHLICKSUPP, H. (1992): Innovation, Kreativität und Ideenfindung. Würzburg.

SCHMOLL, H. (2003): Die Ganztagsschule als Patentlösung für das Pisa-Dilemma. Vortrag Herbert-Quandt-Stiftung.

SCHRATZ, M./Jakobsen, L. B./MacBeat, J. (2001): Serena, oder: Wie Menschen ihre Schule verändern. Innsbruck.

SCHRÖDER, H. (1995): Jugend und Modernisierung. Weinheim.

SCHULZE-BERGMANN, J./VORTMANN, H. (2004): Praxis der Ganztagsbetreuung an Schulen. Mering.

SCHURIAN, W. (1989): Psychologie des Jugendalters. Wiesbaden.

SELL, S. (2004): Ganztägige Bildung und Betreuung aus ökonomischer Sicht. In: Die Ganztagsschule. Heft 1, Jg. 44, S. 5-16.

SENGE, P. (1996): Die fünfte Disziplin. Kunst und Praxis der lernenden Organisation. Stuttgart.

SENNETT, R. (1998): Der flexible Mensch. Die Kultur des neuen Kapitalismus. Berlin.

SIEBERT, H. (2001): Selbstgesteuertes Lernen und Lernberatung. Neuwied.

SLIWKA, A./PETRY, C./KALB, P. (Hrsg.) (2004): Durch Verantwortung lernen. Service Learning: Etwas für andere tun. Weinheim.

SMOLKA, D. (2002): Die PISA-Studie: Konsequenzen und Empfehlungen für Bildungspolitik und Schulpraxis: Aus Politik und Zeitgeschichte, Heft 41. Bonn.

SPIESS, U. (2000): Rockbands. Ein Modell der künstlerischen Kooperation in Kleingruppen. Wuppertal.

SPITZER, M. (2002): Lernen. Heidelberg.

SPRENGER, R. K. (1996): Das Prinzip Selbstorganisation. Frankfurt/New York.

STANGE, W. (1996): Planen mit Phantasie. Zukunftswerkstatt und Planungszirkel für Kinder und Jugendliche. Berlin.

STATISTISCHES BUNDESAMT (Hrsg.) (2002): Zahl der Ehescheidungen 2001. Wiesbaden.

STEHR, N. (2001): Moderne Wissensgesellschaften. In: Aus Politik und Zeitgeschichte, Heft 36, S. 7-14.

STERNBERG, R. J. (1998): Erfolgsintelligenz. Warum wir mehr brauchen als EQ + IQ. München.

SVENDSON, K. (2003): Baustelle Bildung. In: Architektur und Wettbewerbe 3/2003, S. 1.

THIMM, K. (2002): Schule. In: SCHÖER, W./STRUNCK, N./WOLFF, M. (Hrsg.): Handbuch Kinder- und Jugendhilfe. Weinheim, S. 177-198.

VÄLIJÄRVI, J./LINNAKYL, A. P. u.a. (2002): The finnish success in PISA – and some reasons behind it. Jyväskylä.

VERSCHUREN, M. (2003): Vortrag bei der Herbert-Quandt-Stiftung, 01. Juli 2003, European School Frankfurt. Frankfurt/M.

VUGT, K. v. (2003): Vortrag bei der Herbert-Quandt-Stiftung, 01. Juli 2003. www.h-quandt-stiftung.de/files/buergersinn/beitraege/plenum01072003_vortrag_van_vugt.pdf.

WAPPNER, L. (2003): Ganztagsschulen. In: Architektur und Wettbewerbe 3/2003, S. 60-61.

WARNECKE, H. J. (1996): Die fraktale Fabrik. Revolution der Unternehmenskultur. Reinbek.

WEISBORD, M./JANOFF, F. (1995): Future Search. An Action Guide to Finding Common Ground in Organisations & Communities. San Francisco.

WEISBORD, M. (Hrsg.) (1992): Discovering Common Ground. San Francisco.

WEISBORD, M. (1996): Zukunftskonferenzen 1: Methode und Dynamik. In: Organisationsentwicklung 1, S. 4-13. Darin auch: Zukunftskonferenzen 2: M. Weisbord im Gespräch mit Joe Flower. Zürich, S. 14-23.

WHEATLEY, M. J. (1997): Quantensprung der Führungskunst. Die neuen Denkmodell der Naturwissenschaften revolutionieren die Management-Praxis. Reinbek.

WILLI, J. (1989): Ko-Evolution. Die Kunst gemeinsamen Wachsens. Hamburg.

WINNER, E. (1998): Hochbegabt. Mythen und Realitäten von außergewöhnlichen Kindern. Stuttgart.

WITTING, W. (1997): Grundschule von acht bis vier. Eine empirische Vergleichsuntersuchung. Dortmund.

WOLFF, M. (2003): Der außerschulische Bildungsauftrag der Jugendhilfe – Formen sozialen Lernens im öffentlichen Raum. Vortrag beim bsj Marburg, 4./5. Dezember 2003, O. Ort, S. 1.

WOMACK, J. P./JONES, D. T./ROOS, D. (1991): Die zweite Revolution in der Automobilindustrie. Konsequenzen der weltweiten Studie des MIT. Frankfurt/New York.

WUNDER, D. (1992): Wo liegen die Widerstände beim Ausbau ganztägiger Angebote? In: BÖTTCHER, W.: Mehr Ganztagsangebote für Kinder und Jugendliche. Bonn, S. 13-17.

WUNDER, D. (2002): Erweiterte Lernangebote in einer pädagogisch gestalteten Ganztagsschule. Vortrag, Ganztagsschulkongress 2002, Kaiserslautern, 21. Nov. 2002.

ZOHAR, D. (1997): ReWiring the Corporate Brain. Using the New Science. How We Structure and Lead Organisations. San Francisco.

Links

http://www.blk-demokratie.de/ak-ne-01.php?id=78

http://www.forumbildung.de/templates/imfokus_inhalt.php?artid=238, Stand: 01.05.2004

http://www.ganztagsschule.at/

http://www.grundschulverband.de

http://www.ghr.mailfay.com/polis/idee.php

http://www.gs-niederelbert.bildung-rp.de/html/zurschule.html

http://www.gs-niederelbert.bildung-rp.de/mixedBag/hausordnung.pdf

http://www.kiko.de/blk/praxis_praxis.html

http://www.learn-line.nrw.de/angebote/goes//konzept/leitidee_1.html

http://www.learn-line.nrw.de/angebote/goes//konzept/leitidee_2.html

http://www.learn-line.nrw.de/angebote/goes//konzept/leitidee_3.html

http://www.learn-line.nrw.de/angebote/goes//konzept/leitidee_4.html

http://www.learn-line.nrw.de/angebote/goes//konzept/leitidee_5.html

http://www.learn-line.nrw.de/angebote/goes//konzept/leitidee_6.html

http://www.learn-line.nrw.de/angebote/goes/konzept/leitideen.html

http://www.learn-line.nrw.de/angebote/goes/konzept/thema_ganztag.html

http://www.mediation-partizipation.de/Demokratie_L_L/demokratie_l_l.html

http://www.schulen-luzern.ch/udligenswil/just_community.htm

http://www.europa.eu.int/education

http://www.h-quandt-stiftung.de/files/buergersinn/beitraege/plenum010703_vortrag_verschuren.pdf

http://www.finnland.de/doc/de/finninfo/fragen.html#sec3 am 30.1.2003

Zu allen aufgeführten Verfahren zur Initiierung Kreativer Felder bzw. zum Starten eines Evolutionären Personal- und Organisationsentwicklungsprozesses, finden Sie ausführliche Texte zum Downloaden, Literaturangaben, Workshopprotokolle und Forschungsberichte unter:

- www.uni-kassel.de/fb1/burow
- www.selbstportrait.net
- www.isi-partner.de

WOCHEN SCHAU VERLAG

Thema: Ganztagsschule

Stefan Appel, Harald Ludwig, Ulrich Rother, Georg Rutz (Hrsg.)

Jahrbuch Ganztagsschule

Schulkooperationen

Das Jahrbuch informiert über die laufende Diskussion zur Ganztagsschule und deren zukünftige Aufgaben. Es berichtet über wichtige neue Schwerpunktthemen aus der Forschung und gibt innovative Anregungen für die Praxis.
Aus dem Inhalt: Leitthema: Schulkooperationen ◆ Berichte aus Nordrhein-Westfalen und Hessen ◆ Pädagogische Grundlagen ◆ Praxisberichte: Grundschule, Realschule, Mittagessen, Lernatelier ◆ Filmbesprechung „Treibhäuser der Zukunft" ◆ Wissenschaft und Forschung ◆ Nachrichten ◆ Stellungnahmen, Empfehlungen

ISBN 3-89974180-3, 288 Seiten, € 24,80
zur Fortsetzung nur € 19,80
(jederzeit kündbar)

Absender und Lieferanschrift

Name

Straße

PLZ Ort

Fortsetzungsbestellung

Ich bestelle das

❒ **Jahrbuch Ganztagsschule zur Fortsetzung**
Einzelpreise bei Fortsetzungsbestellung pro Buch € 19,80

❒ **Jahrbuch 2004** (Nachlieferung)

❒ **Jahrbuch 2005** (Nachlieferung)

❒ **ab Jahrbuch 2006**

zum günstigen Fortsetzungspreis.
Der Fortsetzungsbezug ist jederzeit kündbar.

Datum / Unterschrift

mehr: www.wochenschau-verlag.de

Adolf-Damaschke-Str. 10, 65824 Schwalbach/Ts., Tel.: 06196/86065, Fax: 06196/86060, e-mail: info@wochenschau-verlag.de